KB122511

# 한국의 독도영토주권의 국제적 승인

**한국의 독도영토주권의 국제적 승인**

초판 1쇄 발행   2016년 10월 30일

지은이  Ⅰ  김명기
엮은이  Ⅰ  영남대학교 독도연구소
발행인  Ⅰ  윤관백
발행처  Ⅰ  🅺도서출판 **선인**

등록  Ⅰ  제5-77호(1998.11.4)
주소  Ⅰ  서울시 마포구 마포대로 4다길 4 곳마루 B/D 1층
전화  Ⅰ  02)718-6252 / 6257    팩스  Ⅰ  02)718-6253
E-mail  Ⅰ  sunin72@chol.com

정가   30,000원
ISBN   978-89-5933-885-6   94360
ISBN   978-89-5933-602-9   (세트)

· 잘못된 책은 바꿔 드립니다.

영남대학교 독도연구소
독도연구총서 17

# 한국의 독도영토주권의 국제적 승인

## 김 명 기

도서
출판 선인

## ▌책머리에 ▐

1951년 9월 8일에 48연합국과 일본 간에 체결된 "대일평화조약" 제2조 (a)항은 "일본은 한국의 독립을 승인하고, 제주도·거문도 및 울릉도를 포함한 한국의 권리·권원 및 청구권을 포기한다"라고 규정하여 독도는 일본이 포기하는 도서로 명시되어 있지 아니하다. 일본정부는 독도가 동 조항에 일본이 포기하는 도서로 명시되어 있지 아니하므로 독도는 일본의 영토라고 주장하고 한국정부는 동 조항에 일본이 포기하는 도서로 독도가 명기되어 있지 아니해도 독도는 일본이 포기한 한국의 영토라고 주장한다. 그 국제법적 근거에 관해서는 "카이로 선언설," "항복문서설," "연합군 최고사령부훈령 제677호설," "대일평화조약설" 등이 있다.

이 연구는 위의 제 학설을 보완하기 위해 한국의 독도영토주권의 국제적 승인에 관한 법리를 정리·제시하기 위해 시도되었다. 지금까지 국내 국제법학자에 의해 부분적·단편적으로 한국의 독도영토주권의 국제적 승인에 관한 논급이 있으나, 한국의 독도영토주권의 국제적 승인을 포괄적·체계적으로 논급한 바 없다. 이 연구는 한국의 독도영토주권의 승인을 승인의 주체를 기준으로 "연합국에 의한 승인," "국제연합에 의한 승인" 그리고 "일본정부에 의한 승인"으로 대별하여 한국의 독도영토주권의 승인의 규범적 실체에의 접근을 시도한 것이다. 이 연구가 한국의 독도영토주권의 수호에 작게나마 기여할 수 있기를 기망해 본다. 특히 정부의 독도정책 당국의 독도정책대안수립에 참고가 되기를 기대해 본다.

필자의 독도연구에 도움 준 영남대학교 독도연구소, 대한국제법학회, 독도조사연구학회, 독도시민연대, 한국이사부학회 그리고 국립중앙도서관의 여러 선생님에게 감사드리며, 아내의 인내와 노력에도 감사의 뜻을 표한다.

시장성이 없는 이 책의 출판을 수락해주신 도서출판 선인 윤관백 사장의 애국적 성의에 경의를 표한다.


2016년 10월
저자 씀

# ▌목 차 ▌

# 서론

한국의 독도영토주권의 국제법적 근거로 "일본은 폭력과 탐욕에 의해 약취한 영토로부터 축출된다"고 선언한 "카이로선언"이라는 카이로선언설, 위 "카이로 선언"은 "항복문서"에 의해 "포츠담 선언"이 수락되었고 "포츠담 선언"은 "카이로 선언"을 수용한 것이므로 결국 "항복문서"가 법적 근거라는 "항복문서설," "SCAPIN 제677호" 제3호에서 독도는 일본의 정의에서 배제되었으므로 "SCAPIN 제677호"가 법적 근거라는 "SCAPIN 제677호설," "대일평화조약" 제2조 (a)항의 규정에 의해 일본이 포기한 울릉도에는 그의 속도인 독도가 포함되므로 독도는 일본이 포기한 한국의 영토라는 "속도설," 일본이 연합국이 일본을 점령하고 있는 기간 점령 당국이 발한 지령의 효력을 승인한 "대일평화조약" 제19조 (d)항이 근거라는 "대일평화조약설" 등이 있다.

이 연구는 위의 학설에 추가하여 한국의 독도영토주권을 국제적으로 승인한 영토주권의 승인이 법적근거라는 법리를 정리·제시하기 위해 시도된 것이다.

이 연구에서는 한국의 독도영토주권을 승인한 승인의 주체를 기준으로 (ⅰ) 연합국에 의한 한국의 독도영토주권의 승인, (ⅱ) 국제연합에 의한 한국의 독도영토주권의 승인, 그리고 (ⅲ) 일본정부에 의한 한국의 독도영토주권의 승인으로 구분하여 논하기로 한다.

따라서 제2장 연합국에 의한 승인, 제3장 국제연합에 의한 승인, 제4장 일본정부에 의한 승인으로 구분하여 논하기로 한다.

제2장 영토주권승인에 관한 일반적 고찰에서 "영토주권승인의 개요"와 "영토주권승인을 인정한 학설과 판례"에 관해 기술하고,

제3장 연합국에 의한 한국의 독도영토주권의 승인에서

"맥아더라인에 의한 승인", "SCAPIN 제677호에 의한 승인", "전 일본영토처리 합의서에 의한 승인" 그리고 "대일평화조약 제19조 (d)항에 의한 승인"에 관해 기술하고,

제4장 국제연합에 의한 한국의 독도영토주권의 승인에서 "총회에 의한 승인", "안전보장이사회의 승인", 그리고 "국제연합군사령부에 의한 승인"에 관해 논급하고,

제5장 일본정부에 의한 한국의 독도영토주권의 승인에서 "태정관 지령문에 의한 승인", "일본영역참고도에 의한 승인", "대장성령 제4호에 의한 승인", "일본 방공식별구역에 의한 승인" 그리고 "대일평화조약 제19조 (d)항에 의한 승인"에 논급하기로 한다.

제6장 결론에서 정부당국에 대한 정책대안을 제시하기로 한다.

이 연구는 상술한 학설을 보완하는 것이며, 결코 상술한 학설을 배척하는 것이 아님을 여기 명시해 두기로 한다.

# 제1장

영토주권승인에 관한 일반적 고찰

# 제1절_ 영토주권 승인의 개요

## Ⅰ. 영토주권 승인의 의의

영토주권의 승인(recognitions of territorial sovereignty)이란 국제법의 주체가 특정 국가의 특정 영토에 대한 영토주권의 존재를 인정하는 행위로[1], 국제법상 일반적인 승인과 같이 영토주권의 "승인"도 타 국가와의 관계에서 제기되는 어떤 사실이나 사태의 수락(acceptance of any fact situation)[2], 즉 특별한 사태를 수락하는 적극적인 행위(a positive act acception)를 의미한다.[3] 따라서 승인은 존재하는 사실의 선언(declaratory of an existing fact)을 하는[4] 일방적 법률행위(unilateral transaction)이다.[5] 그러므로 영토주권

---

1) Ian Brownlie, *Principles of Public International Law,* 5th ed., (Oxford: Oxford University Press, 1998), pp.156-157.
2) Robert Jennings and Arthur Watts (eds.), *Oppenheim's International Law,* 9th ed., Vol.1 (London: Longman 1992), p.127.
3) Malcolm N. Shaw, *International Law,* 4th. ed., (Cambridge: Cambridge University Press, 1997), p.50.
4) H. Lauterpact, *Recognition in International Law* (Cambridge: Cambridge University Press, 1948), p.6.
5) Georg Schwazenberger and E .D. Brown, *A Manual of International Law,* 6th ed. (Milton: Professional Books, 1976), p.140; Werner Levi, *Contemporary International Law* (Boulder: Westview, 1979), p.214; Brownlie, *supra* n.1, p.642; Shaw, *supra*

의 승인은 특정영토에 대해 특정국가에 영유권이 존재한다는 사실 또는 사태를 인정하는 적극적 일방적 법률행위라 할 수 있다. 영토주권의 승인은 그 자체 영토취득의 유형(a mode of acquisition)이 아니지만[6], 영토권원의 타당성을 확립할 목적을 위한 적절한 방법(a suitable means for the purpose of establishing the validity for a new territory title)이다.[7] 영토주권의 승인은 영토주권을 대상으로 한 것이지만 그 실질적 효과 면에서 보면 영토주권의 권원의 승인으로 이는 영토주권의 권원의 근거(root of title)가 된다.[8]

엄격하게는 영토주권(territorial sovereignty)은 영토(teriitory), 영토권원(territorial title), 영토권원의 근거(root of territorial title) 등과 구별된다. 영토는 국가의 성립요소인 육지지역, 영토주권은 영토에 대한 국가의 주권, 영토권원은 영토주권의 타당근거, 영토권원의 근거는 영토권원의 기초인 근거(예: 할량조약, 기타형태의 합의, 포기, 조정, 묵인, 승인 등)을 각각 뜻한다.

영토주권의 승인은 "영토권원의 승인"(recognition of title to territory)[9], "영토 내 권리의 승인"(recognition of rights in the territory)[10], "영토의 승인"(recognition of territorial title)[11], "영토적 권원의 승인"(recognition of territorial title)[12], "영토취득의 승인"(recognition of acquisition of territory)[13]

n.3, p.95; Jochen Abr. Frowein, "Recognition", *EPIL* Vol.10, 1987, p.341; Vaughan Lowe, *International Law* (Oxford: Oxford University Press, 2007), p.160; Gerhard von Glahn, *Law Among Nations*, 9th ed. (London: Longman, 2009), p.145; John P. Grant and J. Craig Barker, *Encylopeadic Dictionary of International Law*, 3rd ed. (Oxford: Oxford University Press, 2009), pp.502~503.

6) Peter Malanczuk, *Akehust's Modern Introduction to International Law*, 7th ed. (London: Routledge, 1987), p.154.
7) Schwazenberger and Brown, *supra* n.5, p.97.
8) Brownlie, *supra* n.1, pp.131-132.
9) Schwazenberger and Brown, *supra* n.5, p.603.
10) David H. Ott, *Public International in the Modern World* (London: Pitman, 1987), p.107.
11) Shaw, *supra* n.3, p.938.
12) Malanczuk, *supra* n.6, p.938.
13) Marjorie M. Whiteman, *Digest of International Law* Vol.2 (Washington D.C: USGPO,

과 구별된다. 그러나 이 연구에서는 이들 모두를 영토주권의 승인(광의)으로 보기로 한다.

영토주권의 승인을 영토 분쟁에서 결정을 도출하는 "원칙"(principle)[14]으로 보기도 하고, 그 "기준"(criteria)[15]으로 보기도 한다. 영토주권의 승인은 영토에 관한 분쟁을 전제로 한 것이 아니며 국제연합 총회에 의한 한국의 독도영토주권의 승인은 한일간에 독도영유권 문제가 제기되기 전에 있었다.

## II. 영토주권 승인의 주체

국제법상 승인의 주체는 국제사회의 기존 구성원(already existing member of the community)으로[16] 국제법인격자(international legal person)이다.[17] 영토주권을 승인하는 주체는 영토주권의 승인으로 영토주권을 상실하게 되는 국가(losing state)인 것이 일반적이나, 제3국도 영토주권의 승인의 주체가 될 수 있다.[18] 묵인의 주체는 영토주권을 상실하게 되는 국가뿐이라는 점이 영토주권의 승인과 영토주권의 묵인의 차이점의 하나이다.[19] 국제연합이 국제법상 승인의 주체가 될 수 있느냐에 관해서는 논의가 있으나, 전술한 바와 같이 승인의 주체는 국제사회의 기존 구성원이고, 국제법인격자이다.[20] 국제연합은 국제사회의 중요한 구성원의 하나이고 국제법

---

1963), p.1.
14) Shaw, *supra* n.3, p.350; Ott, *supra* n.10, p.107.
15) A. L. W. Munkman, "Adjudication and Adjustment- International Judicial Decision and Settlement of Territorial and Boundary Disputes", *BYIL* vol.45(1972-1973), pp.95, 105.
16) Lauterpact, *supra* n.4, p.7.
17) Shaw, *supra* n.3, p.296.
18) Brownlie, *supra* n.1, p.157; Shaw, *supra* n.3, p.351; Malanczuk, *supra* n.6, p.155.
19) Brownlie, *supra* n.1, p.157.
20) Shaw, *supra* n.3, p.63; Jenning and Watts, *supra* n.2, p.18; Malanczuk, *supra* n.6,

인격자이므로 승인의 주체가 될 수 있다.[21] 이는 "헌장"의 규정에 의한 것이 아니라 일반 국제법에 의한 것이다. 1948년 12월 12일 국제연합 총회의 결의 제195호(Ⅲ)로 대한민국정부를 승인하고, 1971년 10월 25일 국제연합 총회의 결의 제2758호(ⅩⅩⅥ)로 중화인민공화국 정부를 중국의 대표정부로 승인한 것은 국제연합이 승인의 주체가 될 수 있음을 실증한 것이다.[22]

## Ⅲ. 영토주권 승인의 방법

### 1. 명시적 승인과 묵시적 승인

영토주권의 승인은 명시적 성명의 형태(form of an express statement)의 방법에 의할 수도 있고, 묵인으로부터 추론(inferred from acquiescence)되는 방법에 의할 수도 있다.[23] 명시적 성명은 일방적 명시적 선언(unilateral express declaration)의 방법에 의할 수도 있고 조약의 규정(treaty provision)의 방법에 의할 수도 있다.[24] 영국에 의한 Jan Mayen도에 대한 노르웨이의 영토주권의 승인은 전자의 방법의 한 예이며,[25] *East Greenland* Case에서 상설국제사법재판소가 덴마크와 다른 국가들 간의 조약이 Greenland에 대한 덴마크의 영토주권의 승인의 증거가 된다고 판시한 것은 후자의 방법의 한 예이다.[26]

---

p.92; Ott, *supra* n.10, p.76; Frowein, *supra* n.5, p.276; ICJ, *Reports*, 1949, p.179.

21) Schwazenberger and Brown, *supra* n.5, p.63; Frowein, *supra* n.5, pp.343-44; Rosalyn Higgins, *The Development of International Law through the Political Organs of the United Nations* (Oxford: Oxford University Press 1963) pp.131-32.

22) Jennings and Watts, *supra* n.2, pp.181-182; 김명기, 「국제법원론」 상 (서울: 박영사, 1996), p.125.

23) Malanczuk, *supra* n.6, p.154.

24) Brownlie, *supra* n.1, p.157.

25) *AJIL* Vol.27, 1993, Supp., p.92.

26) PCIJ, *Series A/B* No.53, 1933, pp.51-52.

## 2. 법률상 승인과 사실상 승인

### 가. 법률상 승인

법률상 승인(*de jure* recognition)이란 영속적 외교관계를 설정하기 위한 정식적·확정적으로 행하여지는 승인으로 철회할 수 없는 승인이며, 승인은 일반적으로 법률상 승인이다.[27)]

### 나. 사실상 승인

사실상 승인(*de facto* recognition)은 비공식적·잠정적으로 행하는 승인으로 승인국이 정치적 이유에 의하여 영속적인 외교관계의 설정을 목적으로 하는 정식 승인을 하지 않을 경우에 일시적인 이해관계의 조정을 위하여 행하여지나, 많은 경우에 법률상의 승인을 전제로 하는 승인이다. 사실상의 승인은 승인 후의 사태 여하에 따라 철회할 수 있는 것이 법률상의 승인과 구별된다.[28)]

1949년 이스라엘이 독립을 선언하자 미국은 이를 사실상 승인을 하고 1949년 1월 법률상 승인을 한 바 있다.[29)]

정치적으로(in political sence) 양자 모두 철회 가능하나, 법률적으로(in legal sence) 양자 모두 철회 불가능한 것이며, 승인을 보장하는 사정의 변경이 없는 경우가 아닌 한(unless a change of circumstance warrants it) 철회가 가능하다.[30)] 이와 같이 사실상 승인은 정치적 개념이고, 법적 개념이 아니다. 영국과 미국의 최근 관행은 양자의 구별을 포기했다.[31)] 즉, 영국과 미국은 사실상 승인을 부정하고 있다. 그러므로 이 연구에서도 사실상

---

27) Jochen Ahr. Frowein, "Recognition", *EPIL* Vol.10, 1987, p.342; Ti-Chiang Chen, *The International Law of Recognition* (London: Sterens, 1951, pp.270-90.

28) Brownlie, *supra* n.1, p.92; Grant and Barker, *supra* n.5, p.509.

29) Frowein, *supra* n.27, p.342; Chen, *supra* n.27, pp.270-90.

30) Brownlie, *supra* n.1, p.92.

31) Gerhard von Glahn and Janes Larry Traulbee, *Law Among Nations* (London: Longman, 2009), p.155.

승인의 방법에 관해서는 논외로 하기로 한다.


# Ⅳ. 영토주권 승인의 효과

## 1. 영토주권의 타당성 확립 효과

영토주권의 승인은 국제법상 일방적 법률행위로 법적 구속력(legal binding force)을 갖는다.[32] 그 법적 구속력의 근거는 "약속은 지켜야 한다"(*pacta sunt serevanda*)의 원칙의 적용에서 찾기도 하고 금반언(estoppel)의 원칙과 신의 성실(good faith)의 원칙에서 찾기도 한다.[33] 영토주권의 승인은 금반언의 법적 효과를 창출한다.[34] 영토 주권의 승인은 영토 권원의 취득에 대단히 중요한 증거(prove of great importance in the acquisition of title of territory)가 된다.[35] 따라서 영토취득에 대단히 중요한 역할을 한다.[36] 즉 영토 주권의 승인은 영토 권원의 타당성을 확립한다(establishing validity of territorial title).[37]

## 2. 상대적 권위의 강화 또는 절대적 권원화

영토주권의 승인은 의심스러운 권원을 명백한 권원으로 전환하여(turn a doubtful title into good one)[38] 보다 좋은 상대적 권원(better relative title)

---

32) Wilfriend Fiedler, "Unilateral Acts in International Law", *EPIL* Vol.7, 1984, p.520.

33) *Ibid.*

34) PCIJ, *Series A/B*, No.53, pp.68-69.

35) Shaw, *supra* n.3, p.351.

36) Malanczuk, *supra* n.6, p.154.

37) Georg Schwazenberger, "Title to Territory Response to Challenge", *AJIL* Vol.51, 1957, p.323.

38) J. G. Starke, *Introduction to International Law*, 9th ed.(London: Butterworth, 1984),

을 제공하여[39] 상대적 권원(relative title)이 절대적 타당성(absolute validity)을 갖게 된다.[40]

## 3. 영토주권의 응고

상대적 권원의 강화 또는 절대적 권원화에 의해 영토권원의 응고 (consolidation of title to territory)의 결과를 가져오게 한다.[41]

---

    p.148.
39) Ott, *supra* n.10, p.107.
40) Schwazenberger and Brown, *supra* n.5, p.99.
41) *Ibid.*

# 제2절_ 영토주권 승인을 인정한 학설과 판례

## Ⅰ. 영토주권의 승인을 인정하는 학설

영토주권의 승인은 학설에 의해 일반적으로 승인되어 있다.

Werner Levi는 정부가 더 이상 실효적 지배를 할 수 없게 되었을 때에 영토주권의 승인을 하게 된다고 하여 다음과 같이 영토주권의 승인을 용인하고 있다.

국가와의 관계에서 승인은 사실상 승인으로 될 수 있다. 이는 한 영토가 더 이상 그 영토를 지배하는 전 정부의 더 이상 관할 하에 있지 아니하게 될 때에 흔히 이용된다(in relation to states, recognition can be *de facto*. This is often used when a territory is no longer under the control of its former government and the recognizing state has to deal with group de facto in control to presrve its interests in the territory such recognition is then limited in the scope for the conduct of such minimally necessary, factual relations).[1]

G. Schwarzenberger와 E. D. Brown은 영토주권의 승인은 영토주권의 타당성을 확립할 목적을 위한 적절한 방법이라고 다음과 같이 기술하고 있다.

---

1) Werner Levi, *Contemporary International Law* (Boulder: W Press, 1979), p.68.

영토주권은 영토주권의 타당성을 확립할 목적을 위한 적절한 방법이다
(recognition of territorial sovereignty is a suitable means for the purpose of
establishing the validity for a new territorial title).2)

David Ott는 영토주권의 승인은 실제적인 공개적 인정이라고 다음과 같
이 기술하고 있다.

승인은 일방 당사자에 의한 영토의 있어서 권원의 실질적이고 공개적인 인
정이다(recognition would be an actual open acknowledgement by one party
other's rights in the territory).3)

Abr. Frowein은 영토에 대한 합법적인 사태가 변화될 때 승인은 중요한
역할을 한다고 다음과 같이 기술하고 있다.

승인 또는 불능인은 불법이 변화되는 영토적 사태에 대해 중요한 역할을
한다(Recognition of non-recognition play on important role in regard to territorial
situation whose lawfulness is open to charge).4)

John P. Grant와 Craug Barker는 "영토권원의 승인이라는 표현은 흔히 사
용된다고 다음과 같이 기술하고 있다.

영토주권의 승인이라는 표현은 흔히 사용된다(the expression "recogniton of
territorial title" is commonly used).5)

John P. Grant와 Craug Barker는 "영토권원의 승인이라는 표현은 흔히 사

2) Georg Schwazenberger and E .D. Brown, A Manual of International Law, 6th ed.
(Milton: Professional Books, 1976), p.97.
3) David H. Ott, Public International in the Modern World, (London: Pitman, 1987),
p.107.
4) Abr. Frowein, "Recognition", EPIL, Vol.10, 1987, p.346.
5) John P. Grant and Craug Barker, Encyclopedic Dictionary of International Law, 3rd
ed.(Oxford: Oxford University Press, 2009), p.509.

용된다"(the expression "recogniton of territorial title" is commonly used)라고
논하고 eastern Greenland의 법적 지위에 관한 상설국제재판소의 영토주권
의 승인을 긍정하고 있다.

영토주권의 승인은 Malcolm N. Shaw[6], Peter Malanczuk[7], A.L.W. Munkman[8]
등에 의해 인정되어 있다.

## II. 영토주권의 승인을 인정하는 판례

영토주권의 승인은 국제재판소의 판결에 의해서도 인정되고 있다. 그
판결을 보면 다음과 같다.

*Eastern Greenland* Case(1993)[9]

*Minquier and Ecrehos* Case(1953)[10]

*Western Sahara* Case(1957)[11]

Case *Concerning Sovereing over Certain Frontier Land*(1959)[12]

*Land, island and Maritime Frontier* Case(1992)[13]

*Libya/Chad* Case(1994)[14]

---

6) Malcolm N. Shaw, *International Law*, 4th. ed., (Cambridge : Cambridge University Press, 1997), p.938.
7) Peter Malanczuk, *Akehust's Modern Introduction to International Law*, 7th ed. (London: Routledge, 1987), p.154.
8) A. L. W. Munkman, "Adjudication and Adjustment- International Judicial Decision and Settlement of Territorial and Boundary Disputes", *BYIL*, Vol.45(1972-1973), pp.65,105.
9) PCIJ, *Series A/B*, No.53, pp.51-52.
10) ICJ, *Reports*, 1953, p.67.
11) ICJ, *Reports*, 1957, pp.49-57.
12) ICJ, *Reports*, 1959, pp.227-31.
13) ICJ, *Reports*, 1992, pp.351, 577.
14) ICJ, *Reports*, 1994, pp.35.

# 제2장

---

연합국에 의한 한국의 독도영토주권의 승인

# 제1절_ 맥아더 라인에 의한 승인

## Ⅰ. 서언

일본이 연합국에 항복한 이후 1945년 9월 27일 연합군최고사령관은 일본 어선에 대해 어로작업을 금지하고, 어로작업을 인가하는 어로수역(authorized fishery boundaries)을 설정했다. 이 인가 수역의 경계선을 동 수역을 설정한 연합군최고사령관의 이름에 따라 맥아더 라인(Macarthur Line)이라 명명한 다. 동 맥아더 라인은 동해에 있어서 한국 측에서 보아 독도의 외측에 설정 되었다. 맥아더 라인은 일본정부의 확장요청에 따라 수차례 걸쳐 SCAPIN 에 의해 수정되었으나 수정된 맥아더 라인 어느 것도 독도의 외측에 설정 되었으며, 특히 1946년 6월 22일의 "SCAPIN 제1033호"는 일본어선의 독도 에의 접근을 금지한다는 명문 규정을 두고 있다.

이 연구는 맥아더 라인이 독도의 외측에 설정되었다는 것은 연합군최고 사령관이, 즉 연합국이 독도를 한국의 영역으로 묵시적으로 승인한 것이 라는 법적 효과를 규명해 보려 시도된 것이다.

이하 ( ⅰ ) "맥아더 라인의 설정과 수정", ( ⅱ ) "맥아더 라인의 확장 반대 국회의 결의", ( ⅲ ) "맥아더 라인에 의한 연합국의 한국의 독도영유권 승 인" 순으로 논급하고, ( ⅳ ) "결론"에서 정부관계당국에 대해 몇 가지 정책 대안을 제의하기로 한다.

## II. 맥아더 라인의 설정과 수정

### 1. 맥아더 라인의 설정

#### 가. 설정의 근거

맥아더 라인 설정의 법적 근거는 "항복문서"와 "미국의 항복 후 초기 대일정책"이라 할 수 있다.

#### (1) 항복 문서

1945년 8월 6일 히로시마에 역사적인 원자폭탄이 투하되었고 8월 8일 소련은 대일선전포고를 하였으며, 8월 9일 나가사키에 또 다시 원자폭탄이 투하되었다. 8월 15일 일본천황은 라디오 방송을 통해 "무조건항복선언" (the Declaration of Unconditional Surrender)을 했다.[1] 동 항복 선언을 문서화하기 위한 "항복문서"(the Instrument of Surrender)의 서명이 연합국의 대표와 일본의 대표간에 동년 9월 2일 동경만에 성박중인 미소리함상에서 있었다. 동 문서는 다음과 같이 규정하고 있다.[2]

> 포츠담 선언의 조항을 성실히 이행할 것과 아울러 동 선언을 실시하기 위하여 연합군최고사령관 또는 기타 지정된 연합국대표가 요구할 수 있는 일체의 명령을 발하고 또한 이와 같은 일체의 조치를 취할 것을 천황·일본국정부 및 그 후계자를 위하여 약속한다(undertake for the Empire, the Japanese Government and their successor, to carry out the provisions of the Potsdam Declaration in good faith, and to issue whatever orders and take whatever action may be required by the Supreme Commander for the Allied Powers or by any other designated representation of the purpose of giving effect to that Declaration).[3]

---

1) F.C. Jones, H. Barton and P.R. Beam, *Survey of Interantional Affairs, The Far East*, 1924-1946 (London : Oxford University Press, 1955), pp.497-98.
2) *Ibid*, p.499.
3) *Ibid*; US, Senate Commmittee of Foreign Reldtions, *A Decade of American Policy : Basic Documents 1941-1949* (Washington, D.C: USGPO, 1950), p.625.

이와 같이 일본은 연합군최고사령관의 일체의 명령과 조치를 따를 것을 확약했다. 이 "항복문서"의 규정에 근거하여 맥아더 사령관에 의한 맥아더 라인이 설정되게 된 것이다.

(2) 미국의 항복 후 초기대일정책

일본이 "항복문서"에 서명한 후 미국은 "항복문서"의 시행을 위해 1945년 9월 6일 연합군최고사령관에게 "미국의 항복 후 초기대일정책"(the United States Initial Post-Surrender Policy for Japan)이라는 훈령을 하달했다. 동 "미국의 항복 후 초기대일정책" (a)항은 다음과 같이 규정하고 있다.[4]

> 일본의 주권은 본주, 북해도, 구주, 사국과 카이로 선언 및 미국이 이미 당사자 이거나 또는 장래에 당사자가 되는 기타 협정에 의하여 결정되게 되는 주변의 제 소도에 한정된다(Japan's sovereignty will be limited to the islands of Honshu, Hokkaido, Kyushu, Shikoku and such minor outlying islands as may be determined in accordance with the Ciro Declaration and other agreements to which the United States is or may be a party).[5]

이와 같이 미국은 연합국최고사령관에게 "일본의 주권은 본주, 북해도, 구주, 사국과 미국이 협정으로 결정하는 주변의 제 소도에 한정한다"는 훈령을 하달했으며, 연합군최고사령관은 동 훈령에 근거하여 맥아더 라인을 이들 영토 주변에 설정한 것이다.

## 나. 설정과정과 설정내용

(1) 설정과정

( i ) 1945년 8월 15일 일본 천황의 "무조건 항복선언" 5일 후인 8월 20일 연합군최고사령관은 점령국의 통치상 전 일본어선의 전면적인 행동금지

---

4) Jones, Barton and Beam, *supra* n.1, p.500.

5) *Ibid.*, pp.500-501.

를 명하였다.6)

(ⅱ) 1945년 9월 2일 일본이 "항복 문서"에 서명한 이후 9월 14일 목조선
에 한해 일본 연안으로부터 12해리 이내에서만 어로활동을 허가한다고 발
표했다.7)

(ⅲ) 1945년 9월 14일 제한조치에 대해 일본정부는 연합군최고사령관에
게 이의 완화조치를 요청하게 되어 9월 22일 연합군최고사령관은 상기 수
역에서 일반어선, 포경어선, 트롤어선 및 활선어 운반선의 조업과 항해를
허용했다.8)

어로 제한에 대한 일본정부의 완화 요청에 따라 1945년 9월 27일 연합
군최고사령관은 일본정부에 대해 "각서 제80호"(ELTLOSCAP Serial No. 80)
로 최초로 인가된 어로구역(boundaries for authorized fishing)을 설정하는
지령을 하달했다.9) 동 각서는 인가된 어로구역을 다음의 설정내용에서 보
는 바와 같이 규정하고 있다.

(2) 설정 내용

"각서 제 8호"에 의해 인가된 어로구역의 경계선은 동 각서에 다음과 같
이 규정하고 있다.

> 납사포압(Noshappu Zaki 納紗布押)에서 북위 41도 30분 동경 150도에 이르
> 고, 그 점에서 남으로 향하여 북위 29도에 이르며, 그 지점에서 서쪽으로 동경
> 126도에 이르고, 그 지점에서 남쪽으로 북위 26도에 이르며, 그 점에서 서쪽으
> 로 동경 123도에 이르고, 그 점에서 대마도의 남단에 이른다. 대마도의 북단
> 에서 북위 40도 동경 135도에 이르고, 그 점에서 북위45도 30분 동경 140도에
> 이르며 그 점에서 동경 145도에 이르고, 그 점에서 남쪽으로 북해도에 이른다
> (From Noshappu Zaki to 41-30 N 150E, South to 30 North 150E, 30N West 130E,

---

6) 지철근, 「평화선」(서울: 법우사, 1979), p.89.
7) 상계서, p.89.
8) M. M. Whiteman, *Digest of International Law,* Vol.1 (Washington D.C: USGPO, 1965),
   p.1185; 지철근, 전주6, p.90.
9) Whiteman, *supra* n.8, pp.1185, 1186.

South to 29N, West to 125E, South to 26N, West to 123E to Southern tip
Tsushima. From northern tip of Tsushima to 40N 135E to 45-30N 140E, East to
145E, south to Hokkaido).[10]

"각서 제80호"에 의해 인가된 어로구역의 구획선을 연합군최고사령관의
이름을 따라 "맥아더 라인"(MacArthur Line)이라 부른다. 독도는 이 인가된
어로 구역의 구획선 밖에, 즉 독도는 한국 측에서 보아 이 인가된 어로구
역의 구획선 밖에 있다. 이는 연합군최고사령관이, 즉 연합국이 독도를 일
본의 영토가 아니라 한국의 영토임을 묵시적으로 승인한 것이다.

## 2. 맥아더 라인의 수정

### 가. SCAPIN 제1033호
연합군최고사령관은 일본정부의 인가된 어로구역의 확장요청에 따라
1945년 9월 27일에 설정한 "맥아더 라인"을 계속 확장 수정했다. 그 중 독
도에 관해 가장 명확한 규정을 둔 것은 "SCAPIN 제1033호"이다.
1946년 6월 22일의 "SCAPIN 제1033호" 제3항은 독도를 명시하며 독도의
12해리 이내 일본어선은 접근하지 못한다고 다음과 같이 규정하고 있다.

(b) 일본의 선박이나 인원은 금후 북위 37도 15분 동경 131도 53분에 있는
리앙끄르암의 12해리 이내에 접근하지 못하며 또한 동 도에 어떠한 접근도 하
지 못한다(b. Japanese vesssels or personnel thereof will not approach closer
then 12mils to Takeshima(37° 15' North Latitude, 131° 53' East Latitude) nor have
any contact with said island).[11]

이와 같이 연합군최고사령관은 독도에 일본어선의 접근을 명시적으로
금지하는 규정을 "SCAPIN 제1033호"로 일본정부에 하달했다. 이는 연합군

---

10) *Ibid.*, p.1185.
11) USNARA / DC / S SCAPIN File Room 600-1.

최고사령관이, 즉 연합국이 독도는 일본의 영토가 아니라 한국의 영토인 것을 묵시적으로 승인한 것이다.

### 나. 계속적 수정

맥아더 라인은 1946년 6월 22일의 "SCAPIN 제1033호"에 의한 수정 이후 에도 수차에 걸쳐 계속 수정되었다. 이들 수정 맥아더 라인은 다음과 같 은 SCAPIN으로 시행되었다.

( i ) 1947년 12월 23일의 "SCAPIN 제1033/1호"

(ii) 1949년 6월 30일의 "SCAPIN 제1033/2호"

(iii) 1949년 9월 19일의 "SCAPIN 제2046호"

(iv) 1949년 10월 10일의 "SCAPIN 제2050호"

( v ) 1951년 1월 31일의 "SCAPIN 제2050/1호"

(vi) 1950년 5월 11일의 "SCAPIN 제2097호"[12]

맥아더 라인은 1952년 4월 25일 SCAP에 의해 폐지되었다.[13] 이상의 어 떠한 "SCAPIN"도 독도를 인가된 어로구역 외에 위치시킨 것이었다. 이는 독도는 일본의 영토가 아니라 한국의 영토임을 연합군최고사령관이, 즉 연합국이 계속적으로 반복하여 묵시적으로 승인한 것이다.

## III. 맥아더 라인의 확장 반대 국회의 결의

### 1. 국회의 대정부 결의

1949년 6월 13일 국회는 연합군최고사령부가 점차적으로 맥아더선을 확

---

12) Whiteman, *supra* n.8, p.1185.

13) *Ibid.*, p.1186.

장해 나아가는데 반대하여 한병규 외 8명의 의원이 발의한 "맥아더선 확장 반대 결의"를 만장일치로 채택했다. 동 결의안의 내용은 다음과 같다.

주문
1. 맥아더선 확장 반대를 결의함.
1. 위 결의를 정부로부터 맥아더 사령부에 강력히 항의할 것.

이유
…맥아더 장군이 전후 그들의 해양침략을 봉쇄하기 위하여 일본국민의 해양활동권으로 맥아더선을 확정한 것은 실로 인류평화의 수호를 위하여 일본의 침략적 준동을 제압하는 현명한 시책으로 우리는 심심한 경의를 표하는 것이다.
…만약 이 맥아더선이 확장 내지 철폐를 용허할 진대 정치적으로는 과거 일제 침략의 재판이 될 것이며 경제적으로는 밀수출입을 조장하여 국내식량의 수출과 일본상품의 유입으로 자급자족을 도모하는 한국경제의 파탄을 이루게 될 것이다.[14]

## 2. 미 국무성과 상원외교위원회에 대한 요청 결의

국회는 1949년 6월 13일 "맥아더선 확장 반대 결의"를 채택함과 동시에 "미 국무성과 상원외교위원회에 대한 요청 결의"를 채택했다. 동 결의는 8개항으로 구성되어 있으며 제8항에는 다음과 같이 기술되어 있다.

…맥아더선 조치 주장은 절실히 통감하며 이상의 사실을 귀하에게 제시하여 대일평화조약안 작성에 크게 참고가 될 것을 기망하는 바입니다.[15]

---

14) 국회사무처, 『국회회의록』 제3회, 제16호, p.349.
15) 지철근, 전주6, pp.100-104.

## Ⅳ. 맥아더 라인에 의한 한국의 독도영토주권 승인

### 1. 영토주권의 승인의 개념

국제법상 승인(recognition)의 형태에는 "국가의 승인"(recognition of state), "정부의 승인"(recognition of government), "교전단체의 승인"(recognition of belligerency), "외국법의승인"(recognition of foreign law), "외국판결의 승인"(recognition of foreign judgement) 이외에 "영토주권의 승인"(recognition of territorial sovereignty)이 있다.

그 중 "영토주권의 승인"이란 국제법의 주체가 특정 국가의 영토에 대한 영토주권을 인정하는 행위로[16] 국제법상 일반적인 "승인"과 같이 타국가와의 관계에서 제기되는 어떠한 사실이나 사태의 수락(acceptance of any fact or situation)이다.[17] 영토주권의 승인은 영토주권의 권원의 승인이다.[18]

영토주권의 승인은 영토주권의 묵인(acquiescence)과 구별된다. 묵인은 어떤 행위도 하지 아니하는 수동적 관용(passive toleration)이지만 승인은 묵시적 승인의 경우도 승인으로 인정되기 위한 적극적인 행위(positive action)를 수반한다는 점에서 양자는 구별된다.[19] 그리고 묵인의 주체는 묵인으로 영토를 상실하게 되는 국가이지만, 승인의 주체는 승인으로 영토를 상실하게 되는 국가와 제3자이다.[20]

---

16) Ian Brownlie, *Principles of Public International Law* 5th ed. (Oxford: Oxford University Press, 1998). pp.156-57.
17) Robert Jennings and Arthur Wattts(eds.), *Oppenheim's International Law*, 9th ed. , Vol.1 (London: Longman, 1992), p.127.
18) Brownlie, *supra* n.16, pp.131-32.
19) G.Schwarzenberger, "The Fundamental Priciple of International Law", *Rdc*, Vol.87, 1955-Ⅱ, p.257.
20) Brownlie, *supra* n.16, p.158.

## 2. 맥아더 라인에 의한 연합국의 한국의 독도영토주권의 승인

### 가. 묵시적 승인에 관한 일반적 고찰

승인은 그것이 국가의 승인(recognition of state)이든, 정부의 승인(recognition of government)이든, 교전단체의 승인(recognition of belligerency)이든, 외국판결의 승인(recognition of foreign judgement)이든, 영토주권의 승인(recognition of territorial sovereignty)이든, 불문하고 승인을 하는 주체의 의도(intention)의 문제이다.[21]

이 승인의 의도는 명시적으로(express) 표시될 수도 있고 묵시적으로 (implied) 표시될 수도 있다.[22]

명시적인 표시는 선언(declaration)이나 통고(notification)와 같은 공개된 애매하지 아니한 형태(an open unambiguous form) 또는 의사소통의 형태 (communication form)에 의할 수도 있다.[23] 묵시적 표시는 어떤 승인으로 이해되는 것으로 해석되는 특별한 조치(particular action to be interpreted as comprehending any recognition)에 의할 수 있다.[24] 이는 승인으로 수락

---

21) G. Schwarzenberger and E. D. Brown, *A Manual of International Law*, 6th ed. (Milton: Prefessonal Books, 1976), p.57; Jennings and Watts, *supra*, n.17, p.169; H. Lauterpacht, *Recognition in International Law* (Cambridge: cambridge University Press, 1948), pp.370-71; US Department of State, G.H. Hackworth Memorandum, December 13, 1940 (Whiteman, *Digest of International Law*, Vol. 2, 1963, p.48); Malcom N. Shaw, *International Law*, 4th ed. (Cambridge: cambridge University Press, 1997), p.310.
22) Ibid. Henry Campel Brack, *Brack's Law Dictionary* (St. Paul: West, 1979), p.678; Jennings and Watts, *supra* n.17, p.169; US Department of State, Hackworth Memorandum, Dec.13, 1940, p.49 (Majorie M. Whiteman *supra* n.7, p.48); R. Higgings, *The Development of International Law by the Political Organs of the United Nations* (Oxford: Oxford University Press, 1963), p.140; Jones, Barton and Beam, *supra* n.1, p.345; J.P. Frand and J.C. Barker, *Encyclopedic Dictionary of International Law*, 3rd ed. (Oxford: Oxford University Press, 2009), pp.507-508; Article 7, Montevideo Convention on Rights and Duties of States 1933.
23) Shaw, *supra* n.21, p.310.
24) *Ibid.*

하는 의도에 대해 합리적인 의문이 없는 모든 경우(in all cases in which there is no reasonable doubt as to the intention … to grant recogtition)이다.[25] 이는 승인의 의도를 명시적·직접적으로 표시하는 것이 아니나 승인으로 추정되는 다른 행위를 통하여 승인의 의도를 간접적으로 표시하는 것이므로 이를 간접적 승인(indirect recognition)이라고도 한다.[26]

묵시적 승인으로 해석되는 행위는 승인의 추정을 창출한다(such act creates a presumption of recognition).[27] 즉, 묵시적 승인은 승인의 의도의 추정을 본질로 한다.[28] 추정은 법(rule of law)에 의한 사실의 인정이다.[29] 추정은 간주(regard)와 달리 반증(contrary evidence)이 허용된다. 반증에 의해 추정에 의해 인정된 진실이 전복되게 된다.[30] 따라서 승인으로 인지되는 조치를 한 당사자는 승인으로 인정되는 효과를 배재하기 위해서는 승인의 효과를 배재하는 명시적 선언을 할 수 있다(may make an express declaration).[31]

요컨대, 묵시적 승인은 승인의 의도가 있는 것으로 해석되는 행위를 통해 간접적으로 승인의 의도를 표시하는 간접적 승인이며, 묵시적 승인은 승인으로 해석되는 행위에 의해 법에 의해 승인의 의도가 추정되는 것이다.

추정은 증거에 의해서가 아니라 법(rule of law)에 의한 사실의 인정이다. 추정은 반증이 허용되는 것이므로 묵시적 승인으로 해석되는 행위를 하는 당사자는 법에 의해 인정되는 승인의 효과를 배제하기 위해서는 명시적인 반대의 의사를 표시하여 묵시적 승인으로 추정되는 효과를 배제할 수 있다.

25) Lauterpact, supra n.21, p.378.
26) Shaw, supra n.22, p.310.
27) Q. Wright, "Recognition, Intervention and Ideologies," Indian Yearbook of International Affairs, Vol.7, 1858, p.92(Whitman, supra n.7, p.52).
28) Brownlie, supra n.16, p. 94; Lauterpact, supra n.21, p.369; Jennings and Watts, supra n.17, p.94; Wright, supra n.27, p.92.
29) Brack, supra n.22, p.1067.
30) Ibid.
31) Shaw, supra n.22, p.310.

묵시적 승인은 본질적으로 금반언과 같은 범주에 속한다.32) 따라서 묵시적인 승인을 한 국가는 그 승인 이후 승인과 모순·저촉되는 행위는 금지되게 된다.

또한 승인은 더욱 더 큰 상호이해를 향한 불가피한 추세에 의해 영향을 받는다(the more and more affected by the inevitable trend towards greater mutual understanding).33)

## 나. 연합국에 의한 승인

연합국은 맥아더 라인을 설정하는 SCAPIN을 일본정부에 하달하면서 "한국의 독도영토주권을 승인한다," "독도의 영토주권은 한국에 귀속됨을 승인한다," "독도는 한국의 영토임을 승인한다" 또는 "독도는 한국영토의 일부임을 승인한다"는 등으로 명시적으로 한국의 영토주권을 승인한 바 없다. 그러나 맥아더 라인은 한국측에서 보아 독도의 외측에 설정되었으며, 특히 1946년 6월 22일의 "SCAPIN 제1033호" 제3항은 "일본어선과 인원은 독도의 12해리 이내에 접근하지 못하며, 또한 동 도에 어떠한 접근도 하지 못한다."라고 규정하고 있다. 이는 연합국이 한국의 독도영토주권을 묵시적으로 승인한 것이다. 그 이유는 다음과 같다.

첫째로, 맥아더 라인은 한국 측에서 보아 독도의 외측에 설정되었고, 특히 "SCAPIN 제1033호" 제3항은 "일본 어선과 일본인은 독도의 12해리 이내에 접근하지 못하며 또한 동 도에 대한 어떠한 접근도 하지 못한다."라고 규정한 것은 연합국이 한국의 독도영토주권의 승인으로 이해되는 특별한 조치(particular action to be interprerted as comprehending any recognition)를 한 것이다.

둘째로, 첫째에서 언급한 승인의 내용은 승인으로 수락하는 의도에 대해 합리적인 의문이 없다(there is no resonable doubt as to the intention to grant recognition).

32) Schwarzenberger and Brown, *supra* n.21, p.56; Lauterpact, *supra* n.21, p.369.
33) M. Lachs, "Recognition and International Co-operation," *BYIL*, Vol.35, 1959, p.259.

셋째로, 연합국이 승인으로 추정되는 법적 효과를 배제하기 위한 명시적인 선언(an express declaration to exclude the legal effect of the presumption)을 한 바 없다.

# 제2절_ SCAPIN 제677호에 의한 승인

---

**〈목 차〉**

Ⅰ. 하달
Ⅱ. 법적 근거와 성격
Ⅲ. 구성과 내용
Ⅳ. 대일평화조약과의 관계
Ⅴ. 연합국에 의한 한국의 독도영토주권 승인

---

## Ⅰ. 하달

1. 항복문서의 서명: 1945년 8월 15일의 일본의 '항복선언'을 문서화하기 위한 "항복문서"의 서명이 1945년 9월 2일 도쿄만에 정박 중인 미전함 미조리함상에서 있었다.

2. 항복문서의 시행: "항복문서"의 시행을 위해 다음과 같은 조치가 행해졌다.

가. 항복 후 미국의 초기 대일 정책: 1945년 9월 6일 미국은 "항복문서"의 시행을 위해 "항복후 미국의 초기 대일 정책"이라는 문서를 연합군최고사령관에게 하달했다.

나. 항복 후 초기 기본지침: 1945년 11월 3일 미국은 "항복문서"의 시행을 위해, 위 문서에 이어 "항복 후 초기기본지침"을 연합군최고사령관에게 하달했다.

다. 연합군최고사령관훈령: 1946년 1월 29일 연합군최고사령관은 상기 2개의 문서에 따라 "항복문서"의 시행을 위해 "연합군 최고사령관 훈령 제677호"(Supreme Commander for the Allied Powers Instruction No. 677, 이하 "SCAPIN 제677호"라 한다)를 일본정부에 하달했다.

## II. 법적 근거와 성격

1. 법적 근거: 동 훈령의 법적 근거는 "항복문서"이다.
2. 법적 성격: 동 훈령의 법적 성격은 "항복문서"의 시행조치이다.

## III. 구성과 내용

1. 구성: 동 훈령은 8개항으로 구성되어 있으며 그중 독도에 관계되어 있는 것은 제3항과 제6항이다.

2. 내용

가. 제3항
(1) 이 지령에 있어서 일본이라 함은 일본 4내도(홋카이도, 혼슈, 규슈, 및 시코크) 및 약 1,000의 인접제소도를 포함한다. 상기 인접제소도에는 대마도 및 북위 30도 이북의 유구(남서)제도 (구지도 제외)를 포함하나, 다음의 제도는 포함하지 아니한다. (a) 울릉도, 죽도(독도), 제주도 (b) 생략
(2) 제3항의 규정에 의해 독도는 일본으로부터 분리되게 된 것이다.

나. 제6항
(1) "이 훈령의 어떠한 부분도 포츠담선언 8항에 언급된 제소도(the minor islands)의 최종적인 결정에 관한 연합국의 정책을 표시하는 것으로 해석되어서는 아니된다."
(2) 위의 "최종적인 결정이 아니다."는 의미에 관해 한국정부와 일본정부의 견해가 대립되어 있다.
(가) 일본정부의 견해: 이는 평화조약으로 변경할 수 있다는 의미이다.

전쟁 후 점령영토의 변경여부는 평화조약으로 정해진다(1962년 7월 13일 "일본정부견해(4) 표명" 제6항, 제7항)의 견해: 이는 연합군최고사령부가 추후의 훈령으로 이를 변경할 수 있다는 의미이다(1959년 1월 7일 "한국정부견해(3) 표명" 제6항).

(다) 일본정부견해 부당성: 동 훈령은 "항복문서"에 근거한 것이며 "항복문서는 예비평화조약의 성격을 가진 것이므로 평화조약으로 영토의 변경이 정해진다는 일본정부견해는 부당하다. 평화조약으로 영토의 변경이 정해진다는 일본정부 견해를 따른다 해도 "대일평화조약"에 독도를 일본으로부터 분리되지 아니한다는 변경을 가한 바 없으므로 일본정부견해는 부당하다.

## IV. 대일평화조약과의 관계

### 1. 대일평화조약 제2조와의 관계

가. "대일평화조약" 제2조는 "일본은 한국의 독립을 승인하고, 제주도, 거문도 및 울릉도를 포함한 한국의 대한 권리, 권원 및 청구권을 포기한다"라고 규정하고 있다.

나. 동 조에 독도는 열거되어 있지 않다. 그러나 독도는 포기의 대상에서 제외된다는 규정을 두고 있지 아니하므로 동 훈령에 의해 독도가 일본에서 제외된다는 효력은 그대로 지속된다.

### 2. 대일평화조약 제19조 (d)항과의 관계

가. "대일평화조약" 제 19조 (d)항은 "일본은 점령기간 중에 점령 당국의 지령에 의하거나 또는 그 결과로서 행하여진.... 모든 작위 또는 부작위의

효력을 승인하며"라고 규정하고 있다.

나. 동 조항을 위해 일본은 동 훈령의 효력을 승인한 것이다. 따라서 동 훈령 제3항에서 독도가 일본으로부터 제외된다는 효력은 동 조약에 의해 계속 유지된다.

# V. 연합국에 의한 한국의 독도영토주권 승인

## 1. 묵시적 승인에 관한 일반 이론

승인은 그것이 국가의 승인(recognition of state)이든, 정부의 승인(recognition of government)이든, 교전단체의 승인(recognition of belligerency)이든, 외국판결의 승인(recognition of foreign judgement)이든, 영토주권의 승인(recognition of territorial sovereignty)이든, 불문하고 승인을 하는 주체의 의도(intention)의 문제이다.[1]

이 승인의 의도는 명시적으로(express) 표시될 수도 있고 묵시적으로(implied) 표시될 수도 있다.[2]

---

1) Georg Schwazenberger and E .D. Brown, *A Manual of International Law*, 6th ed. (Milton: Professional Books, 1976), p.57; Robert Jennings and Arthur Watts (eds.), *Oppenheim's International Law*, 9th ed., Vol.1 (London : Longman 1992), p.169; H. Lauterpact, *Recognition in International Law*, (Cambridge, Cambridge University Press, 1948), pp.370-71; US Department of State, G.H. Hackworth Memorandum, December 13, 1940 (Whiteman, *Digest of International Law*, Vol. 2, 1963, p.48); Malcolm N. Shaw, *International Law*, 4th. ed., (Cambridge : Cambridge University Press, 1997), p.310;

2) Shaw, *supra* n.1, p.310, Henry Campel Brack, *Brack's Law Dictionary* (St. Paul: West, 1979), p.678; Jennings and Watts, *supra* n.1, p.169; US Department of State, *supra* n.2, p.49 (Majorie M. Whiteman *supra* n.1, p.48); R. Higgings, *The Development of International Law by the Political Organs of the United Nations* (Oxford:Oxford University Press, 1963), p.140; Abr. Frowein, "Recognition", *EPIL*, Vol.10, 1987, p.345; Article 7, Montevideo Convention on Rights and Duties of States 1933.

　명시적인 표시는 선언(declaration)이나 통고(notification)와 같은 공개된 애매하지 아니한 형태(an open unambiguous form) 또는 의사소통의 형태 (communication form)에 의할 수도 있다.[3] 묵시적 표시는 어떤 승인으로 이해되는 것으로 해석되는 특별한 조치(particular action to be interpreted as comprehending any recognition)에 의할 수 있다.[4] 이는 승인으로 수락하는 의도에 대해 합리적인 의문이 없는 모든 경우(in all cases in which there is no reasonable doubt as to the intention … to grant recogtition)이다.[5] 이는 승인의 의도를 명시적 승인에 직접적으로 표시하는 것이 아니나 승인으로 추정되는 다른 행위를 통하여 승인의 의도를 간접적으로 표시하는 것이므로 이를 간접적 승인(indirect recognition)이라고도 한다.[6]

　묵시적 승인으로 해석되는 행위는 승인의 추정을 창출한다(such act creates a presumption of recognition).[7] 즉, 묵시적 승인은 승인의 의도의 추정을 본질로 한다.[8] 추정은 법(rule of law)에 의한 사실의 인정이다.[9] 추정은 간주(regard)와 달리 반증(contrary evidence)이 허용된다. 반증에 의해 추정에 의해 인정된 진실이 전복되게 된다.[10] 따라서 승인으로 인지되는 조치를 한 당사자는 승인으로 인정되는 효과를 배재하기 위해서는 승인의 효과를 배재하는 명시적 선언을 할 수 있다(may make an express declaration).[11]

　요컨대, 묵시적 승인은 승인의 의도가 있는 것으로 해석되는 행위를 통해 간접적으로 승인의 의도를 표시하는 간접적 승인이며, 묵시적 승인은

---

3) Shaw, *supra* n.1, p.310.
4) *Ibid.*
5) Lauterpact, *supra* n.1, p.378.
6) Shaw, *supra* n.1, p.310.
7) Q. Wright, "Recognition, Intervention and Ideologies," *Indian Yearbook of International Affairs*, Vol.7, 1858, p.92(Whiteman, *supra* n.1, p.52).
8) Ian Brownlie, *Principle of International Law*, 5th ed. (Oxford: Oxford University Press, 1998), p. 94; Lauterpact, *supra* n.1, p.369; Jennings and Watts, *supra* n.1, p.94; Lauterpact, *supra* n.1, p.369; Q. Wright, *supra* n.7 p.92.
9) Henry Campel Brack, *Brack's Law Dictionary* (St. Paul: West, 1979), p.1067.
10) *Ibid.*
11) Shaw, *supra* n.1, p.310.

승인으로 해석되는 행위에 의해 법에 의해 승인의 의도가 추정되는 것이다.

추정은 증거에 의해서가 아니라 법(rule of law)에 의한 사실의 인정이다. 추정은 반증이 허용되는 것이므로 묵시적 승인으로 해석되는 행위를 하는 당사자는 법에 의해 인정되는 승인의 효과를 배제하기 위해서는 명시적인 반대의 의사를 표시하여 묵시적 승인으로 추정되는 효과를 배제할 수 있다.

묵시적 승인은 본질적으로 금반언과 같은 범주에 속한다.[12] 따라서 묵시적인 승인을 한 국가는 그 승인 이후 승인과 모순·저촉되는 행위는 금지되게 된다.

또한 승인은 더욱 더 큰 상호이해를 향한 불가피한 추세에 의해 영향을 받는다(the more and more affected by the inevitable trend towards greater mutual understanding).[13]

## 2. 연합국에 의한 승인

전술한 바와 같이 "SCAPIN 제677호" 제3항은 "일본은 … 포함하는 것으로 정의된다. … 다음의 제도는 포함하지 아니한다. (a) 울릉도, 리앙크로암, 제주도 (Japan is defined to include … excluding (a) Utsyo (Ullung island), Liancout Rocks (Take Island) and Quelpart(Saishin or Cheju Island))" 라고 규정하여 독도는 일본의 정의에서 제외되는 것으로 규정하고 있다. 동 제3항에서 연합국은 "한국의 독도영토주권을 승인한다" "독도는 한국의 영토임을 승인한다" 또는 "독도의 영유권은 한국에 귀속됨을 승인한다"라고 규정하여 명시적으로 한국의 독도영토주권을 승인하고 있지 아니하다. 그러나 "독도는 일본의 정의에 포함되지 아니한다"라고 규정하여 독도의 영유권이 일본에 귀속되지 아니한다는 것, 즉 독도는 한국의 영토라는 것을 간

---

12) Schwarzenberger and Brown, *supra* n.1, p.56; Lauterpact, *supra* n.1, p.369.
13) M. Lachs, "Recognition and International Co-operation," *BYIL*, Vol.35, 1959, p.259.

접적으로 표현하고 있다. 즉, 연합국은 한국의 독도영토주권을 묵시적으로 승인한 것이다. 왜냐하면 이는 "승인으로 이해되는 것으로 해석되는 특별한 조치"(particular action to be interpreted as comprehending any recognition)14) 이고, "승인으로 수락되는 의도에 대해 합리적인 의문이 없기"(there is no reasonable doubt as to the intentioin to grant recognition)15) 때문이다.

---

14) Shaw, *supra* n.1, p.310.
15) Lauterpact, *supra* n.1, p.378.

# 제3절_ 전 일본영토처리 합의서에 의한 승인

1949년 12월 19일 1950년 일본과 체결된 평화조약의 체약당사국인 연합국은 동 조약에 의해 일본에 의해 포기되는 영토의 처리에 관해 "이전 일본영토의 처리에 관한 합의서"(Agreement Respecting the Disposition of Former Japanese Territolies, 이하 "전 일본영토처리 합의서"라 한다.)를 체결하였다.

"전 일본영토처리 합의서"는 "대일평화조약"의 체약당사국인 연합국이 체결한 것이며, "대일평화조약"의 당사국인 일본은 포함되어 있지 아니하다. "전 일본영토처리 합의서의" 체결일자는 "대일평화조약"이 체결된 1950년 9월 8일 이전인 1949년 12월 19일이다.

"전 일본영토처리 합의서"는 "대일평화조약"이 체결되기 이전에 "대일평화조약"이 체결될 것을 예상하여 체결된 것으로 보여진다. "대일평화조약"에는 일본이 포기한 영토로 독도가 명시적으로 규정되어 있지 아니하다. "전 일본영토처리 합의서"는 독도를 일본이 포기한 영토로 규정하고 있다 (제3조).

그러므로 "대일평화조약" 제2조 (a)항의 규정과 "전 일본영토처리 합의서" 제3조의 규정은 저촉된다. 아마도 연합국이 "대일평화조약" 체결 전에 독도를 일본이 포기하는 영토로 규정하려고 예상하고 "전 일본영토처리 합의서"를 체결한 것으로 보여진다.

이 연구는 "대일평화조약" 제2조 (a)항과 "전 일본영토처리 합의서" 제3

조의 저촉문제를 논급하려는 것이 아니라 동 합의서 제3조의 규정에 의해 연합국이 대한민국의 독도영토주권을 승인한 것이라는 국제법 효과를 논급하기 위해 시도된 것이다.

이하 "전 일본영토처리 합의서의 체결시기", "전 일본영토처리 합의서의 중요규정", "전 일본영토처리 합의서의 한국의 독도영토 주권의 승인", 순으로 기술하고 "결론"에서 정부관계당국에 대한 정책 건의를 하기로 한다.

이 연구는 법실증주의 법사상을 기초로 하고, 법해석론의 접근방법에 의한 것이라는 점을 여기 밝혀두기로 한다. 따라서 이 연구는 *lex ferenda*가 아니라 *lex lata*를 대상으로 한 것이다.

## I. 전 일본영토처리 합의서의 체결 시기

"전 일본영토처리 합의서"는 그 전문에 "1950년 …에 일본과 체결된 평화조약의 당사국인 연합국은" 이라는 규정으로 보면 동 합의서는 "대일평화조약"(Peace Treaty with Japan)이 체결된 이후에 체결된 합의서로 보이나, "1950년 …"이라고 년도만 표시하고 월, 일은 공란으로 규정하고 있는 점과 미 외무성이 표시한 동 합의서는 1949년 12월 19일로 표시된 점 그리고 "대일평화조약" 제2조 (a)항에 일본이 포기한 도서로 "독도"가 포함되어 있지 아니하나 동 합의서 제3조에는 대한민국에 전권이 부여되는 도서로 독도가 포함되어 있는 점 등으로 보면 동 합의서는 "대일평화조약"이 체결되기 이전에 체결된 것으로 보인다.

'대일 평화조약" 미국 초안의 발전과 독도에 관한 규정을 보면 다음과 같다.

1947년 3월 20일의 제1차 미국초안 제4조는 독도를 한국의 영토로 규정하고,[1]

1947년 8월 5일의 제2차 미국초안 제4조도 독도를 한국의 영토로 규정하고,[2]

1948년 1월 2일의 제3차 미국초안 제4조도 독도를 한국의 영토로 규정하고,3) 1949년 10월 13일의 제4차 미국초안 제4조도 독도를 한국의 영토로 규정하고,4) 1949년 11월 2일의 제5차 미국초안 제4조도 독도를 한국의 영토로 규정하고,5) 1949년 11월 19일의 Sebald의 서면의견이 있었고,6) 이에 영향을 받은 1949년 12월 29일의 제6차 미국초안 제6조는 독도를 한국의 영토로 규정하고 있지 않다.7)

"전 일본영토처리 합의서"가 1949년 12월 19일로 표기되어 있는 것을 보면 제5차 미국초안 이 후 Sebald의 의견이 있기 이전에 체결된 것으로 보는 것이 타당하다고 본다.

동 합의서를 "대일평화조약"이 체결되기 이전에 체결된 것으로 보면 동 합의서는 "대일평화조약"의 해석에 있어서 이른바 "준비작업"(*trauaux preparatories of a treaty*)으로 되어 "대일평화조약"의 해석의 보충적 수단으로 되어 동 조약 제2조 (a)항에 일본이 포기한 도서로 독도가 명시되어 있지 아니하나 동 합의서가 독도를 일본이 포기한 도서로 규정되이 있으므로 독도는 한국의 영토로 해석된다.

---

1) US Department of State, from Dean G. Acheson(Under Secretary of State) to General MacArthur (The Supreme Commander for the Allied Powers), "Memorandum: Outline and Various Sections of Draft Treaty"(March 20, 1947), Attached Draft(March 19, 1947).

2) US Department of State, from Hugh Borton(Acting Special Assistant to the Director, Office of Far Eastern Affairs) to Charles E. Bohles(Counsellor of the Department of State), "Office Memorandum: Draft Treaty of Peace for Japan"(August 6, 1947).

3) US Department of State, "Office Memorandum: Background of Draft of Japanese Peace Treaty"(january 30, 1948)

4) US Department of State, "Office Memorandum: Attached Draft (August 14, 1949).

5) US Department of State, "Commentary on Treaty of Peace with Japan"(November 2, 1949)

6) US Department of State, "Office of US Political Adviser for Japan, Tokyo," Comment on Draft Treaty of Peace with Japan"(November 19, 1949).

7) US Department of State, "Draft Treaty of Peace with Japan on December 29, 1949" (December 29, 1949)

그러나 동 합의서를 "대일평화조약"이 체결된 이후에 체결된 것으로 보면 변 "후속적 관행"(subsiquent practices)로 되어 "대일평화조약" 해석의 문맥이 될 수 있다. 그러나 후속적 관행으로 되기 위해서는 그 조약의 체약자 모두의 합의를 요하나 동 합의서는 48개 연합국의 합의는 있으나 일본의 합의가 없으므로 "대일평화조약"해석의 문맥으로 고려될 수 없다.

## II. 전 일본영토처리 합의서의 중요규정

### 1. 전문의 규정

"전 일본영토처리 합의서" 전문은 다음과 같이 규정하고 있다.

> 1950년에 일본과 체결된 평화조약의 당사국인 연합국은 다음과 같은 방식으로 동 조약에서 일본에 의해 포기된 영토를 처리한다(The Allied and Associated Powers party to the treaty of peace concluded of territolies renounced in their faver by Japan in that Tready in the following manner).

위의 규정 중 "일본과 체결된 평화조약"은 사후적으로 보아 "대일평화조약"(Peace Treaty with Japan)을 지칭하는 것이며, "일본에 의해 포기된 영토를 처리한다"는 "대일평화조약"의 규정에 의해 일본이 포기한 영토를 지칭하는 것이므로 "전 일본영토처리 합의서"는 "대일평화조약"의 시행조약의 성격을 갖는 것이다.

### 2. 제3조의 규정

"전 일본영토처리 합의서"의 규정 중 대한민국에 관한 규정은 제3조로 동 조는 다음과 같이 규정하고 있다.

연합국은 한국의 본토와 제주도, 거문도, 울릉도, 독도와 일본이 권원을 취득했던 모든 기타도서를 포함한 한국의 모든 해안 도서에 대한 모든 권리와 권원을 대한민국에게 전주권을 부여하는데 동의한다(The Allied and Associated Powers agree that there shall be transferred in full soreign to the Republic of Korea all rights and titles to the Korean mainland territory and all off shore Korean islands, including Quelpart (Saishu To), the Nan How group (San to, or Komun Do), with forms Port Hamilton (Tonaikai), Dagelet Island (Utsuryo To, or Matsu Shima), Liancourt Rocks (Takeshima), and all other islands and islete to which Japan had asquired title lying outside …

"대일평화조약" 제2조 (a)항에는 일본이 포기하는 도서로 독도가 명시적으로 규정되어 있지 아니하나 동 합의서 제3조에는 대한민국에 전 주권이 부여되는 도서로 독도가 명시적으로 규정되어 있다. 동 합의서는 "대일평화조약"에 의해 포기된 도서의 처리에 관한 규정이므로 (동 합의서 전문) 연합국은 "대일평화조약"에 의해 독도가 일본에 의해 포기된 영토로 명시적으로 규정하고 있는 것이다.

"대일평화조약"과 "전 일본영토처리 합의서"의 당사자는 동일하지 아니하다. 전자의 당사자는 48개 연합국과 일본이고, 후자의 당사자는 48개 연합국이다. 양자의 당사자가 동일하지 아니하므로 양자의 당사자가 동일한 조약의 저촉에 경우에 적용되는 "신법우선의 원칙"(rule lex Posterior derogar Priori)은[8] 적용되지 아니한다.

그러므로 독도를 일본이 포기하는 도서로 규정되지 아니한 "대일평화조약" 제2조 (a)항과 독도를 일본이 포기한 도서로 규정한 "전 일본영토처리 합의서" 간에 신법우선의 원칙은 적용되지 아니하므로 "대일평화조약" 제2조 (a)항의 규정과 "전 일본영토처리 합의서" 제3항의 규정은 48개 연합국

---

8) Wolf Wolfram Korl, "Conflicts between treaties," *EPIL*, Vol 7, 1984, P.469; Hons Kelsen, *Princeple of International Law*, 2nd ed.(NewYork: Holt, 1967), P.502; G. Schwarzenberger and E.D. Brown, *A Manuel of International Law*, 6th, ed. (Milton : Professonal Books, 1967), P.131; 김명기, 「국제법원론」, 상 (서울: 박영사, 1996) P.80.

간에는 "특별법 우선의 원칙"이 적용되어 "전 일본영토처리 합의서"가 "대
일평화조약" 에 우선하여 적용되며, 48개 연합국과 일본간에는 양자 모두
유효한 것으로 인정된다.[9]

그리고 "대일평화조약" 제2조 (a)항에는 한국으로 규정하고 있고 대한민
국으로 규정하고 있지 아니하다. 그러나 동 합의서 제3조에는 한국을 대
한민국으로 명시하고 있다.

그러므로 "대일평화조약" 제2조 (a)항에 규정된 한국은 대한민국이냐 조
선민주주의공화국이냐 라는 문제가 제기될 수 있으나, 동 합의서 제3조에
는 한국을 대한민국으로 명시하고 있으므로 이러한 문제가 제기되지 아니
한다.

## III. 전 일본영토처리 합의서에 의한 승인

### 1. 묵시적 영토승인 일반

승인은 그것이 국가의 승인(recognition of state)이든, 정부의 승인(recognition
of government)이든, 교전단체의 승인(recognition of belligerency)이든, 외국판
결의 승인(recognition of foreign judgement)이든, 영토주권의 승인(recognition
of territorial sovereignty)이든, 불문하고 승인을 하는 주체의 의도(intention)
의 문제이다.[10]

---

9) Lord McNair, *Law of Treaties* (Oxford: Clarendon, 1961), PP.221-22; Gerhard von
  Giahn, *Law Among Nations* 4th ed. (New York: Macmillan, 1981), PP.501-503;
  Kelsen, *supra* n.8, PP.503-504; 김명기 「국제법원론」 상 (서울: 박영사, 1996) PP.82-83.
10) Schwazenberger and Brown, *supra* n.8, p.57; Robert Jennings and Arthur Watts
  (eds.), *Oppenheim's International Law*, 9th ed., Vol. 1, (London: Longman 1992), p.169;
  H. Lauterpact, *Recognition in International Law*, (Cambridge, Cambridge University
  Press, 1948), pp.370-71; US Department of State, G.H. Hackworth Memorandum,
  December 13, 1940 (Whiteman, *Digest of International Law*, Vol. 2, 1963, p.48);

이 승인의 의도는 명시적으로(express) 표시될 수도 있고 묵시적으로(implied) 표시될 수도 있다.[11]

명시적인 표시는 선언(declaration)이나 통고(notification)와 같은 공개된 애매하지 아니한 형태(an open unambiguous form) 또는 의사소통의 형태(communication form)에 의할 수도 있다.[12] 묵시적 표시는 어떤 승인으로 이해되는 것으로 해석되는 특별한 조치(particular action to be interpreted as comprehending any recognition)에 의할 수 있다.[13] 이는 승인으로 수락하는 의도에 대해 합리적인 의문이 없는 모든 경우(in all cases in which there is no reasonable doubt as to the intention ⋯ to grant recogtition)이다.[14] 이는 승인의 의도를 명시적 승인에 직접적으로 표시하는 것이 아니나 승인으로 추정되는 다른 행위를 통하여 승인의 의도를 간접적으로 표시하는 것이므로 이를 간접적 승인(indirect recognition)이라고도 한다.[15]

묵시적 승인으로 해석되는 행위는 승인의 추정을 창출한다(such act creates a presumption of recognition).[16] 즉, 묵시적 승인은 승인의 의도의 추정을 본질로 한다.[17] 추정은 법(rule of law)에 의한 사실의 인정이다.[18]

---

Malcolm N. Shaw, International Law, 4th. ed., (Cambridge : Cambridge University Press, 1997), p.310.

11) Shaw, supra n.10, p.310, Henry Campel Brack, Brack's Law Dictionary (St. Paul: West, 1979), p.678; Jennings and Watts, supra n.10, p.169; US Department of State, supra. n.10, p.49 (Majorie M. Whiteman supra n.10, p.48); R. Higgings, The Development of International Law by the Political Organs of the United Nations (Oxford: Oxford University Press, 1963), p.140; Abr. Frowein, "Recognition", EPIL Vol.10, 1987, p.345; Article 7, Montevideo Convention on Rights and Duties of States 1933.

12) Shaw, supra n.10, p.310.

13) Ibid.

14) Lauterpact, supra n.13, p.378.

15) Shaw, supra n.10, p.310.

16) Q. Wright, "Recognition, Intervention and Ideologies," Indian Yearbook of International Affairs, Vol.7, 1858, p.92. (Whiteman, supra n.22, p.52)

17) Ian Brownlie, Principle of International Law, 5th ed. (Oxford: Oxford University Press, 1998), p.94; Lauterpact, supra n.10, p.369; Jennings and Watts, supra n.10,

추정은 간주(regard)와 달리 반증(contrary evidence)이 허용된다. 반증에 의해 추정에 의해 인정된 진실이 전복되게 된다.[19] 따라서 승인으로 인정되는 조치를 한 당사자는 승인으로 인정되는 효과를 배재하기 위해서는 승인의 효과를 배재하는 명시적 선언을 할 수 있다(may make an express declaration).[20]

요컨대, 묵시적 승인은 승인의 의도가 있는 것으로 해석되는 행위를 통해 간접적으로 승인의 의도를 표시하는 간접적 승인이며, 묵시적 승인은 승인으로 해석되는 행위에 의해 법에 의해 승인의 의도가 추정되는 것이다.

추정은 증거에 의해서가 아니라 법(rule of law)에 의한 사실의 인정이다. 추정은 반증이 허용되는 것이므로 묵시적 승인으로 해석되는 행위를 하는 당사자는 법에 의해 인정되는 승인의 효과를 배제하기 위해서는 명시적인 반대의 의사를 표시하여 묵시적 승인으로 추정되는 효과를 배제할 수 있다.

묵시적 승인은 본질적으로 금반언과 같은 범주에 속한다.[21] 따라서 묵시적인 승인을 한 국가의 승인 이후 승인과 모순·저촉되는 행위는 금지되게 된다.

또한 승인은 더욱 더 큰 상호이해를 향한 불가피한 추세에 의해 영향을 받는다(the more and more affected by the inevitable trend towards greater mutual understanding).[22]

p.94; Lauterpact, *supra* n.10, p.369; Q. Wright, *supra* n.16, p.92.
18) Henry Campel Brack, *Brack's Law Dictionary* (St. Paul: West, 1979), p.1067.
19) *Ibid.*
20) Shaw, *supra* n.10, p.310.
21) Schwarzenberger and Brown, *supra* n.8, p.56; Lauterpact, *supra* n.10, p.369.
22) M. Lachs, "Recognition and International Co-operation", *BYIL,* Vol.35, 1959, p.259.

## 2. 한국의 독도영토주권 승인

"전 일본영토처리 합의서" 제3조는 "연합국은 한국의 본토와 제주도, 거
문도, 울릉도, 독도를 포함한 한국의 모든 해안 도서에 대한 권리와 권원
을 대한민국에 전주권을 부여하는 데 동의한다"라고 규정하고 있다.

"연합국은 한국의 독도영토주권을 승인한다"라고 명시적으로 한국의 독
도영토주권을 승인하는 규정을 두고 있지는 아니하나 … "독도에 대한 …
권리와 권원을 대한민국에 전주권을 부여하는데 동의한다"라는 규정은 연
합국이 묵시적으로 한국의 독도영토주권을 승인한 것이다.

이는 "승인으로 이해되는 것으로 해석되는 특별한 조치이고(particular action
to be interpreted as comprehending any recognition)"23), "승인으로 수락되는
의도에 대해 합리적인 의문이 없고(there is no reasonable doubt as to the
intention … to grant recogtition)"24) 연합국에 의한 승인으로 추정되는 효과
를 배제하기 위한 특별한 의사표시가 없기25) 때문이다.

---

23) Shaw, *supra* n.10, p.310.
24) Lauterpact, *supra* n.10, p.378.
25) Shaw, *supra* n.10, p.310.

# 제4절_ 대일평화조약 제19조 (d)항에 의한 승인

1945년 8월 6일 히로시마에 역사적인 원자 폭탄이 투하되었다. 3일 후인 8월 9일 나가사끼에 또 다시 원자 폭탄이 투하되었다. 8월 15일 일본 천황은 라디오 방송을 통해 "항복선언"(Declaration of Surrender)을 했고, 이를 문서화하기 위한 "항복문서"(Instrument of Surrender)의 서명이 1945년 9월 2일에 연합국과 일본 간에 있었다. 동 "항복문서"를 법문화하기 위한 "대일평화조약"(Peace Treaty with Japan)이 샌프란시스코 평화회의에서 1951년 9월 8일 48개 연합국과 일본 간에 서명되었다. 한국은 대일평화교섭에 참가하도록 초청해 줄 것을 미 국무부에 요청했으나 거절되어 "대일평화조약"의 체약당사자가 되지 못했다. 따라서 한국은 동 조약의 제3자의 지위에 머물러 있게 되고 말았다. 그러나 동 조약 제21조는 한국은 동조약 제2조, 제4조, 제9조, 및 제12조의 이익을 향유할 권리가 있다고 규정하여 한국은 이들 조항의 이익을 향유할 권리를 가진다.

한편 연합국이 점령기간 동안 행한 지령 등을 일본이 승인한다고 규정한 동 조약 제19조 (d)항은 한국이 향유할 권리가 있는 것으로 규정되어 있지 아니한다. 따라서 한국은 동 조약 제19조 (d)항에 관해 완전한 의미의 제3자의 지위에 머물러있다.

동 제19조 (d)항의 규정에 의해 1946년 1월 29일에 연합군최고 사령부가 일본정부에 하달한 "연합군최고사령부훈령 제677호"(SCAPIN No.677)의 효력을 연합국과 일본이 승인한 것이며, 동 훈령 제3항은 독도는 일본의 영토에서 제외된다고 규정하고 있다. 따라서 연합국과 일본은 한국의 독도영토주권을 승인한 것이다.

이 연구는 "대일평화조약" 제19조 (d)항의 규정에 의해 연합국과 일본이 한국의 독도영토주권을 승인한 것이라는 법리를 정립하기 위해 시도된 것이다.

또한 한국정부는 "대일평화조약" 제19조 (d)항의 규정에 의해 연합국과 일본이 한국의 독도영토주권을 승인한 것이므로 독도는 한국의 영토라는 주장을 일본정부에 대해 한 바 없으므로(The Korean Ministry of Foreign Affairs, 1953; The Korean Ministry of Foreign Affairs, 1954; The Korean Ministry of Foreign Affairs, 1959) 이 승인을 근거로 독도정책을 전면적으로 전환하여야 한다는 점을 제의하기 위해 시도된 것이다.

## I. 대일평화조약 제19조 (d)항의 규정

"대일평화조약" 제19조 (d)항은 일본은 점령당국이 점령기간 행한 지시와 그에 따른 효력을 승인한다고 다음과 같이 규정하고 있다.

> (d) 일본은 점령기간 동안, 점령당국의 지시에 따라 또는 그 지시의 결과로 행해졌거나 당시의 일본법에 의해 인정된 모든 작위 또는 부작위 행위의 효력을 인정하며, 연합국 국민들에게 그러한 작위 또는 부작위 행위로부터 발생하는 민사 또는 형사책임을 묻는 어떤 조치도 취하지 않는다((d) Japan recognizes the validity of all acts and omissions done during the period of occupation under or in consequence of directives of the occupation authorities or authorized by Japanese law at that time, and will take no action subjecting Allied nationals to civil or criminal liability arising out of such acts or omissions).

위의 "점령기간 동안 점령당국의 지시에 따라 … 행하여진 행위의 효력을 인정하며 …(recognizes the validity of act … done during the period of occupation derectives of the occupation authorities)"의 규정 중 "점령당국의 지시"(derectives of the occupation authorities)의 규정 중에는 동 조약이 효력을 발생할 당시에 폐기된 것도 포함되는 것인지의 의문이 제기될 수 있으나 단순히 "점령기간 동안 점령 당국의 지시"(during the period of occupation directives of the occupation authority)로 규정하고 있으므로 동 조약이 효력을 발생할 당시에 폐지된 것도 포함된다고 본다. 그러한 지시로 이른바 "맥아더 라인"에 관한 다음과 같은 지시를 둘 수 있다.

( i ) 1946년 6월 22일의 SCAPIN 제1033호
( ii ) 1947년 12월 23일의 SCAPIN 제1033/1호
(iii) 1949년 6월 30일의 SCAPIN 제1032/2호
(iv) 1949년 9월 19일의 SCAPIN 제2046호
( v ) 1949년 10월 10일의 SCAPIN 제2050호
(vi) 1951년 1월 13일의 SCAPIN 제2050/1호
(viii) 1950년 5월 11일의 SCAPIN 제2097호[1]

이들은 1952년 4월 25일 SCAPIN으로 폐기되었다.[2] 이상의 모든 SCAPIN이 독도를 인가된 어로구역 외에 위치시킨 것이다. 즉, 한국측에서 보아 독도의 외측에 인가구역을 설정한 것이다. 이는 연합군 최고사령부가, 즉 연합국이 독도를 일본의 영토가 아니라 한국의 영토인 것으로 묵시적으로 승인한 것이다.

위의 SCAPIN 중 1946년 6월 22일의 SCAPIN 제1033호 제3항은 독도를 명시하여 독도의 12해리 이내의 수역에 일본어선은 접근하지 못한다고 규정

---

1) M.M.Whiteman, *Digest of International Law*, Vol.4 (Washington, D.C.: USGPD, 1965), p.1185.
2) *Ibid*, p.1186.

하고 있다.

1952년 4월 28일에 SCAPIN에 의해 폐지되지 아니한 SCAPIN으로 1946년 1월 29일의 SCAPIN 제677호를 들 수 있다. SCAPIN 제677호 제3항은 독도를 일본의 정의에서 제외하고 있다. 이에 관해서는 후술하기로 한다.


## II. 대일평화조약 제19조 (d)항의 한국에 대한 효력

### 1. 대일평화조약상 한국에 대한 효력

"대일평화조약" 제21조는 한국은 동 조약의 체약당사국이 아니나 한국에 대해 적용되는 조항을 다음과 같이 규정하고 있다.

> ··· 한국은 본 조약의 제2조, 제4조, 제9조, 및 제12조 이익을 받을 권리를 가진다(Shall be entitle ··· Korea to the benefits of Articles 2, 4, 9, and 12 of the present treaty).

위의 한국에 적용되는 조항을 규정한 제21조에는 제19조 (d)항이 포함되어 있지 아니하다. 따라서 제19조 (d)항에는 "조약법협약" 제36조 제1항은 적용되지 아니한다. 동 조항은 다음과 같이 규정하고 있다.

> 조약의 당사국이 제3국 또는 제3국이 속하는 국가의 그룹 또는 모든 국가에 대하여 권리를 부여하는 조약규정을 의도하며 또한 그 제3국이 이에 동의하는 경우에는 그 조약의 규정으로부터 그 제3국에 대하여 권리가 발생한다. 조약이 달리 규정하지 아니하는 한 제3국의 동의는 반대의 표시가 없는 동안 있는 것으로 추정된다(1. A right arises for a third State from a provision of a treaty if the parties to the treaty intend the provision to accord that right either to the third State, or to a group of States to which it belongs, or to all States, and the third State assents thereto. Its assent shall be presumed so long as the contrary is not indicated, unless the treaty otherwise provides).

제19조 (d)항은 한국에 적용되는 조항이 아니므로 위의 규정에 적응하지 아니한다. 다만 "조약법협약" 제34조는 조약은 제3국에 대하여 의무도 권리도 창설하는 것이 아니한다라고 규정한 조약만이 적용될 뿐이다. 제34조는 다음과 같이 규정하고 있다.

> 조약은 제3국에 대하여 그의 동의 없이는 의무 또는 권리를 창설하지 아니한다(a treaty does not create either obligations or rights for a third State without its consent).

요컨대, 한국은 "대일평화조약" 제21조의 규정에 의하여 부진정 제3국의 지위에 있으나 제21조에 규정된 이외의 조항에 관하여는 진정 제3국의 지위에 있는 것이다. 따라서 제19조 (d)항은 48개 연합국과 일본과의 관계에서만 적용되는 것이며 한국은 그 적용의 반사적 이익을 받을 수 있음에 불과한 것이다.

물론 제19조 (d)항 제2조의 문맥으로 해석되므로 일본이 연합국에 대해 한국의 독도영유권을 승인하는 효력은 제2조의 규정에 의거한 것으로 보아 제21조의 규정에 의거 이는 한국에 대해 권리를 가지는 것(shall be entitle Korea to the benefits)으로 관념할 수도 있다고 본다.

## 2. 일반 국제법상 한국에 대한 효력

일반 국제법상 영토주권의 승인은 절대적 효력(즉 *erga omnes*)이 인정된다.

### 가. *Legal Status of Eastern Greenland* Case (1933)

국가 승인, 정부 승인 그리고 교전단체의 승인은 승인국과 피승인국, 피승인정부 그리고 피승인 교전단체와의 관계에서만 승인의 효력이 발생하며 승인하지 아니한 국가와의 관계에서는 승닌의 효력이 발생하지 아니한

다. 즉 승인의 효력은 상대적(relative)이다.3)

그러나 영토주권의 승인은 모든 국가와의 관계에서 발생한다. 즉 영토
주권의 승인의 효력은 절대적(absolute)이다. 이는 *Eastern Greenland* Case
(1933)에의 상설국제사법재판소에 의해 다음과 같이 판시한 바 있다.

영토권원의 승인의 효과는 그러한 권원의 상대성을 증명하는 데 끝나지 아
니하고 그러한 권원의 절대성을 만드는 수단을 제공한다(the impact of
recognition on territorial title does net exhaust itself in proving the relativity of
such titles and offering a means of making such titles absolute).4)

이와 같이 동 case에서 상설국제사법재판소는 영토권원의 승인은 절대
적 효력이 있다고 판시했다.

M. W. Whiteman이 이 판례를 인용하고 있으므로5) 그도 영토권원의 승
인의 효력은 절대적인 것으로 보고 있다고 보아 무리가 없다고 본다.

## 나. 금반언의 효과에 의한 절대적 효력

영토주권의 승은은 금반언의 효과가 발생하며 금반언의 효과는 특정승
인·표시를 신뢰한 모든 국제법의 주체에게 발생하므로 결국 영토주권의
승인은 금반언의 효과를 거쳐 절대적 효력을 발생한다.6)

---

3) Ian Brownlie, *Principals of Public International Law*, 5th ed. (Oxford: Oxford University Press), p.87; Greg Schwavzenbergor and E. D. Brown, *A Manual of International Law*, 5th ed. (Milton: Professional Books, 1976), pp.57-58; Georg G. Wilson, *International Law*, 9th ed. (New York: Silbor, 1935), p.55.
4) PCIJ, *Series A/B,* No.35, 1933, p.68.
5) M. W. Whiteman, *Digest of International Law*, Vol.2 (Washington, D.C: USGPO, 1963), p.1083.
6) Schwavzenbergor and Brown, *supra* n.3, p.99.

# III. 대일평화조약 제2조 (a)항과 제19조 (d)항의 관계

## 1. 대일평화조약 제2조(a)항의 규정

"대일평화조약"제2조 (a)항은 다음과 같이 규정하고 있다.

(a) 일본은 한국의 독립을 승인하고, 제주도, 거문도 및 울릉도를 포함하는 한국에 대한 모든 권리·권원 및 청구권을 포기한다((a) Japan recognizing the independence of Korea, renounces all right, title and claim to Korea, including the islands of Quelpart, Port Hamilton and Dagelet).

동 조항에 일본이 표기하는 도서로 독도가 규정되어 있지 아니하다. 그러므로 일본정부는 동 조항에 포기의 대상으로 독도가 열거되어 있지 아니하므로 독도는 일본의 영토라고 주장하고, 한국정부는 독도를 울릉도의 속도이므로 울릉도와 같이 일본이 포기한 도서로 한국의 영토라고 주장한다.

동 조항을 해석함에 있어서 "통합의 원칙"(principle of integrate)에 의해 해석할 때 동 조약 제19조 (d)항의 규정에 따라 독도는 한국의 영토로 해석되게 된다.

## 2. 조약법 협약의 대일평화조약에의 적용

여기서 "조약법 협약"이 효력을 발생하기 전에 체결·발효된 "대일평화조약"에 적용되느냐의 시제법의 문제를 검토하기로 한다.

### 가. 조약법 협약의 시간적 적용범위에 관한 규정

"조약법 협약"은 그의 시간적 적용범위에 관해 불소급의 원칙을 다음과 같이 규정하고 있다.

협약은 그 발효 후에 국가에 의하여 체결된 조약에 대해서만 그 국가에 대하여 적용된다(the Convention applies only to treaties which are concluded by States after the entry into force of the present Convention with regard to such states) (제4조).

이와 같이 동 협약 제4조는 동 협약이 발효된 이후에 체결된 조약에 관하여서는 즉, 1980년 1월 27일 이후에 체결된 조약에만 동 협약이 적용된다고 불소급의 원칙을 규정하고 있다. 그러나 학설은 동 조에 의한 "불소급의 원칙의 적용"을 부정하고 있다.

나. 조약법 협약의 시간적 적용범위에 관한 학설
"조약법 협약" 제4조의 불소급의 원칙의 규정에도 불구하고 대부분의 학자는 동 협약 발효 전에 즉 1980년 1월 27일 전에 체결된 조약에도 동 협약이 적용된다고 논하고 있다.

(1) Shabtai Rosenne
Rosenne는 "조약법 협약"의 대부분은 현존 국제관습법을 성문화한 것이므로 불소급 규정의 법적 효과는 별 것이 아니라고 다음과 같이 기술하고 있다.

협약의 대부분은 아마도 현존하는 관습 국제법을 법전화한 것이므로 이 불소급의 규정의 효과는 별 것이 아니다(Since most of the convention probably codificativary of existing customary International Law, the effect of this n-n-retroactivity provision may not be great.).[7]

Rosenne은 동 협약 제4조의 규정에도 불구하고 동 협약이 효력을 발생한 1980년 7월 27일 이전에 체결된 조약에도 동 협약이 작용된다고 보고 있다.

---

7) Shabtai Rosenne, "Vienna Convention on the Law of Treaties", *EPIL*, Vol.7, 1984, p.528.

## (2) Ian Sinclair

Sinclair는 "조약법 협약"은 현존하는 관습법을 성문화한 것이므로 협약은 협약의 규정에도 불구하고 협약 발효일 이전에 소급하여 적용될 수 있다고 다음과 같이 논하고 있다.

> 협약은 현존하는 관습법의 선언으로 간주되므로 협약은 협약과 독립하에 적용될 수 있다(Convention may be regarded as declaratory of pre-existing customary law and therefore applicable independently of the Convention).[8]

Sinclair도 동 협약이 발효한 1980년 1월 27일 이전에 체결된 조약에도 동 협약이 적용된다고 논하고 있다. 즉, 불소급의 원칙의 적용을 부정하고 있다.

## (3) Alina Koczorowska

Koczorowska도 "조약법 협약"에 규정된 관습법은 동 협약이 발효되기 이선에 체결된 조약에 동 협약이 적용된다고 다음과 같이 논하고 있다.

> 관습법을 규정한 조약법 협약의 규정은 조약법 협약이 발효되기 이전에 체결된 조약에 적용된다(the provisions of the VCLT which embody customary law will apply to treaties concluded before the entry into force of the VCLT).[9]

## (4) Alexander OraKheashivili and Sarah Williams

OraKheashivili와 Williams도 "조약법 협약"은 소급적 적용을 허용하지 아니하나 국제사법재판소는 소급적 적용을 해오고 있다고 다음과 같이 논하고 있다.

---

8) Ian Sinclair, The Vienna Convention on the Law of Treaties, 2nd ed.(Manchester: Manchester University Press, 1984), p.12.
9) Alina Koczorowske, Public International Law, 4th ed. London iRoutledge, 2010, p.89.

조약법 협약의 시간적 적용범위에 관한 조항에 있어서 조약법 협약은 소급적 적용을 허용하지 아니한다. 그러나 국제사법재판소는 조약법 협약이 발효 이전에 채택된 조약에 대해 협약의 규정을 적용해 왔다(in terms of its temperal application, the VCLT does not allow for retrospective application, although the International court of Justice has applied its provisions to trealies adopted before its entry into force).[10]

OraKheashivili와 Williams는 "조약법 협약"이 발효 이전에 체결된 조약에 대해 국제사법재판소가 "조약법 협약"의 규정을 적용해 왔다고 하여 동 협약은 동 협약이 발효 이전에 체결된 조약에 적용된다고 논하고 있다.

### (5) Anthony Aust

Aust는 국제재판소가 "조약법 협약"을 국제관습으로 보고 있다는 것을 근거로 소급효 금지의 규정에도 불구하고 동 협약은 협약 이전의 조약에 적용된다고 다음과 같이 논하고 있다.

조약법 협약은 국제사법재판소(그리고 국제 및 국내재판소와 법정)에 의해 거의 모든 점에 관습국제법을 기술하는 문안으로 인정된다. 협약은 소급적 효력을 가지지 아니함에도 불구하고(제4조) 실제적인 목적을 위하여 협약은 조약에 관한 국제관습법의 권위적 서술이다. 그러므로 수년간 협약 이전의 조약을 포함하는 조약에 적용될 수 있다(the Convention is regarded by the International Court of Justice(and other international and national courts and tribanals) as in almost all respects stating customary international law, Despite the Convention not having retroactive effect(Article4), for practical purposes the convention is nevertheless an authoritative statement of customary international law on treaties and so can be applied to treaties including those which pre-date the Convention by many years).[11]

---

10) Alexander OraKheashivili and Sarah Williams(eds.), 40 Year of *VCLOT* (British Institute of International Law and Comparative Law, 2010), p.xiv.
11) Antony Aust, *Handbook of International Law* (Cambridge: Cambridge University Press, 2010), p.50.

이와 같이 Aust는 "조약법 협약"은 국제관습법의 기술이므로 동 협약의 효력 발생 이전의 조약에 적용된다고 한다.

### (6) Rebeca M. M. Wallace

Wallace는 "조약법 협약"은 확립된 규칙은 규정하고 있으므로 동 협약은 동 협약 이전의 합의에 적용될 수 있다고 다음과 같이 기술하고 있다.

> 조약법 협약은 하나의 협약으로서 소급적 효력을 가지지 아니한다. 그러나
> 동 협약은 확립된 규칙을 규정하고 있으므로 동 협약 이전의 합의에 적용될
> 수 있다(the Convention as a Convention, does not have retroactive effect.
> However, because it spells out established rules, the Convention may be applied
> to agreements pre-dating the Convention).[12]

이와 같이 Wallace는 "조약법 협약"은 기확립된 규칙을 규정하고 있으므로 동 협약은 소급하여 적용된다고 한다.

## 3. 대일평화조약 제2조 (a)항의 통합의 원칙에 의한 해석

### 가. 통합의 원칙을 채택한 조약법 협약의 규정

#### (1) 제31조 제1항의 규정

"조약법 협약" 제31조 제1항은 조약의 해석에 있어서 통합의 원칙에 따라 해석하여야 한다고 다음과 같이 규정하고 있다.

> 조약은 조약문의 문맥 및 조약의 대상과 목적으로 보아, 그 조약의 문면에
> 부여되는 통상적 의미에 따라 성실하게 해석되어야 한다(a treaty shall be
> interpreted in good faith in accordance with the ordinary meaning to be given to

---

12) Rebaca M. M. Wallace, *International Law*, 4th ed. (London: Tomson, 2005), pp.253-54.

the terms of the treaty in their context and in the light of its object and purpose).

## (2) 제31조 제2항의 규정

그리고 제31조 제2항은 문맥의 범위를 다음과 같이 규정하여 조약은 통합의 원칙에 따라 해석하여야 한다고 역시 통합의 원칙을 규정한 것이다.

조약의 해석 목적상 문맥은 조약문에 추가하여 조약의 전문 및 부속서와 함께 다음의 것을 포함한다.
(a) 조약의 체결에 관련하여 모든 당사국간에 이루어진 그 조약에 관한 합의
(b) 조약의 체결에 관련하여 그 또는 그 이상의 당사국이 작성하고 또한 다른 당사국이 그 조약이 관련되는 문서로서 수락한 문서
(The context for the purpose of the interpretation of a treaty shall comprise, in addition to the text, including its preamble and annexes:
(a) any agreement relating to the treaty which was made between all the parties in connexion with the conclusion of the treaty;
(b) any instrument which was made by one or more parties in connexion with the conclusion of the treaty and accepted by the other parties as an instrument related to the treaty.)

## (3) 제31조 제3항의 규정

또한 제31조 제3항은 문맥과 함께 참작하여야할 사항으로 추후의 관행에 관해 다음과 같이 규정하고 있다.

문맥과 함께 다음의 것이 참작되어야 한다.
(a) 조약의 해석 또는 그 조약규정의 적용에 관한 당사국간의 추후의 합의
(b) 조약의 해석에 관한 당사국의 합의를 확정하는 그 조약 적용에 있어서의 추후의 관행
(There shall be taken into account, together with the context:
(a) any subsequent agreement between the parties regarding the interpretation of the treaty or the application of its provisions;
(b) any subsequent practice in the application of the treaty which establishes the agreement of the parties regarding its interpretation;)

## 나. 통합의 원칙을 승인한 학설

통합의 원칙을 조약의 해석 원칙으로 학설에 의해 일반적으로 승인되어 있다.

### (1) E. T. Elias

Elias는 "조약법 협약" 제27조의 4개의 요소는 통합된 전체 또는 독립된 전체로서 적용된다고 하여 통합의 원칙을 다음과 같이 강조하고 있다.

> 이 조(제27조)의 4개의 주요 요소는 통합된 전체 또는 독립된 전체로서 적용되어야 하는 것이다 … 문맥이란 단어의 사용을 통합적 체계를 강조하기 위해 디자인된 것이다(the four main elements of this Article … to be applied as an integrated of independent whole. The use of the word "context" in the three paragraphs of the Article is desgined to emphasize this integrates scheme).[13]

### (2) Gideon Boas

Boas는 "조약의 전체"(treaty as a whole)를 해석에 선호되어야 한다고 하여 "통합의 원칙"을 다음과 같이 주장하고 있다.

> 조약에 있어서 모든 규정에 효과를 주는 해석이 선호되어야 한다(The interpretation giving effect to every provision in the treaty is to be preferred).[14]

### (3) Clive Parry

Parry는 "통합의 원칙"을 다음과 같이 인정하고 있다.

> 조약의 해석에 있어서 어떤 조약문도 공정하게 그리고 전체로서 읽어야 하고, 조약문의 조항도 전체의 문맥으로 읽어야 한다(Any text must be read fairy and as a whole, clause in it must be read entire context).[15]

---

13) E. T. Elias, *The Modern Law of Treaties* (Leiden: Sijfoff, 1972), p.74.

14) Gideon Boas, *Public International Law* (Cheltenham: Edward Elgar, 2012), pp.64-65.

15) Clire Parry, "The Law of Treaty, Max Sorensen(ed.), *A Manual of International Law* (New York: Macmillan, 1968), p.211.

### (4) Ian Sinclair

Sinclair는 "통합의 원칙"을 다음과 같이 강조하고 있다.

조약의 문언은 물론 전체로서 읽어야 한다. 누구도 단순히 하나의 항, 하나
의 조, 하나의 절, 하나의 장, 또는 하나의 부에만 집중할 수는 없다(The text
of the treaty must of course be read as a whole. One can not simply concentrate
on a paragraph, a article, a section, a chapter, of a part).[16]

### (5) Hugh Thirlway

Thirlway는 조약은 그의 대상, 목적, 원칙과 함께 전체로 해석되어야 한
다고 하여 다음과 같이 "통합의 원칙"을 인정하고 있다.

조약은 전체로서 해석되어야 한다. 그리고 그들의 선언되거나 명백한 대상,
목적, 그리고 원칙도 참고하여 해석되어야 한다(Treaties are to be interpreted as
a whole, and with reference to their declared or apparent objects, purposes and
principles).[17]

### (6) Gerald Fitzmaurice

Fitzmaurice는 다음과 같이 "통합의 원칙"을 인정하고 있다.

조약은 전체로서 해석되어야 한다. 그리고 특정의 부, 장, 절 역시 전체로
서 해석되어야 한다(Treaties are to be interpreted as a whole. Particular parts,
chapters, or sections also as a whole).[18]

### (7) Lord McNair

McNair는 "통합의 원칙"을 다음과 같이 표시했다.

---

16) Sinclair, *supra* n.4, p.127.
17) Hugh Thirlway, "The Law and Procedure of the International Court of Justice,
190-1989", *BYIL*, Vol.62, 1997, p.37.
18) Gerald Fitzmaurice, The Law and Procedure of the International Court of Justice,
1951-4: Treaty Interpretation and Other Treaty Points", *BYIL*, Vol.33, 1957, p.211.

조약은 전체로 읽지 않으면 안 되고 조약의 의미는 단순히 특정의 구에 따라 결정되어지지 않는다는 것은 자명한 일이다(it is obvious that the treaty must be read as a whole, and that its meaning is not to be determined merely upon particular phrases).[19]

## (8) Rudolf Bernhardt

Bernhardt는 다음과 같이 "통합의 원칙"을 주장하고 있다.

단어는 격리되어 정확히 이해하기 어려운 것이며, 오히려 관련된 조약문의 문맥 속에서 보지 않으면 안 된다. … 이러한 체계해석은 보편적으로 승인되어 있다 (In the context of the relevant text, words can hardly be correctly understood in isolation instead they have to be seen in the context of the relevant text. … Systematic interpretation seems to be universally recognize).[20]

## 다. 통합의 원칙을 승인한 판례

"통합의 원칙"은 조약의 해석원칙의 하나로 국제·국내 재판소의 판결에 의해 승인되어 왔다.

### (1) *Competence of the ILO to Regulate Agricultural Labour* Case(1922)

*Competence of the ILO to Regulate Agricultural Labour* Case(1922)에서 상설국제재판소는 다음과 같이 "통합의 원칙"을 인정하는 판결을 한 바 있다.

문맥은 제기된 문언이 있는 조약의 조항이나 절 뿐만 아니라 전체로서의 조약의 문맥이다(the context is not merely the article or section of the treaty in which the term occurs but also the context of the treaty as a whole).[21]

---

19) McNair, *The Law of Treaties*(Oxford: Clardon, 1961), pp.381-82.
20) Bernhardt Rudolf, "Interpretation in International Law", *EPIL*, Vol.7, 1984.
21) PCU, 1922, *Series B* Nos.2 and 3, p.23.

### (2) *South-West Africa* Case(1950)

*South-West Africa* Case(1950)에서 de Visscher 국제사법재판소 판사는 다음과 같이 "통합의 원칙"을 인정하는 판시를 했다.

조약의 조항은 전체로서 고려되지 않으면 안 된다는 것은 승인된 해석의 규칙이다.… 이 규칙은 국제연합헌장과 같은 헌법적 성격의 조약의 조약문의 해석에 특별히 적용될 수 있다. … (It si an acknowledge rule of interpretaion that treaty clauses must not only be considered as a whole. … this rule is particularly applicable to the interpretation of a text of a treaty of a constitutional character like the United Nations Charter …).[22]

### (3) *Peace Treaties* Case(1950)

*Peace Treaties* Case(1950)에서 국제사법재판소의 Read 판사는 다음과 같이 "통합이 원칙"을 인정했다.

조약은 전체로서 읽혀지지 않으면 조약의 의미는 단순히 특정의 구절로만 결정되어서는 아니 된다 … (treaty must be read as a whole. … its meaning is not to be determined merely particular phrase …).[23]

### (4) *Moroco* Case(1952)

*Moroco* Case(1952)에서 국제사법재판소는 다음과 같이 "통합의 원칙"을 인정하는 판결을 한 바 있다.

전체로서 고려된 Algeciras Act의 제5장의 … 제 규정은 결정적인 증거 … 등을 제시하지 아니한다(the provisions of … chapter V of the Act of Algeciras considered as a whole, do not afford decisive evidence … etc.).[24]

---

22) ICJ, *Reports*, 1950, p.187.
23) ICJ, *Reports*, 1950, p.235.
24) ICJ, *Reports*, 1950, p.209.

### (5) *Ambatielos* Case(2nd Phase, 1953)

*Ambatielos* Case(2nd Phase, 1953)에서 국제사법재판소는 다음과 같이 "통합의 원칙"을 승인하는 판결을 하였다.

> 그 선언은 전체로서 읽는 것은 그 견해 … 등을 확인한다(a reading of the Declaration as a whole confirms the view … etc.).[25]

### (6) *Eck v. Unite Arab Airlines* Case(1964)

*Eck v. Unite Arab Airlines* Case(1964)에서 미국 제2지방법원(뉴욕)(US. Second District Court(New York)은 다음과 같이 "통합의 원칙"을 선언한 바 있다.

> 법원은 조약을 조약 전체로서, 그의 역사에 따라 검토하는 것, 그리고 특별히 조약이 해결하기를 의도했던 문제들을 고찰하는 것은 정상적인 절차라고 결정한다(decided that the proper procedure to examine the treaty as a whole along with its history and particular, to look into the problems which it was intended to solve).[26]

이상의 판결 이외에 특히 *South-West Africa* Case(1950)[27]와 *Western Sahara* Case(1975)[28]에서 넓은 의미의 체계해석을 위한 "통합의 원칙"을 승인하는 판결이 있었다.[29]

요컨대, "통합의 원칙"은 판례에 의해 일반적으로 인정되어 왔다.
따라서 "대일평화조약" 제2조 (a)항을 해석함에 있어서 "조약법협약" 제36조 제1항 및 제2항의 규정에 따라 "대일평화조약" 제19조 (d)항의 문맥에

---

25) ICJ, *Reports*, 1950, p.30.
26) ICJ, *Reports*, 1950, p.227.
27) ICJ, *Reports*, 1950, p.336.
28) ICJ, *Reports*, 1950, p.26.
29) Thirlway, *supra* n.17, pp.31-32.

따라 신의 성실하게 해석하여야 한다. 즉, "대일평화조약" 제2조 (a)항은
동 조항만으로 해석하는 것이 아니라 동 조약을 전체로(as a whole) 보아
해석하여야 하므로 제19조 (d)의 규정도 함께 보아 해석하여야 하므로 "대
일평화조약" 제2조 (a)항과 동 조약 제19조 (d)항은 "조약법협약" 제36조에
의해 해석상 연계되어 있다.

## Ⅳ. 대일평화조약 제2조 (a)항의 제19조 (d)항에 의거한 해석

"대일평화조약" 제2조 (a)항을 해석함에 있어서 "조약법협약" 재31조에
규정된 "통합의 원칙"에 따라 동 조약 제19조 (d)항의 규정에 비추어 해석
할 때, 제19조 (d)항의 규정 중 "일본은 점령기간 중 점령당국의 지령에 의
거하여 in consequence of derectives of the occupation authorities"의 규정 중
지령에는 독도의 영유권과 관련되어 있는 중요한 지령으로 "SCAPIN 제
1033호"와 "SCAPIN 제677호"를 들 수 있다.

### 1. SCAPIN 제1033호

"SCAPIN 제1033호"는 일본 선박과 인원은 독도의 12해리 이내에 접근하
지 못한다고 다음과 같이 규정하고 있다.

> (b) 일본의 선박이나 인원은 금후 리앙크루암(북위 37도 15분 동경 131도
> 53분)의 12해리 이내에 접근하지 못하며 또한 동 도에 어떠한 접근도
> 하지 못한다.
> ((b) Japanese vessles or personnel there of will not approach close then
> 12miles to Liancourt(37°15' North Latitude 131°53' Est latitude)nor have
> any contact with said island)).30)

---

30) SCAPIN, File room 600-1.

"대일평화조약" 제19조 (d)항에 의거 일본이 "SCAPIN 제1033호"의 효력을 승인한 것은 한국의 독도영토 주권을 승인한 것이다. 따라서 "대일평화조약" 제2조 (a)항에 일본이 포기하는 도서로 독도가 명시되어 있지 아니해도 독도는 일본이 승인한 한국의 영토로 해석된다.

## 2. SCAPIN 제677호

"SCAPIN 제677호" 제3항은 독도는 일본의 정의에서 제외된다고 다음과 같이 규정하고 있다.

3. 본 지령의 목적상 일본은 일본의 4개 도서(홋가이도, 혼슈, 큐우슈우 및 시코쿠)와 대마도를 포함한 약 1,000개의 인접한 보다 작은도서들과 북위 30도의 북쪽 유구(난세이) 열도(구찌노시마 도서 제외)로 한정되며, (a) 우쓰료(울릉)도, 리앙꼬르 암석(다케시마, 독도) 및 퀠파트(사이슈 또는 제주도), (b) 북위 30도 이남 유구(난세이) 열도(구찌노시마 섬 포함), 이즈, 난포, 보닌,(오가사와라) 및 화산(오시가시 또는 오아가리) 군도 및 파레스 벨라(오기노도리), 마아카스(미나미도리) 및 간지스(나까노도리) 도서들과 (c) 구릴(지시마) 열도, 하보마이(수우이쇼, 유리, 아까유리, 시보쓰 및 다라쿠 도서들 포함하는 하포마쓰 군도)와 시고탄도를 제외한다(3. For the purpose of this directive, Japan is defined to include the four main islands of Japan (Hokkaido, Honshu, Kyushu and Shinkoku) and the approximately 1,000 smaller adjacent islands, including the Tsushima Islands and the Ryukyu (Nansei) Islands north of 30°North Latitude (excluding Kuchinoshima Island), and excluding (a) Utsryo (Ullung) Island, Liancourt Rocks (Take Island) and Quelpart (Saishu or Cheju Island, (b) the Ryukyu (Nansei) Islands south of 30°North Latitude (including Kuchinoshima Island), the Izu, Nanpo, Bonin (Ogasawara) and Volcano(Kazan or Iwo) Island Groups, and all the outlying Pacific Islands (including the Daito (Ohigashi or Oagari) Island Group, and Parece Vela (Okinotori), Marcus (Minami-tori) and Ganges Habomai (Hapomaze Island Group (including Suisho, Yuri, Akiyuri, Shibotsu and Taraku Islands) and Shikotan Island).

"대일평화조약" 제19조 (d)항의 규정에 의거 일본이 "SCAPIN 제677호"의 효력을 승인한 것은 한국의 독도영유권을 승인한 것이다. 따라서 "대일평화조약" 제2조 (a)항에 일본이 포기하는 도서로 독도가 명시되어 있지 아니해도 독도는 일본이 승인한 한국의 영토로 해석된다.

## 3. 제21조와 제25조의 관계

제21조는 한국이 이익을 향유할 권리가 있는 조항을 열거하고 있으나 제25조는 연합국으로 동조약에 서명하지 아니한 국가는 동조약상 이익을 받을 권리를 가지지 아니한다고 규정하고 있다. 제21조에 "제25조의 규정에 불구하고"라고 규정하고 있으므로 제21조가 우선적으로 적용되는 것으로 본다.

## V. 대일평화조약 제19조 (d)항에 의한 승인

## 1. 묵시적 영토승인 일반

승인은 그것이 국가의 승인(recognition of state)이든, 정부의 승인(recognition of government)이든, 교전단체의 승인(recognition of belligerency)이든, 외국판결의 승인(recognition of foreign judgement)이든, 영토주권의 승인(recognition of territorial sovereignty)이든, 불문하고 승인을 하는 주체의 의도(intention)의 문제이다.[31]

31) Georg Schwazenberger and E .D. Brown, *A Manual of International Law*, 6th ed. (Milton: Professional Books, 1976), p.57; Robert Jennings and Arthur Watts (eds.), *Oppenheim's International Law*, 9th ed., Vol.1 (London: Longman 1992), p.169; H. Lauterpact, *Recognition in International Law* (Cambridge: Cambridge University Press, 1948), pp.370-371; US Department of State, G.H. Hackworth Memorandum, December 13, 1940 (Whiteman, *Digest of International Law*, Vol. 2, 1963, p.48); Malcolm N. Shaw, *International Law*, 4th. ed. (Cambridge: Cambridge University

이 승인의 의도는 명시적으로(express) 표시될 수도 있고 묵시적으로 (implied) 표시될 수도 있다.[32]

명시적인 표시는 선언(declaration)이나 통고(notification)와 같은 공개된 애매하지 아니한 형태(an open unambiguous form) 또는 의사소통의 형태 (communication form)에 의할 수도 있다.[33] 묵시적 표시는 어떤 승인으로 이해되는 것으로 해석되는 특별한 조치(particular action to be interpreted as comprehending any recognition)에 의할 수 있다.[34] 이는 승인으로 수락 하는 의도에 대해 합리적인 의문이 없는 모든 경우(in all cases in which there is no reasonable doubt as to the intention … to grant recogtition)이 다.[35] 이는 승인의 의도를 명시적 승인에 직접적으로 표시하는 것이 아니 나 승인으로 추정되는 다른 행위를 통하여 승인의 의도를 간접적으로 표 시하는 것이므로 이를 간접적 승인(indirect recognition) 이라고도 한다.[36]

묵시적 승인으로 해석되는 행위는 승인의 추정을 창출한다(such act creates a presumption of recognition).[37] 즉, 묵시적 승인은 승인의 의도의 추정을 본질로 한다.[38] 추정은 법(rule of law)에 의한 사실의 인정이다.[39]

---

Press, 1997), p.310.

32) Shaw, supra n.1, p.310, Henry Campel Brack, Brack's Law Dictionary (St. Paul: West, 1979), p.678; Jennings and Watts, supra n.1, p.169; US Department of State, supra. n.10, p.49 (Majorie M. Whiteman supra n.1, p.48); R. Higgings, The Development of International Law by the Political Organs of the United Nations (Oxford:Oxford University Press, 1963), p.140; Abr. Frowein, "Recognition", EPIL, Vol.10, 1987, p.345; Article 7, Montevideo Convention on Rights and Duties of States 1933.

33) Shaw, supra n.31, p.310.

34) Ibid.

35) Lauterpact, supra n.31, p.378.

36) Shaw, supra n.31, p.310.

37) Q. Wright, "Recognition, Intervention and Ideologies," Indian Yearbook of International Affairs, Vol.7, 1858, p.92. (Whiteman, supra n.31, p.52)

38) Ian Brownlie, Principles of International Law, 5th ed. (Oxford: Oxford University Press, 1998), p.94; Lauterpact, supra n.31, p.369; Jennings and Watts, supra n.31, p.94; Lauterpact, supra n.31, p.369; Q. Wright, supra n.37, p.92.

추정은 간주(regard)와 달리 반증(contrary evidence)이 허용된다. 반증에 의해 추정에 의해 인정된 진실이 전복되게 된다.[40] 따라서 승인으로 인지되는 조치를 한 당사자는 승인으로 인정되는 효과를 배재하기 위해서는 승인의 효과를 배재하는 명시적 선언을 할 수 있다(may make an express declaration).[41]

요컨대, 묵시적 승인은 승인의 의도가 있는 것으로 해석되는 행위를 통해 간접적으로 승인의 의도를 표시하는 간접적 승인이며, 묵시적 승인은 승인으로 해석되는 행위에 의해 법에 의해 승인의 의도가 추정되는 것이다.

추정은 증거에 의해서가 아니라 법(rule of law)에 의한 사실의 인정이다. 추정은 반증이 허용되는 것이므로 묵시적 승인으로 해석되는 행위를 하는 당사자는 법에 의해 인정되는 승인의 효과를 배제하기 위해서는 명시적인 반대의 의사를 표시하여 묵시적 승인으로 추정되는 효과를 배제할 수 있다.

묵시적 승인은 본질적으로 금반언과 같은 범주에 속한다.[42] 따라서 묵시적인 승인을 한 국가는 그 승인 이후 승인과 모순·저촉되는 행위는 금지되게 된다.

또한 승인은 더욱 더 큰 상호이해를 향한 불가피한 추세에 의해 영향을 받는다(the more and more affected by the inevitable trend towards greater mutual understanding).[43]

## 2. 대일평화조약 제19조 (d)항의 규정에 의한 승인

"대일평화조약" 제19조 (d)항은 "일본은 연합국의 점령기간 중 점령당국

39) Henry Campel Brack, *Brack's Law Dictionary* (St. Paul: West, 1979), p.1067.
40) *Ibid*.
41) Shaw, *supra* n.31, p.310.
42) Schwarzenberger and Brown, *supra* n.31, p.56; Lauterpact, *supra* n.31, p.369.
43) M. Lachs, "Recognition and International Co-operation," *BYIL*, Vol.35, 1959, p.259.

의 지시 등의 효력을 승인한다.”라고 규정하고 있을 뿐 일본은 “한국의 독도영토주권을 승인한다”, “독도의 영유권은 한국에 귀속됨을 승인한다” 또는 “독도는 한국의 영토임을 승인한다” 등 일본은 명시적으로 한국의 독도영유권을 승인한 것은 아니나 묵시적으로 한국의 독도영유권을 승인한 것이다. 그 이유는 다음과 같다.

첫째로, 점령기간 중 점령당국이 지시 등의 효력을 승인한다는 것은 점령기간 중 점령당국의 지시에는 “맥아더 라인,” “SCAPIN 제677호” 등이 포함되며, “맥아더 라인”은 독도외측에 설정되고 일본 선박과 인원은 독도의 12해리 이내에 접근을 금한 것은 연합국이 한국의 독도영유권을 승인한 것이고, 이를 제19조 (d)항의 규정에 따라 일본정부가 승인한 것이며, “SCAPIN 제677호” 제3항은 일본의 정의에서 독도를 배제한다고 규정한 것은 연합국이 한국의 독도영유권을 승인한 것이고 이를 제19조 (d)항의 규정에 따라 일본정부가 승인한 것이다.

둘째로, 일본정부가 “대일평화조약” 제19조 (d)항의 규정에 의해 연합국의 점령기간 중 행한 지령 등의 효력을 승인한 것은 “승인으로 이해되는 것으로 해석되는 특별한 조치”(particular action to be interpreted as comprehending any recognition)[44]를 한 것이다.

셋째로, 일본정부가 제19조 (d)항에 의해 점령기간 중 점령 당국이 취한 조치를 승인하여 한국의 독도영토주권을 승인한 것은 일본정부가 한국의 독도영토주권의 “승인을 수락하는 의도에 대해 합리적인 의문이 없다”(there is no reasonable doubt as to the intention … to grant recognition).[45]

넷째로, 일본정부의 “승은으로 추정되는 법적 효과를 배제하기 위한 특별한 선언”(an express declaration to exclude legal effect of the presumption)[46]을 한 바 없다.

상술한 바와 같이 일본은 “대일평화조약” 제19조 (d)항의 규정에 의해

---

44) Lauterpact, *supra* n.31, p.378.
45) Shaw, *supra* n.31, p.310,
46) Q. Wright, *supra* n.37, p.92.

한국의 독도영토주권을 묵시적으로 승인한 것이다. 이 일본정부의 승인의 효과를 연합국은 대일평화조약 제19조 (d)항의 규정에 의해 일본으로부터 수용한 것이므로 이는 결국 연합국이 한국의 독도영토주권을 승인한 것이다.

# 제3장

국제연합에 의한 한국의 독도영토주권의 승인

# 제1절_ 총회에 의한 승인

## Ⅰ. 승인의 내용과 분석

### 1. 승인결의의 내용

국제연합 총회(General Assembly)는 안전보장이사회, 경제사회이사회, 국제사법재판소 그리고 사무국과 같이 국제연합의 주요기관(principal organ)의 하나이다(헌장 제7조 제1항). 국제연합 총회는 국제연합의 최고감독기관(supreme supervisory body)이다.[1]

국제연합총회는 "국제연합헌장"의 규정에 의거 법적 정치적 권한을 갖는[2] 국제연합의 주요기관의 하나로 국제연합의 회원국 전체로 구성되는 전원출석체(plenary body)이다.[3] 총회는 국제연합의 중심적 지위(a central position)를 보유하고 있다.[4]

1948년 8월 15일 대한민국 정부가 수립된 후 1948년 12월 12일 제3차 국제연합총회는 대한민국정부를 한국의 유일합법정부(only lawful government)

---

1) Stephen S. Goodrich, *The Nature and Function of International Organization*, 2nd ed. (Oxford: Oxford University Press, 1967), p.114.
2) Hans Kelsen, *The Law of the United Nations* (New Jersey: Lawbooks Exchange, 2000), p.193.
3) Giden Boas, *Public International Law* (London: Edward Elgar, 2012), p.213.
4) Francis Vallat, "UNs General Assembly, *EPIL*, Vol. 5, 1983, p.323.

로 승인하는 결의를 채택했다. 동 결의의 내용은 다음과 같다.

　…한국에 대한 유효한 지배권과 관할권을 가진 합법정부가 수립되었다는 것과 대한민국 정부는…한국에 있어서 유일한 합법정부임을 선언하며…
　declare that there has been established lawful government having effective control and jurisdiction over that part of Korea…"5)

## 2. 승인 결의의 분석

위의 결의 중 "선언한다"(declare)는 국제연합의 결정의 중요성의 희구 (desire the importance of its decision)인 것6)이며 선언은 새로운 규범의 창설이 아니라 현존 규범의 확인(confirms)인 것이다.7)

동 선언은 합법정부(lawful government)의 승인이고,8) 전 한국(whole of Korea)의 승인이고,9) 전 국가의 정통성(legitimacy over the whole of country)의 승인이다.10)

"한국에 대한 유효한 지배권과 관할권을 가진(having effective control and jurisdiction over that part of Korea)" 중 대한민국 정부의 지배권과 관할권의 대상인 한국에는 독도가 포함된 것은 1946년 1월 26일의 "SCAPIN 제677호" 제3항에 명시되어 있으며 또한 "SCAPIN 제677호"에 의거, 분리된 독도를 포함한 한국에 대한 지배권을 갖고 있던 주한미군사령관인 하지 (John R. Hodge)중장이 1948년 8월 11일의 이승만 대통령에게 보낸 "통치권 이양에 관한 공한"에 의거, 독도는 미군정의 지배권으로부터 한국정부로 이양되었다. 동 결의는 대한민국 정부를 "한국에 있어서 유일한 합법정

---

5) GA Re. 1951(III).
6) Henry G. Schermes, "International Organizations Resolution", *EPIL*, Vol. 5, 1983, p.160.
7) *Ibid.*
8) Denise Bindschedler-Robert, "Korea", *EPIL*, Vol. 12, 1990, p.204.
9) *Ibid.*
10) *Ibid.*

부"로 승인하고 있는 바, 타국의 영토위에 수립된 정부를 합법정부라고 할
수 없으므로 이는 총회에 의한 한국의 독도영토주권의 승인이라 할 수 있
다. 이하 "SCAPIN 제677호"에 의한 독도의 일본으로부터의 분리, 그리고
이를 포괄적으로 승계한 주한미군사령관의 조치의 내용을 보기로 한다.

### 가. SCAPIN 제677호에 의한 분리

1945년 8월 15일 일본의 "항복선언"(Declaration of Surrender)이 있었고 이
를 성문화하기 위한 "항복문서"(Instrument of Surrender)의 서명이 9월 2일
연합국과 일본간에 있었다. "항복문서"에서 일본은 "포츠담 선언"을 무조건
수락한다고 확약했다. 동 문서의 시행을 위해 연합군사령관은 "1946년 1월
29일 일본정부에 훈령을 하달했다. 동 훈령의 공식명칭은 "Suprem Commander
for the Alled Power Instruction No.677"이다. 이하 "SCAPIN 제677호"로 표기
하기로 한다. 이는 8개 항으로 구성되어 있다.

동 훈령 제3항은 동 훈령에서 일본에 포함되는 지역과 제외되는 지역을
규정했고, 제외되는 지역의 하나로 독도를 열거하고 있다.

전술한 바와 같이 "SCAPIN 제677호" 제3항은 동 훈령에서 일본에 포함되
는 지역과 제외되는 지역을 명시하고 있다. 동 제3항의 규정은 다음과 같
다.

> 3. 이 지령에 있어서 일본이라 함은 일본4대도(북해도 · 본주 · 구주 및 사
> 국) 및 약 1,000의 인접 제 소도를 포함한다. 상기 인접 제 소도는 대만 및 북
> 위 30도 이북의 유구(남서) 제도(구지도 제외)를 포함하나 다음 제도를 포함하
> 지는 않는다.
>  (a) 울릉도, 죽도(독도), 제주도
>  (b) …
>  (c) …

여기서 독도는 일본으로부터 제외되는 지역으로 도명을 명시하여 규정
되어 있다. 그러므로 동 훈령상 독도는 한반도와 함께 일본의 통치권으로

부터 분리된 것이 명백하다.

따라서 상기 총회의 결의 중 "유효한 지배권과 관할권을 갖는 한국"에 "SCAPIN 제 677호"에 의해 분리된 독도가 포함됨은 물론이다.

### 나. 주한미군사령관으로부터 영유권의 양수

상술한 "SCAPIN 제677호"에 의해 일본으로부터 분리된 독도는 한국정부에 이양된 것이 아니고 주한미군사령관의 관할로 이양되었다. 그 후 1948년 8월 11일 주한미군사령관의 관할권으로부터 대한민국의 관할권으로 분리되게 되었다. 주한미군사령관 하지의 관할권 이양 공한에는 다음과 같이 기술되어 있다.

> … 본관이 현재 주한미국군대의 총사령관의 자격으로 행사하는 통치기능을 대한민국 정부에 이양함에 있어서 … 한국으로부터의 미국 점령군의 철수 …
> … in transforming to that Governmental the functions of Government now existed by me as Commanding General of the United States Army Forces in Korea. … the with raw all of United States occupation forces from Korea. … 11)

1948년 8월 11일의 위의 공한 중 "주한미군사령관이 행사하는 한국" 중에는 1946년 1월 29일의 "SCAPIN 제677호" 제3항에 의해 주한미군사령관의 관할권으로 이양된 독도가 포함됨은 물론이다.

따라서 1948년 12월 12일의 국제연합 총회에 의해 합법정부로 승인된 대한민국의 영토는 "SCAPIN 제677호"에 의해 분리되어 주한미군사령관의 관할 하에 있었으나 1948년 8월 11일의 주한미군사령관의 공한에 의해 한국정부로 이양된 통치권의 대상에 한국에 대한 실질적 통제였으며12), 이 실질적 통제에는 독도가 포함되어 있으므로 이는 국제연합 총회의 결의를

---

11) John R. Hodge, Commanding General, the US Army Forces in Korea to the President, 11, August, 1948.)
12) W. V. O'Brien, *The New Nations in International Law and Diplomacy* (London: Stevens, 1964), p.137.

통해 독도가 한국의 영토임을 승인한 것이다.

## II. 총회에 의한 독도영토주권의 승인

### 1. 묵시적 승인 일반

승인은 그것이 국가의 승인(recognition of state)이든, 정부의 승인(recognition of government)이든, 교전단체의 승인(recognition of belligerency)이든, 외국판결의 승인(recognition of foreign judgement)이든, 영토주권의 승인(recognition of territorial sovereignty)이든, 불문하고 승인을 하는 주체의 의도(intention)의 문제이다.[13)]

이 승인의 의도는 명시적으로(express) 표시될 수도 있고 묵시적으로 (implied) 표시될 수도 있다.[14)]

명시적인 표시는 선언(declaration)이나 통고(notification)와 같은 공개된 애매하지 아니한 형태(an open unambiguous form) 또는 의사소통의 형태

---

13) Georg Schwazenberger and E. D. Brown, *A Manual of International Law*, 6th ed. (Milton: Professional Books, 1976), p.57; Robert Jennings and Arthur Watts (eds.), *Oppenheim's International Law*, 9th ed., Vol.1 (London: Longman 1992), p.169; H. Lauterpact, *Recognition in International Law* (Cambridge, Cambridge University Press, 1948), pp.370-371; US Department of State, G.H. Hackworth Memorandum, December 13, 1940 (Whiteman, *Digest of International Law*, Vol.2, 1963, p.48); Malcolm N. Shaw, *International Law*, 4th. ed., (Cambridge: Cambridge University Press, 1997), p.310;

14) Shaw, *supra* n.13, p.310, Henry Campel Brack, *Brack's Law Dictionary* (St. Paul: West, 1979), p.678; Jennings and Watts, *supra* n.13, p.169; US Department of State, *supra*. n.13, p.49 (Majorie M. Whiteman supra n.13, p.48); R. Higgings, *The Development of International Law by the Political Organs of the United Nations* (Oxford:Oxford University Press, 1963), p.140; Abr. Frowein, "Recognition", *EPIL*, Vol.10, 1987, p.345; Article 7, Montevideo Convention on Rights and Duties of States 1933.

(communication form)에 의할 수도 있다.[15] 묵시적 표시는 어떤 승인으로 이해되는 것으로 해석되는 특별한 조치(particular action to be interpreted as comprehending any recognition)에 의할 수 있다.[16] 이는 승인으로 수락 하는 의도에 대해 합리적인 의문이 없는 모든 경우(in all cases in which there is no reasonable doubt as to the intention … to grant recogtition)이다.[17] 이는 승인의 의도를 명시적으로 직접적으로 표시하는 것이 아니나 승인으로 추정되는 다른 행위를 통하여 승인의 의도를 간접적으로 표시하는 것이므로 이를 간접적 승인(indirect recognition) 이라고도 한다.[18]

묵시적 승인으로 해석되는 행위는 승인의 추정을 창출한다(such act creates a presumption of recognition).[19] 즉, 묵시적 승인은 승인의 의도의 추정을 본질로 한다.[20] 추정은 법(rule of law)에 의한 사실의 인정이다.[21] 추정은 간주(regard)와 달리 반증(contrary evidence)이 허용된다. 반증에 의해 추정에 의해 인정된 진실이 전복되게 된다.[22] 따라서 승인으로 인지되는 조치를 한 당사자는 승인으로 인정되는 효과를 배재하기 위해서는 승인의 효과를 배재하는 명시적 선언을 할 수 있다(may make an express declaration).[23]

요컨대, 묵시적 승인은 승인의 의도가 있는 것으로 해석되는 행위를 통해 간접적으로 승인의 의도를 표시하는 간접적 승인이며, 묵시적 승인은 승인으로 해석되는 행위에 의해 법에 의해 승인의 의도가 추정되는 것이다.

---

15) Shaw, *supra* n.13, p.310.
16) *Ibid.*
17) Lauterpact, *supra* n.13, p.378.
18) Shaw, *supra* n.13, p.310.
19) Q. Wright, "Recognition, Intervention and Ideologies," *Indian Yearbook of International Affairs*, Vol.7, 1858, p.92. (Whiteman, *supra* n.13, p.52)
20) Ian Brownlie, *Principle of International Law*, 5th ed. (Oxford: Oxford University Press, 1998), p. 94; Lauterpact, *supra* n.13, p.369; Jennings and Watts, *supra* n.13, p.94; Lauterpact, *supra* n.13, p.369; Q. Wright, *supra* n.19, p.92.
21) Henry Campel Brack, *Brack's Law Dictionary* (St. Paul: West, 1979), p.1067.
22) *Ibid.*
23) Shaw, *supra* n.13, p.310.

추정은 증거에 의해서가 아니라 법(rule of law)에 의한 사실의 인정이다. 추정은 반증이 허용되는 것이므로 묵시적 승인으로 해석되는 행위를 하는 당사자는 법에 의해 인정되는 승인의 효과를 배제하기 위해서는 명시적인 반대의 의사를 표시하여 묵시적 승인으로 추정되는 효과를 배제할 수 있다.

묵시적 승인은 본질적으로 금반언과 같은 범주에 속한다.[24] 따라서 묵시적인 승인을 한 국가의 승인 이후 승인과 모순·저촉되는 행위는 금지되게 된다.

또한 승인은 더욱 더 큰 상호이해를 향한 불가피한 추세에 의해 영향을 받는다(the more and more affected by the inevitable trend towards greater mutual understanding).[25]

## 2. 총회에 의한 승인

상술한 바와 같이 국제연합 총회의 결의 제195호는 국제연합은 "한국의 독도영토주권을 승인한다" "독도의 영유권은 한국에 귀속됨을 승인한다" 또는 "독도는 한국의 영토임을 승인한다" 등 명시적으로 독도의 영유권이 한국에 귀속됨을 규정하고 있지 아니하다.

"…유효한 지배권과 관할권을 가진 합법정부," "유일한 합법정부"라고만 선언하고 있다. "유효한 지배권"에는 "SCAPIN 제677호" 제3항에 의해 연합국이 독도를 일본에서 분리하고, 주한미군사령관에 의해 "통치권 이양공한"에 의해 독도를 포함한 한국영토가 대한민국에 이양되었으므로 "유효한 지배권과 관할권을 가진 합법정부의 승인"은 간접적으로 한국의 독도영유권을 묵시적으로 승인한 것이다. 그 이유는 첫째로, "유효한 지배권을 가진 합법 정부의 승인"은 "승인으로 이해되는 것으로 해석되는 특별한 조치(particular action to be interpreted as comprehending any recognition)"[26]이

24) Schwarzenberger and Brown, *supra* n.13, p.56; Lauterpact, *supra* n.13, p.369.
25) M. Lachs, "Recognition and International Co-operation", *BYIL*, Vol.35, 1959, p.259.

고, 둘째로 유효한 지배권과 관할권을 가진 합법정부의 승인은 합법정부인 한국정부의 독도영유권의 "승인으로 수락되는 의도에 대해 합리적인 의문이 없고(there is no reasonable doubt as to the intention to grant recognition)"[27], 셋째로 총회가 한국의 독도영유권의 승인으로 추정되는 법적 효과를 배제하기 위한 명시적 선언(an express declaration to exclude the legal effect of the presumption)[28]이 없다.

---

26) Shaw, *supra* n.13, p.310.

27) Lauterpact, *supra* n.13, p.378.

28) Wright, *supra* n.19, p.92.

# 제2절_ 안전보장이사회에 의한 승인

───────────── 〈목 차〉 ─────────────

Ⅰ. 안전보장이사회의 결의
Ⅱ. 안전보장이사회에 의한 독도영토주권 승인

## Ⅰ. 안전보장이사회의 결의

1950년 6월 25일 북한군의 대남 무력적 공격이 있자 미국이 사무총장에게 요청하여 사무총장의 요청으로 소집된 안전보장이사회는 북한당국의 대남공격은 "평화의 파괴(breach of the peace)"를 이른다고 결정하고 북한당국에 대해 적대행위를 즉각 정지하고 38선 이북으로 철수하라고 요구하면서 대한민국 정부는 실효적인 통치력과 관할권을 갖는 합법적인 정부라고 다음과 같은 결의를 했다.

> 안전보장이사회는, 대한민국정부가 국제연합 한국임시위원단이 감시할 수 있었고 한국국민의 대다수가 거주하고 있는 한국지역에 관한 효과적인 통치력과 관할권을 갖고 있는 합법적으로 수립된 정부라는 것과 … 또 이 정부가 한국에 있어서 유일한 합법정부라는 것임을 결의한 1949년 10월 21일 총회결의를 상기하고, … 총회가 1948년 12월 12일 및 1949년 10월 21일 결의에서 표명한[1]

───────────────

1) … The Security Council, Recalling the finding of the General Assembly in its resolution of 21 October 1949 that the Government of the Republic of Korea is a lawful established government having effective control and jurisdiction over that part of Korea where the United Nations Temporary Commission reside. … Mindful of the concern expressed by the General Assembly in its resolution of 12 December

위의 결의에 표시된 바와 같이 안전보장이사회는 "대한민국정부에 한국 지역에 대한 효과적인 통치력과 관할권을 갖는 합법적으로 수립된 정부 (Korea is a lawfully established Government having effective control and jurisdiction over that port of Korea)라고 선언하고, 1949년 12월 12일과 1949 년 10월 21일 총회의 결의를 인용하고 있다.

요컨대 안전보장이사회는 1950년 6월 25일의 결의에서 총회의 1948년 12월 12일의 결의와 1949년 10월 21일의 결의를 인용하여 한국정부가 한 국지역에 유효한 통치와 관할권을 갖는 합법적으로 수립된 정부라고 확인 하고 있다.

이 결의에 의해 안전보장이사회가 한국의 독도영토주권을 승인한 것은 전술한 "총회에 의한 한국의 독도영토주권 승인"에서 "연합군최고사령부 훈령 제677호"와 "주한미군사령관과 한국 대통령 간의 통치권 이양 합의 서"에 의해 대한민국정부가 독도에 대해 영토주권을 갖고 있음을 총회가 승인한 것이라는 기술(전술 제1절 Ⅲ.2.)을 여기 그대로 인용하기로 한다.

## Ⅱ. 안전보장이사회에 의한 독도영토주권 승인

### 1. 묵시적 승인 일반

승인은 그것이 국가의 승인(recognition of state)이든, 정부의 승인(recognition of government)이든, 교전단체의 승인(recognition of belligerency)이든, 외국판 결의 승인(recognition of foreign judgement)이든, 영토주권의 승인(recognition of territorial sovereignty)이든, 불문하고 승인을 하는 주체의 의도(intention)의

---

1948 and 21 October 1949 of the consequences which might follow unless Member States refrained from acts derogatory to the results sought ···(S/1501: UN, *UNYB*, 1950, p.222).

문제이다.2)

이 승인의 의도는 명시적으로(express) 표시될 수도 있고 묵시적으로(implied) 표시될 수도 있다.3)

명시적인 표시는 선언(declaration)이나 통고(notification)와 같은 공개된 애매하지 아니한 형태(an open unambiguous form) 또는 의사소통의 형태 (communication form)에 의할 수도 있다.4) 묵시적 표시는 어떤 승인으로 이해되는 것으로 해석되는 특별한 조치(particular action to be interpreted as comprehending any recognition)에 의할 수 있다.5) 이는 승인으로 수락하는 의도에 대해 합리적인 의문이 없는 모든 경우(in all cases in which there is no reasonable doubt as to the intention … to grant recogtition)이다.6) 이는 승인의 의도를 명시적 승인에 직접적으로 표시하는 것이 아니나 승인으로 추정되는 다른 행위를 통하여 승인의 의도를 간접적으로 표시하는 것이므로 이를 간접적 승인(indirect recognition) 이라고도 한다.7)

묵시적 승인으로 해석되는 행위는 승인의 추정을 창출한다(such act

---

2) Georg Schwazenberger and E .D. Brown, *A Manual of International Law*, 6th ed. (Milton: Professional Books, 1976), p.57; Robert Jennings and Arthur Watts (eds.), *Oppenheim's International Law*, 9th ed., Vol. 1, (London : Longman 1992), p.169; H. Lauterpact, *Recognition in International Law* (Cambridge, Cambridge University Press, 1948), pp.370-371; US Department of State, G.H. Hackworth Memorandum, December 13, 1940 (Whiteman, *Digest of International Law*, Vol. 2, 1963, p.48); Malcolm N. Shaw, *International Law*, 4th. ed., (Cambridge: Cambridge University Press, 1997), p.310.

3) Shaw, *supra* n.2, p.310, Henry Campel Brack, *Brack's Law Dictionary* (St. Paul: West, 1979), p.678; Jennings and Watts, *supra* n.2, p.169; US Department of State, *supra*. n.2, p.49 (Majorie M. Whiteman *supra* n.2, p.48); R. Higgings, *The Development of International Law by the Political Organs of the United Nations* (Oxford: Oxford University Press, 1963), p.140; Abr. Frowein, "Recognition", *EPIL*, Vol.10, 1987, p.345; Article 7, Montevideo Convention on Rights and Duties of States 1933.

4) Shaw, *supra* n.2, p.310.

5) *Ibid.*

6) Lauterpact, *supra* n.2, p.378.

7) Shaw, *supra* n.2, p.310.

creates a presumption of recognition).[8] 즉, 묵시적 승인은 승인의 의도의 추정을 본질로 한다.[9] 추정은 법(rule of law)에 의한 사실의 인정이다.[10] 추정은 간주(regard)와 달리 반증(contrary evidence)이 허용된다. 반증에 의해 추정에 의해 인정된 진실이 전복되게 된다.[11] 따라서 승인으로 인지되는 조치를 한 당사자는 승인으로 인정되는 효과를 배재하기 위해서는 승인의 효과를 배재하는 명시적 선언을 할 수 있다(may make an express declaration).[12]

요컨대, 묵시적 승인은 승인의 의도가 있는 것으로 해석되는 행위를 통해 간접적으로 승인의 의도를 표시하는 간접적 승인이며, 묵시적 승인은 승인으로 해석되는 행위에 의해 법에 의해 승인의 의도가 추정되는 것이다.

추정은 증거에 의해서가 아니라 법(rule of law)에 의한 사실의 인정이다. 추정은 반증이 허용되는 것이므로 묵시적 승인으로 해석되는 행위를 하는 당사자는 법에 의해 인정되는 승인의 효과를 배제하기 위해서는 명시적인 반대의 의사를 표시하여 묵시적 승인으로 추정되는 효과를 배제할 수 있다.

묵시적 승인은 본질적으로 금반언과 같은 범주에 속한다.[13] 따라서 묵시적인 승인을 한 국가는 그 승인 이후 승인과 모순·저촉되는 행위는 금지되게 된다.

또한 승인은 더욱 더 큰 상호이해를 향한 불가피한 추세에 의해 영향을 받는다(the more and more affected by the inevitable trend towards greater

8) Q. Wright, "Recognition, Intervention and Ideologies," *Indian Yearbook of International Affairs*, Vol.7, 1858, p.92. (Whiteman, *supra* n.2, p.52)
9) Ian Brownlie, *Principles of International Law*, 5th ed. (Oxford: Oxford University Press, 1998), p. 94; Lauterpact, *supra* n.2, p.369; Jennings and Watts, *supra* n.2, p.94; Lauterpact, *supra* n.2, p.369; Q. Wright, *supra* n.8, p.92.
10) Henry Campel Brack, *Brack's Law Dictionary* (St. Paul: West, 1979), p.1067.
11) *Ibid.*
12) Shaw, *supra* n.2, p.310.
13) Schwarzenberger and Brown, *supra* n.2, p.56; Lauterpact, *supra* n.2, p.369.

제3장_ 국제연합에 의한 한국의 독도영토주권의 승인  91

mutual understanding).[14]

## 2. 안전보장이사회에 의한 승인

1950년 6월 25일 안전보장이사회는 "한국의 독도영토주권을 승인한다" "독도영토주권은 한국에 귀속됨을 승인한다" 또는 "독도는 한국의 영토임을 승인한다" 등의 명시적으로 한국의 독도영토주권을 승인한 것은 아니나, 1948년 12월 12일의 총회의 "효과적인 통치권과 관할권을 가진 합법정부의 승인" 결의를 인용하고 있다. "효과적인 통치권과 관할권을 가진 합법정부" 또는 "SCAPIN 제677호"와 "주한미군사령관과 한국 대통령 간의 통치권 이양에 관한 합의서"에 의해 효과적인 통치권과 관할권을 가진 합법정부라는 의미이므로 이는 안전보장이사회가 대한민국정부의 독도영토주권을 간접적으로 승인한 것이다. 즉, 안전보장이사회가 묵시적으로 한국의 독도영토주권을 승인한 것이다. 그 이유는 다음과 같다.

첫째로, 안전보장이사회가 총회의 "대한민국 정부가 효과적인 통치권과 관할권을 가진 합법정부"라는 결의를 그대로 인용한 것은 안전보장이사회가 "대한민국 정부가 효과적인 통치권과 관할권을 가진 합법정부"라고 승인한 것이며 "효과적인 통치권과 관할권을 가진 합법정부"란 독도를 일본의 영토에서 제외한 "SCAPIN 제677호"와 전 한국영토에 대한 통치권을 대한민국 정부에 이양한 "주한미군사령관과 한국 대통령 간의 통치권 이양에 관한 합의서"에 의거 효과적인 통치권과 관할권을 가진 합법정부라는 뜻이므로 이는 안전보장이사회가 총회와 마찬가지로 한국의 독도영토주권을 간접적으로 승인한 것이며 이는 "승인으로 이해되는 것으로 해석되는 특별한 조치(particular action to be interpreted as comprehending any recognition)"[15]이다.

---

14) M. Lachs, "Recognition and International Co-operation," *BYIL*, Vol.35, 1959, p.259.
15) Shaw, *supra* n.2, p.310.

둘째로 "효과적인 통치권과 관할권을 가진 합법정부의 승인"은 "승인으로 수락되는 의도에 대한 합리적인 의문이 없다(there is no reasonable doubt as to the intention to grant recognition)".[16]

셋째로 안전보장이사회의 "승인으로 추정되는 법적 효과를 배제하기 위한 명시적 선언(an express declaration to exclude the legal effect of the presumption)"[17]이 없다.

---

16) Lauterpact, *supra* n.2, p.378.
17) Q. Wright, *supra* n.8, p.92.

# 제3절_ 국제연합군사령부에 의한 승인

---
**〈목 차〉**

Ⅰ. 국제연합군사령부의 설치와 반공식별구역의 설치
Ⅱ. 국제연합군사령부의 법적 성격
Ⅲ. 국제연합군사령부의 한국방공식별구역의 설치와 독도영토주권의 승인

---

안전보장이사회는 국제연합의 주요기관(principal organ)의 하나이다. 한 국전쟁기간에 안전보장이사회는 그의 보조기관의 하나인 국제연합군사령 부를 설치하고 한국전쟁을 수행했다.

## Ⅰ. 국제연합군사령부의 설치와 반공식별구역의 설치

### 1. 국제연합군사령부의 설치

국제연합군사령부(the United Nations Command)는 1950년 7월 7일의 국 제연합 안전보장이사회 결의에 의거 설치되었다. 1950년 6월 한국전쟁이 발발하자 국제연합 안전보장이사회는 이에 관련하여 3개의 결의를 채택 했다. 그 첫째의 결의는 6월 25일의 결의[1]로 북한당국에 대해 즉각 적대 행위를 중단하고 38도선 이북으로 북한군의 철수를 요구하는 결의였고[2], 둘째의 결의는 6월 27일의 결의로 국제연합 회원국에게 대한민국에 대해 군사적 원조를 제공할 것을 권고하는 결의였으며,[3] 그 셋째의 결의는 7월

---

1) S/1501; UN, *YBUN*, 1950, p.222.
2) *Ibid.*

7일의 결의로 통합군 사령부(unified command)를 창설하고 그 사령관을
미국이 임명하도록 권고하는 결의였다.[4]

이 세 번째의 결의에 의거 7월 8일 국제연합 사무총장은 국제연합기
(United Nations flag)를 안전보장이사회의 미국대표에게 이양했고,[5] 미국
은 맥아더(Douglas MacArthur)장군을 국제연합군사령관으로 임명하여[6] 국
제연합군사령부가 창설되었다.

7월 16일 국군에 대한 작전지휘권이 국제연합군 사령관에게 이양되어[7]
국제연합군사령관은 한국군과 15개 참전국의 군대, 그리고 미군(미8군, 미
극동 공군, 그리고 미 7함대)을 지휘하게 되었다.[8]

## II. 국제연합군사령부의 법적 성격

국제연합군사령부를 창설한 1950년 7월 7일의 안전보장이사회의 결의
는[9] 두 가지 특성을 갖은 조치이다.

(i) 첫째의 특성은 "국제연합헌장" 제39조(국제평화와 안전을 유지 회복
하기 위한 조치의 결정)에 의거한 국제연합의 집단적 강제조치(collective
coercive measure)라는 특성이다.[10] 따라서 국제연합군사령관의 조치는 국

3) S/1511; UN, *YBUN*, 1950, p.223.
4) S/1588; UN, *YBUN*, 1950, p.230; J.P. Grand and J.C. Barker, *Encyclopedic Dictionary of International Law*, 3rd ed. (Oxford:Oxford University Press, 2009), p.628.
5) Fin Seyested, *United Nations Forces : In the Law of Peace and War*, (Leyden: Sijthoff, 1966), pp.33-35.
6) Ibid; Richard R. Boxter, "Constitutional Forms and Some Legal Problems of International Military command", *BYIL*, Vol. 29, 1952, p.334.
7) Myung-Ki Kim, *The Korean War and International Law* (Claremont: Paige Press, 1991), pp.136-139; U. S. Department of State, Bullentin, 7 Aug.(1950), p.206.
8) Kim, *supra* n.7, p.120.
9) S/1588; UN, *YBUN*, 1950, p.230.
10) Herbert Nicholas, "An Appraisal" in Lincoln P. Bloomfield(ed.), *International*

제연합의 조치로 인정 된다.[11]

　(ii) 둘째의 특성은 "국제연합헌장" 제29조(보조기관의 설치)에 의거하는 국제연합안전보장이사회의 보조기관(subsidiary organ)을 설치하는 조치라는 특성이다. 그러므로 국제연합군사령부는 안전보장이사회의 보조기관인 것이다.[12] 즉, 국제연합군사령관[13]은 국제연합의 "기관"(organ)이고, 국제법의 주체인 법인격자(legal person)가 아니다. 법인격자는 국제법의 주체인 국제연합인 것이다. 법인의 기관의 행위는 법인의 행위로 효과가 귀속되게 됨으로[14] 기관인 국제연합군사령부 또는 국제연합군사령관의 행위는 법인인 국제연합의 행위로 인정되게 된다.[15]

---

*Military Forces*, (Boston: Little Brown, 1964), p.107; Russell, *The United Nations and United States Security Policy*, (New York: Brookings Institution, 1964), p.339; D. W. Bowett, *United Nations Forces* (New York: Praeger, 1964), pp.45-47; Josef L. Kunz, "Legality of the Security Council Resolutions of June 25 and 27(1950)", *AJIL*, Vol.45, 1951, pp.137-139; Kim *supra* n.7, pp.126-28.

11) Kim, *supra* n.7, pp.128-129; Bowett, *supra* n.10, pp.45-47; Kunz, *supra* n.10, pp.137-39.

12) Kim, *supra* n.7, pp.134-135; Bowett, *supra* n.10, pp.94-95, K. Skubisewski, "The United Nations", Max Sorensen(ed.), *Manual of Public International Law* (London: Macmillan, 1938), p.795.

13) 국제연합군사령부는 "객관적 기관"이고 국제연합군사령관은 "주관적 기관"이다. 객관적 기관은 조직의 기구이고, 주관적 기관은 객관적 기관의 담당자를 말한다. 양자 모두 기관인 점에서 동일하나, 전자는 기구이고 후자는 자연인인 점에서 양자는 구별된다.

14) Rosaly Higgins, *United Nations Peacekeeping, 1946-1967, Documents and Commnetary II, Asia* , (Oxford: Oxford University Press, 1970), p.177; Kelsen, *supra* n.2, p.154.

15) Nicholas, *supra* n.10, p.107.

## III. 국제연합군사령부의 한국방공식별구역의 설치와
## 독도영토주권의 승인

### 1. 한국방공식별구역의 설치

한국전쟁 기간인 1953년 3월 23일 국제연합군사령부(United Nations Command)의 통제 하에 있는 미 태평양공군사령부(U.S Pacific Air Force Command)는 한국공역의 방어를 위해 "한국방공식별구역"(Korean Air Defense Identification Zone: KADIZ)을 설정했다.[16] "방공식별구역(Air Defense Identification Zone: ADIZ)"이란 군사안보상 목적으로 영공 외곽의 일정 공역에 설정되는 안전접속공역을 말한다.[17] ADIZ는 "영공의 외곽에 설치되는 것이며 영공의 "영토의 영해"의 상부 공역이므로 ADIZ는 "영토를 기본으로 결정되는 것이다. 최초로 방공식별구역을 설정한 국가는 미국이다. 미국은 1950년 12월에 대통령령으로 미국 본토연안으로부터 600해리에 이르는 공역을 "미국방어식별구역"(U.S Air Defense Identification Zone: U.S ADIZ)으로 선포하고 비행계획을 제출하지 않고는 누구도 이 구역에서 비행할 수 없다고 규정했다.

"한국방공식별구역"은 미국의 선례에 따른 것으로 현재 미국, 캐나다, 일본, 필리핀, 대만, 인도, 미얀마, 아일랜드, 영국, 스웨덴, 오만, 한국 등 12개 국가가 방공식별구역을 설치 운영하고 있다.[18] 국제법상 방공식별구

---

16) Sung Hwan Shin, "Legal Aspects for the Peaceful Use of the Far East Aerospace", Confernece on the World Air and Space Law, held in Seoul(June 1997), p.209; 김병륜, "방공식별구역(KADIZ)과 국가관할권에 대해", 「국방소식」 제173호, 2005.4, p.14; 신용하, 「독도영유권자료의 탐구」(서울: 독도연구보전협회, 2000), p.262; 대한민국 국방부, 「전쟁법 해설서」(서울: 대한민국 국방부, 2010), p.53.

17) Edmund Jan Osmanczyk, Encyclopedia of the United Nations, 2nd ed., (New York: Tayor and Francis, 1990), p.20; Louis Sohn and Kristen Gustafson, The Law of the Sea (St. Paul: West, 1984), p.223; 대한민국 국방부, 전주16, p.51.

18) Shin, supra n.16, p.204; Marjorie M. Whiteman, Digest of International Law, Vol.9

역의 설치의 위법성 여부가 논의되고 있으나,[19] 이는 관습법으로 형성되어 가고 있다.

일본은 1969년부터 일본 열도 주변의 공역에 약 100km의 "내부 일본방공식별구역"(Inner JADIZ)과 그 외측에 약 600km의 "외부 일본방공식별구역"(Outer JADIZ)을 설치 운영하고 있다.[20]

1953년에 국제연합군사령부에 의해 설치된 "한국방공식별구역"은 독도의 상공을 포함하고 있다.[21] 따라서 국제연합군사령부의 동 구역의 설치로 독도에 대한 한국의 영토주권이 국제연합에 의해 승인된 것이다. 국제연합군사령부가 따라서 국제연합이 독도를 한국의 영토주권에 속하지 않고 일본의 영토주권에 속하는 것으로 보았다면 독도상공을 포함하는 "한국방공식별구역"을 설정했을 리가 만무하기 때문이다.

동 구역의 설정에 의한 한국의 독도영토주권의 승인은 다음과 같은 점에서 특별한 의미를 갖는다.

첫째로, 동 구역의 설정은 국제연합군사령부가 한 것이며, 한국군사령부나 미군사령부가 한 것이 아니다. 전술한 바와 같이 국제연합군사령부는 법인격자인 국제연합의 기관인 것이다. 따라서 동 구역의 설정에 의한 한국의 독도영토주권의 승인의 주체는 국제연합이라는 데 큰 의미가 있는 것이다.

(Washington D.C.: U.S.G.P.O., 1969), p321; Levi, *supra* n.1, p.141.

19) 긍정설은 I. L. Hedd, "ADIZ, International Law and contiguous airspace", *Alberta Law Review*, Vol.3, 1964, p.182; John C. Cooper, "Space above the Sea", in I. Vlasic (ed.), *Explorations in Aerospace Law*, McGill University Press(1968), p.198; Kay Hailbonner, "Airspace over Maritime Areas", *EPIL*, Vol.11, 1989, p.30; D.P. O'Connell, *The International Law of the Sea*, Vol.2 (Oxford: Clarendon, 1984), p.797에 의해 주장되고, 부정설은 E. Cuadra, "Air Defense Identification Zone: Creeping Jurisdiction in the Airspace", *A.J.I.L.*, Vol.18, 1978, p.495에 의해 주장된다. 전시에만 가능하다는 절충설은 Schwarzenberger and Brown, *supra* n.2, pp.110-111에 의해 주장되고 있다.

20) 대한민국 국방부, 전주16, p.53; 신용하, 전주16, 263쪽; Shin, *supra* n.16, p.205.

21) 신용하, 전주16, p.263; Shin, *supra* n.16, p.210; 김병륜, 전주16, p.15.

둘째로, 전술한 바와 같이 일본도 "일본방공식별구역"을 설치 운영하고 있는 바 동 구역은 독도의 상공을 포함하고 있지 않다. 이는 일본이 독도의 상공을 포함하는 "한국방공식별구역"을 설정한 1951년 이래 이에 대해 어떠한 항의를 제기한 바 없을 뿐만 아니라 일본이 1972년 5월에 오키나와를 포함하도록 "외부 일본방공식별구역"을 확장 수정했으나 독도를 포함하도록 확장 수정한 바 없다.22) 따라서 일본이 독도의 상공을 포함하는 "한국방공식별구역"을 묵인하고 있다는 데 큰 의의가 있다.

셋째로, 전술한 바와 같이 방공식별구역의 설정이 국제법상 합법적이냐에 관해 논의가 있으나 일본이 "일본방공식별구역"을 설정하고 있으므로 "한국방공식별구역"의 설정이 국제법상 위법한 것이라고 일본은 주장할 수 없는 것이다.

## 2. 한국방공식별구역의 설치에 의한 승인

### 가. 묵시적 승인 일반

승인은 그것이 국가의 승인(recognition of state)이든, 정부의 승인(recognition of government)이든, 교전단체의 승인(recognition of belligerency)이든, 외국판결의 승인(recognition of foreign judgement)이든, 영토주권의 승인(recognition of territorial sovereignty)이든, 불문하고 승인을 하는 주체의 의도(intention)의 문제이다.23)

22) Shin, *supra* n.16, pp.209-10.
23) Georg Schwazenberger and E .D. Brown, *A Manual of International Law*, 6th ed. (Milton: Professional Books, 1976), p.57; Robert Jennings and Arthur Watts (eds.), *Oppenheim's International Law*, 9th ed., Vol. 1, (London : Longman 1992), p.169; H. Lauterpact, *Recognition in International Law* (Cambridge, Cambridge University Press, 1948), pp.370-71; US Department of State, G.H. Hackworth Memorandum, December 13, 1940 (Whiteman, *Digest of International Law*, Vol. 2, 1963, p.48); Malcolm N. Shaw, *International Law*, 4th. ed., (Cambridge : Cambridge University Press, 1997), p.310.

이 승인의 의도는 명시적으로(express) 표시될 수도 있고 묵시적으로(implied) 표시될 수도 있다.[24]

명시적인 표시는 선언(declaration)이나 통고(notification)와 같은 공개된 애매하지 아니한 형태(an open unambiguous form) 또는 의사소통의 형태(communication form)에 의할 수도 있다.[25] 묵시적 표시는 어떤 승인으로 이해되는 것으로 해석되는 특별한 조치(particular action to be interpreted as comprehending any recognition)에 의할 수 있다.[26] 이는 승인으로 수락하는 의도에 대해 합리적인 의문이 없는 모든 경우(in all cases in which there is no reasonable doubt as to the intention … to grant recogtition)이다.[27] 이는 승인의 의도를 명시적 승인에 직접적으로 표시하는 것이 아니나 승인으로 추정되는 다른 행위를 통하여 승인의 의도를 간접적으로 표시하는 것이므로 이를 간접적 승인(indirect recognition) 이라고도 한다.[28]

묵시적 승인으로 해석되는 행위는 승인의 추정을 창출한다(such act creates a presumption of recognition).[29] 즉, 묵시적 승인은 승인의 의도의 추정을 본질로 한다.[30] 추정은 법(rule of law)에 의한 사실의 인정이다.[31]

---

24) Shaw, *supra* n.23, p.310, Henry Campel Brack, *Brack's Law Dictionary* (St. Paul: West, 1979), p.678; Jennings and Watts, *supra* n.23, p.169; US Department of State, *supra*. n.23, p.49(Majorie M. Whiteman *supra* n.23, p.48); R. Higgings, *The Development of International Law by the Political Organs of the United Nations* (Oxford:Oxford University Press, 1963), p.140; Abr. Frowein, "Recognition", *EPIL*, Vol.10, 1987, p.345; Article 7, Montevideo Convention on Rights and Duties of States 1933.

25) Shaw, *supra* n.23, p.310.

26) *Ibid.*

27) Lauterpact, *supra* n.23, p.378.

28) Shaw, *supra* n.23, p.310.

29) Q. Wright, "Recognition, Intervention and Ideologies," *Indian Yearbook of International Affairs*, Vol.7, 1858, p.92(Whiteman, *supra* n.23, p.52).

30) Ian Brownlie, *Principle of International Law*, 5th ed. (Oxford: Oxford University Press, 1998), p.94; Lauterpact, *supra* n.23, p.369; Jennings and Watts, *supra* n.23, p.94; Lauterpact, *supra* n.23, p.369; Wright, *supra* n.29, p.92.

31) Henry Campel Brack, *Brack's Law Dictionary* (St. Paul: West, 1979), p.1067.

추정은 간주(regard)와 달리 반증(contrary evidence)이 허용된다. 반증에 의해 추정에 의해 인정된 진실이 전복되게 된다.[32] 따라서 승인으로 인지되는 조치를 한 당사자는 승인으로 인정되는 효과를 배재하기 위해서는 승인의 효과를 배재하는 명시적 선언을 할 수 있다(may make an express declaration).[33]

요컨대, 묵시적 승인은 승인의 의도가 있는 것으로 해석되는 행위를 통해 간접적으로 승인의 의도를 표시하는 간접적 승인이며, 묵시적 승인은 승인으로 해석되는 행위에 의해 법에 의해 승인의 의도가 추정되는 것이다.

추정은 증거에 의해서가 아니라 법(rule of law)에 의한 사실의 인정이다. 추정은 반증이 허용되는 것이므로 묵시적 승인으로 해석되는 행위를 하는 당사자는 법에 의해 인정되는 승인의 효과를 배제하기 위해서는 명시적인 반대의 의사를 표시하여 묵시적 승인으로 추정되는 효과를 배제할 수 있다.

묵시적 승인은 본질적으로 금반언과 같은 범주에 속한다.[34] 따라서 묵시적인 승인을 한 국가의 승인 이후 승인과 모순·저촉되는 행위는 금지되게 된다.

또한 승인은 더욱 더 큰 상호이해를 향한 불가피한 추세에 의해 영향을 받는다(the more and more affected by the inevitable trend towards greater mutual understanding).[35]

### 나. 방공식별구역 설치에 의한 승인

상술한 바와 같이 국제연합군사령부는 1953년 3월 23일 독도의 상공을 포함한 한국방공식별구역을 설정하면서 한국의 "독도영토주권을 승인한

---

32) *Ibid.*
33) Shaw, *supra* n.23, p.310.
34) Schwarzenberger and Brown, *supra* n.23, p.56; Lauterpact, *supra* n.23, p.369.
35) M. Lachs, "Recognition and International Co-operation," *BYIL*, Vol.35, 1959, p.259.

다," "독도는 한국의 영토임을 승인한다" 또는 "독도의 영유권은 한국에 귀속됨을 승인한다"는 등의 명시적 표시로 한국의 독도영토주권을 명시적으로 승인한 것은 아니다. 그러나 독도의 상공을 포함하는 한국방공식별구역의 성질은 묵시적으로 한국의 독도영토주권을 승인한 것이다. 그 이유는 다음과 같다.

첫째로, 독도의 상공을 포함하는 한국 방공식별구역의 설정은 "승인으로 이해되는 것으로 해석되는 특별한 조치(particular action to be interpreted as comprehending any recognition)"[36]이고,

둘째로, 독도의 상공을 포함하는 한국방공식별구역의 설정은 "승인으로 수락되는 의도에 대한 합리적인 의문이 없고(there is no reasonable doubt as to the intention to grant recognition),"[37]

셋째로, 독도의 상공을 포함하는 한국방공식별구역을 설정한 연합군사령부의 동 방공식별구역을 설정하면서 이는 한국의 독도영토주권을 "승인으로 추정되는 법적효과를 배제하기 위한 명시적 선언(an express declaration to exclude the legal effect of the presumption)"[38]이 없기 때문이다.

## 3. 폭격연습장 사용중단조치에 의한 승인

### 가. 독도 폭격연습장 사용중단 조치

1948년 6월 8일 미군기의 독도 폭격사건으로 우리 어민 30명이 희생된 사건(제1차 폭격사건)이 있었다.[39] 1950년 4월 25일 우리정부는 한국공군 고문관을 통해 폭력사건에 관해 미 제5공군에 조회했다.[40] 1950년 5월 4일

---

36) Shaw, *supra* n.23, p.310.
37) Lauterpact, *supra* n.23, p.378.
38) Wright, *supra* n.29, p.92.
39) 외무부, 「독도문제개론」 외교문제총서 제11호(서울: 외무부 정무국, 1955), p.38.
40) 홍성근, "독도폭격사건의 국제법적 쟁점 분석", 독도학회 편 「한국의 독도영유권 연구사」(서울: 독도연구보전협회, 2003), p.393; 김명기 · 엄정일, "제2차 대전 이후 한국의 독도에 대한 실효적 지배의 증거", 「독도논총」 제1권 제1호, 2006, p.162.

미 제5공군으로부터 답신 공문이 우리정부에 송부되어 왔는데 그 내용은 독도와 그 주변 수역에서의 조업이 금지된 사실이 없고, 또 극동공군의 연습폭격의 목표로 되어있지 않다는 것이었다.[41]

이러한 조회와 회답에도 불구하고 1952년 9월 15일 미 극동공군 소속 폭격기가 어민들이 조업 중인 독도에 폭탄을 투하한 사건(제2차 폭격사건)이 발생했다.[42] 이에 우리 외무부는 1952년 11월 10일 주한 미 대사에게 사건의 관련 정보와 장차 사건재발방지책을 요구하는 내용의 구술서를 보냈다. 그 내용은 다음과 같다.

> …대한민국의 영토의 한 부분인 독도에 미군기에 의한 사건에 관해…수집된 자세한 정보 제공과…그러한 사건의 재발방지를 위한 필요한 조치를 취할 것을 요구한다…(…refer to an incident caused by a U.S. Military plane, on Dokdo Island(Liancourt Rocks) which is a part of the territory of the Republic of Korea…
> …request…any detailed information…to take necessary steps in order to prevent recurrence of such incident…).[43]

위 구술서에서 우리 외무부는 독도를 "대한민국의 영토의 한 부분(a part of the territory of the Republic of Korea)"이라고 표시했다.

위 우리 외무부의 공문에 대해 미 대사관으로부터 1952년 12월 4일 회신공문이 우리 외무부에 접수되었다. 그 내용은 폭격연습기지로서 독도의 사용을 신속히 면제할 계획이라는 것이었다.[44]

1953년 1월 20일 한국통신지역본부 사령관실(Headquaters Korea Commu nication Zone, Office of Commanding General)로부터 미 육군소장 Thomas W. Herren의 외무부장관 앞 공문이 외무부에 접수되었다. 그 내용은 다음과 같다.

---

41) 외무부, 전주39, p.38.
42) 홍성근, 전주40, pp.395-396.
43) 외무부, 전주39, Annex 5.
44) 외무부, 전주39, Annex 6.

장관귀하

1952년 11월 10일 미 대사관에 보낸 귀하의 구술서에 대한 응신입니다. 국제연합군사령관(the Commanding-: -chief, United Nations Command)은 그가 폭격연습기지로서 독도의 사용을 즉각 중단하는 필요한 조치를 취할 것(to take necessary actions to immediately discontinue the use of Liancourt Rocks(Dokdo Island) as a bombing range)을 모든 관계지휘관에게 지시한 것을 통보할 권한을 본인에게 인가했습니다.

본인은 사령관의 명령이 현재 유효함을 보고하는 기쁨을 갖고 있습니다.

존경을 표하며

미 육군소장 Thomas W. Herren[45]

위 공문은 다음 세 가지 점에서 중요한 의미를 갖는다.

첫째로, 동 공문은 동 공문 자체에 명시된 바와 같이 "1952년 7월 10일 미 대사관에 보낸 귀하의 구술서에 대한 응신"이다. 1952년 11월 10일 우리 외무부의 구술서에는 "대한민국의 영토의 일부인 독도에 대한" 영토주권에 관해 아무런 이의를 제기함이 없이 "폭격연습장으로서의 독도의 사용을 즉각 중단하는 필요한 조치를 취할 것"이라고 표시한 것은 당연히 한국의 독도영토주권을 묵시적으로 승인한 것이다.[46]

둘째로, 동 공문은 동 공문 자체에 명시된 바와 같이 "국제연합군사령관"의 지시에 의한 것으로 동 공문은 국제연합의 공문이다. 전술한 바와 같이 국제연합군사령부는 국제연합안전보장이사회의 보조기관이고, 이 보조기관의 법인격자는 국제연합이기 때문이다. 따라서 독도에 대한 대한민국의 영토주권의 승인의 주체는 미국이 아니라 국제연합인 것이다.

셋째로, 동 공문의 시행일자인 1953년 1월 20일은 "대일평화조약"이 효

---

45) 외무부, 전주39, Annex 7.
46) 1952년 11월 10일의 "대한민국의 영토의 일부인 독도에 대한"이라고 표시된 우리 외무부의 구술서에 대한 1952년 12월 4일의 미 대사관의 회신공문에도 이에 관해 아무런 언급이 없이 "폭격연습장으로서의 독도의 사용을 조속면제 할 계획(preparations have been expedited to dispense with the use of Dokdo Island as a bombing range)"(전주72)이라고만 표시해 왔다. 이도 독도에 대한 한국의 영토주권을 묵시적으로 승인한 것이라고 볼 수 있다.

력을 발생한 1952년 4월 28일 이후인 것이다. 동 공문에 의한 영토주권의
승인은 동 조약 제2조 (a)항에 일본으로부터 분리되는 도서로 독도가 명시
되어 있지 않으므로 독도는 일본의 영토라는 일본정부의 주장이 근거[47]인
동 조약이 효력을 발생한 이후의 독도에 대한 대한민국의 영토주권의 승
인인 것이다. 그러므로 동 조약 제2조 (a)항에 일본으로부터 분리되는 도
서로 독도가 명시되어 있지 않으므로 독도는 일본의 영토라는 일본정부의
주장은 동 조약에 의한, 국제연합에 의한 독도에 대한 대한민국의 영토주
권의 승인에 저촉되어 성립의 여지가 없다. 동 조약 전문에 "일본은 … 모
든 경우에 국제연합헌장의 원칙을 준수하고(Japan…in all circumstances
conform to the principles of the charter of the United Nations)"라는 규정과
제4조 (a)항 (iii)호에 "일본은…국제연합이 국제연합헌장에 의거하여 취하
는 여하한 행동에 대하여서도 국제연합에 모든 원조를 부여하며…"라는
규정을 고려할 때 국제연합에 의한 독도에 대한 대한민국의 영토주권의
승인을 부인하는 일본정부의 주장은 성립의 여지가 없음이 명백하다.

## 나. 폭격연습장 사용중단 조치에 의한 독도영토주권 승인

### (1) 묵시적 승인에 관한 일반

승인은 그것이 국가의 승인(recognition of state)이든, 정부의 승인(recognition
of government)이든, 교전단체의 승인(recognition of belligerency)이든, 외국
판결의 승인(recognition of foreign judgement)이든, 영토주권의 승인(recognition
of territorial sovereignty)이든, 불문하고 승인을 하는 주체의 의도(intention)
의 문제이다.[48]

---

47) The Japanese Ministry of Foreign Affairs, "Note Verbal" of the Japanese Ministry of
Foreign Affairs Dated July 13, 1953, para. 7.

48) Schwazenberger and Brown, *supra*, n.23, p.57; Jennings and Watts, *supra*, n.23,
p.169; Lauterpact, *supra*, n.23, pp.370-371; US Department of State, G.H. Hackworth
Memorandum, December 13, 1940(Whiteman, *Digest of International Law*, Vol. 2,
1963, p.48); Shaw, *supra*, n.23, p.310.

이 승인의 의도는 명시적으로(express) 표시될 수도 있고 묵시적으로(implied) 표시될 수도 있다.[49]

명시적인 표시는 선언(declaration)이나 통고(notification)와 같은 공개된 애매하지 아니한 형태(an open unambiguous form) 또는 의사소통의 형태 (communication form)에 의할 수도 있다.[50] 묵시적 표시는 어떤 승인으로 이해되는 것으로 해석되는 특별한 조치(particular action to be interpreted as comprehending any recognition)에 의할 수 있다.[51] 이는 승인으로 수락 하는 의도에 대해 합리적인 의문이 없는 모든 경우(in all cases in which there is no reasonable doubt as to the intention ⋯ to grant recogtition)이 다.[52] 이는 승인의 의도를 명시적 승인에 직접적으로 표시하는 것이 아니 나 승인으로 추정되는 다른 행위를 통하여 승인의 의도를 간접적으로 표 시하는 것이므로 이를 간접적 승인(indirect recognition) 이라고도 한다.[53]

묵시적 승인으로 해석되는 행위는 승인의 추정을 창출한다(such act creates a presumption of recognition).[54] 즉, 묵시적 승인은 승인의 의도의 추정을 본질로 한다.[55] 추정은 법(rule of law)에 의한 사실의 인정이다.[56]

---

49) Shaw, *supra* n.23, p.310, Henry Campel Brack, *Brack's Law Dictionary* (St. Paul: West, 1979), p.678; Jennings and Watts, *supra* n.23, p.169; US Department of State, Hackworth Memorandum, Dec. 13, 1940, p.49 (Majorie M. Whiteman *supra* n.23, p.48); R. Higgings, *The Development of International Law by the Political Organs of the United Nations* (Oxford: Oxford University Press, 1963), p.140; Frowein Jochen Abr., "Recognition", *EPIL*, Vol.10, 1987, p.345; J.P. Frand and J.C. Barker, *Encyclopedic Dictionary of International Law*, 3rd ed. (Oxford: Oxford University Press, 2009), pp.507-508; Article 7, Montevideo Convention on Rights and Duties of States 1933.
50) Shaw, s*upra* n.23, p.310.
51) *Ibid*.
52) Lauterpact, s*upra* n.23, p.378.
53) Shaw, s*upra* n.23, p.310.
54) Q. Wright, "Recognition, Intervention and Ideologies," *Indian Yearbook of International Affairs*, Vol.7, 1858, p.92. (Whiteman, *supra* n.23, p.52)
55) Brownlie, *supra* n.30, p.94; Lauterpact, *supra* n.23, p.369; Jennings and Watts, *supra* n.23, p.94; Lauterpact, *supra* n.23, p.369; Wright, *supra* n.54, p.92.

추정은 간주(regard)와 달리 반증(contrary evidence)이 허용된다. 반증에 의해 추정에 의해 인정된 진실이 전복되게 된다.[57] 따라서 승인으로 인지되는 조치를 한 당사자는 승인으로 인정되는 효과를 배재하기 위해서는 승인의 효과를 배재하는 명시적 선언을 할 수 있다(may make an express declaration).[58]

요컨대, 묵시적 승인은 승인의 의도가 있는 것으로 해석되는 행위를 통해 간접적으로 승인의 의도를 표시하는 간접적 승인이며, 묵시적 승인은 승인으로 해석되는 행위에 의해 법에 의해 승인의 의도가 추정되는 것이다.

추정은 증거에 의해서가 아니라 법(rule of law)에 의한 사실의 인정이다. 추정은 반증이 허용되는 것이므로 묵시적 승인으로 해석되는 행위를 하는 당사자는 법에 의해 인정되는 승인의 효과를 배제하기 위해서는 명시적인 반대의 의사를 표시하여 묵시적 승인으로 추정되는 효과를 배제할 수 있다.

묵시적 승인은 본질적으로 금반언과 같은 범주에 속한다.[59] 따라서 묵시적인 승인을 한 국가의 승인 이후 승인과 모순·저촉되는 행위는 금지되게 된다.

또한 승인은 더욱 더 큰 상호이해를 향한 불가피한 추세에 의해 영향을 받는다(the more and more affected by the inevitable trend towards greater mutual understanding).[60]

(2) 독도폭격연습장 사용중단 조치에 의한 한국의 독도영토주권 승인

상술한 바와 같이 우리 외무부의 재발방지책을 요구하는 공군에는 "대한민국의 영토의 한 부분인 독도"로 표시되었고, 이에 대해 국제연합군사

---

56) Brack, *supra* n.49, p.1067.
57) *Ibid.*
58) Shaw, *supra* n.23, p.310.
59) Schwarzenberger and Brown, *supra* n.23, p.56; Lauterpact, *supra* n.23, p.369.
60) M. Lachs, "Recognition and International Co-operation," *BYIL*, Vol.35, 1959, p.259.

령관은 "한국의 독도영토주권을 승인한다", "독도의 영유권은 한국에 귀속됨을 승인하라" 또는 "독도는 한국의 영토임을 승인한다" 등의 명시적으로 독도 한국의 독도민토주권을 승인하지는 아니했으나 "폭격연습장으로서의 독도의 사용은 즉각 중단하는 필요한 조치를 취할 것"이라고 동의한 것은 독도가 한국의 영토임을 간접적으로 승인한 것이다. 그 이유는 다음과 같다.

첫째로, 우리 외무부가 "대한민국의 영통의 한 부분인 독도"로 표시하는데 대해 연합군사령부가 아무런 이의를 제기하지 아니하고 "폭격연습장으로서의 독도의 사용은 즉각 중단"한 것은 국제연합군사령부가 한국의 독도영토주권을 묵시적으로 "승인한 것으로 해석되는 특별한 조치(particular action to be interpeted as comprehending any recognition)"이다.[61]

둘째로, 위 국제연합군사령부의 조치는 승인으로 수락되는 행위의 의도에 대한 합리적인 의문이 없다(There is no reasnable doubt to the intention is to grant recognition).[62]

셋째로, 국제연합군사령관이 "승인으로 추정되는 법적효과를 배제하기 위한 명시적 선언(An express declaration to exclude the legal effect or the presumption)이 없다.[63]

61) Shaw, *supra* n.23, p.310.
62) Lauterpact, *supra* n.23, p.379.
63) Wright, *supra* n.54, p.92.

# 제4장

---

일본정부에 의한 한국의 독도영토주권의 승인

# 제1절_ 태정관지령문에 의한 승인

## Ⅰ. 서론

일본정부가 조선의 독도영토주권을 승인한 고문서로 1667년 "은주시청합기(隱州視聽合記)", 1869년의 "조선국교제시말내탐서(朝鮮國交際始末內探書)" 그리고 1877년의 "태정관지령문(太政官指令文)"을 둔다.

그 중에서도 "태정관지령문"은 일본의 최고행정기관인 태정관이 조선의 울릉도와 독도의 영토주권을 승인한 것이란 점에서 자못 그 의의는 중차대한 것이다. 1648년 "웨스트파리아조약(Treaty of Westphalia)" 이후 근대국가가 성립했고 근대국제법이 성립한 것이므로 그 이후인 1877년의 "태정관지령문",은 근대국가가 성립하고 근대국제법이 성립한 이후에 성립한 것이므로 그에 의한 조선의 울릉도와 독도영토주권의 승인에 의한 이른바 "역사적 권원(historic title)"이 아니고 따라서 현대국제법에 의한 "권원의 대체(replacement of title)"문제가 제기되지 아니한다는 점에서 더더욱 의미가 크다고 본다. 그러므로 "태정관지령문"을 "고문서"라고 하는 것이 타당한 것인지 의문을 가져본다. "태정관지령문"에 관해서 독도를 연구하는 사학자에 의해 심도 있는 연구가 축적되어왔으나 유감스럽게도 이에 관한 국제법학자의 연구는 전무한 것이 오늘의 현실이다. 아마도 이는 국제법학자들이 "태정관지령문"의 역사적 사실의 실체와 그 전후의 역사적 사실의 기록에 접근하기 어렵기 때문인 것이 아닌가 본다.

이 연구는 국제법관점에서의 "태정관지령문"에 관한 최초의 연구인 것으로 안다. 따라서 이 연구는 기초적 접근일 수밖에 없다고 본다. 심도 있는 후속적 연구가 이 연구에 이어지기를 기대해본다. 특히 이 연구가 사학과 국제법학의 한국의 독도영유권 연구의 학제연구의 계기가 되기를 바래본다.

이하 "태정관지령문의 작성과정과 공시", "태정관지령문의 구성과 내용", "태정관지령문의 국제법상 효력" 순으로 기술하고 "결론"에서 몇 가지 정책 대안을 제의하기로 한다.


## II. 태정관지령문의 성안과정과 태정관지령문의 공시

### 1. 태정관지령문의 성안과정

1876년 10월 16일 일본 내무성은 지적조사와 지도편찬작업을 진행중이던 시마네 현으로부터 죽도(울릉도)와 송도(독도)를 시마네 현의 관할에 포함시킬 것인가의 여부의 질의서를 받았다. 내무성은 동 질의서의 부속문서와 17세기 말 조일간의 왕복문서를 검토하고 죽도와 송도는 조선의 영토라는 결론을 내렸다. 1877년 3월 17일 내무성은 태정관(太政官)에게 죽도의 지적 편찬에 관한 질의서를 제출했다. 1877년 3월 29일 태정관은 이에 관한 지령문을 내무성에 하달했다.[1]

『태정관지령문』 결재품의서에는 태정관 우대신 이와쿠라 도모미(岩倉具視) 이외에도 성경(省卿의)을 겸직하는 3명의 참의(參議)가 날인하였다. 대장경(大藏卿) 겸직 오쿠마 시게노부(大隈重信), 사법경 겸직 오키 다카

---

1) 신용하, 『독도의 민국영토사연구』(서울: 지식산업사, 1996), p.164; 정태만, "조선국교제시발내탐서 및 태정관지령과 독도", 『독도연구』 제17호, 2014, pp.14-15; 김명기, 『독도강의』(서울: 독도조사연구학회, 2007), p.75.

토(大木喬任), 외무경 겸직 테라시마 무네노리(寺島宗則)이다. 당시 태정
관에 상신한 것은 내무성이므로,『태정관지령문』은 내무성, 대장성, 사법
성, 외무성의 4개 성과 최고국가기관인 태정관이 총체적으로 참여하여 의
사결정을 한 것이다.[2]

## 2. 태정관 지령문의 공시

"태정관 지령문"은『태정류전』(太政類典)과『공문록』(公文錄)에 등재되
어 세계만방에 공시되었다. 후술하는 바와 같이 이 공시는 국제법상 국가
의 일방적 법률행위인 통고(notification)에 해당된다.

### 가. 태정류전
『태정류전』은 태정관기록국이 1867년부터 1881년까지 메이지 초기에『태
정관일기』,『태정관일지』그리고『공문록』중에서 선례와 법령 등을 분류
정리하여 편수·필사한 것으로 이는 현재 일본국회공문서관에 보관되어
있다.『태정류전』은 825책으로 구성되어 있다.[3]
"태정관지령문"의 결재품의서와 첨부서류, 그리고「磯竹島略圖」는 그대
로『공문록』에 첨부되어 보관되어 있을 뿐만 아니라『태정류전』에도 같은
내용이 기록되어 있다. "태정관지령문"은 작성자가 각기 다른 문서의 결합
체이기 때문에『공문록』에는 초서체부터 정자체까지 글자체가 여러 가지
인데 비해, 옮겨적은『태정류전』에는「磯竹島약도」가 첨부되어 있지 않은
대신, "일본해내 竹島외일도를 일본영토외로 정함"(日本海內竹島外一島ㅋ
版圖外ㅏ定地厶)이라는『공문록』에 없는 제목이 새로이 첨부되어 있다.
『태정류전』은 일본 메이지(明治) 초기 최고국가기관인 태정관제가 존속
하던 시기의 문서철이다. 일본 국립공문서관에 의하면『태정류전』은 '게

2) 太政官編『公文錄』, 內務省之部, 1877년 3월 17일조 "日本海內竹島外一島地籍編
　纂方伺".
3) 현대송, "태정류전", 해양수산개발원,『독도사전』(서울: 해양수산개발원, 2011), p.329.

이오(慶應) 3년(1867)부터 메이지 14년(1881)까지의 태정관 일기 및 일지, 『공문록』 등에서 전례조규(선례 · 법령 등)를 채록 · 정서해, 제도 · 관제 · 관규, 의제 등 19부문으로 분류해, 연대순으로 편집한 것'으로 정의되고 있다.

　관보제도 도입 이전에 최고국가기관인 태정관이 지령문을 확정하여 시마네현에 하달한 후, "일본해내 죽도 외 일도를 일본영토 외로 정함"이라는 제목을 새로 붙여 『태정류전』에 정서하여 기록했다는 것은 오늘날의 관보에 공시한 것으로 볼 수 있다. 일본 관보는 "태정관지령문"(1877)년 이후 메이지 16년(1883)에 창간되었다.[4]

### 나. 공문록

　『공문록』은 1868년부터 1885년 12월까지 태정관이 접수한 정부 각 조직 및 지방군현으로부터 접수한 문서를 관청별, 년월별로 수록한 일본 메이지 전기의 정부공문외원부로 전 4,102권으로 구성되어 있다. 이는 일본의 태정관제의 폐지와 함께 폐지되었다.[5]

## III. 태정관지령문의 구성과 내용

### 1. 태정관지령문의 구성

　"태정관지령문"은 1쪽의 문서인 것이 아니라 수 개의 문서의 복합체로 구성되어 있다. 이 복합체로 구성된 "태정관지령문"은 태정관지령문 본문과 태정관지령문 부속문으로 구성되어 있다.

　태정관지령문 본문은 "태정관지령문"의 핵심인 (i) 지령안(指令按)과 지

---

4) 정태만, "「조선국시말내탐서」 및 「태정관지령」과 독도',『독도연구』 제17호, 2014.12, pp.18-19.
5) 현대송, "공문록",『독도사전』(전주3), pp.32-33.

령안을 도출한 근거인 지령안근거(指令按根據)로 구성되어 있다.


나. 태정관지령문 부속문

"태정관지령문" 부속문은 14개 문서로 구성되어 있으며, 이를 시네마현이 수집·작성한 6개의 문서와 내무성이 수집·작성한 6개의 문서 그리고 태정관이 작성한 2개의 문서 도합 14개의 자료·문서로 구성되어 있다. 이 14개의 문서는 『공문록』에 수록되어 있는 바, 이를 열거해 보면 다음과 같다.


(1) 「태정관지령」 결재 품의서

(2) 도군현에서 내무성에 올린 질의서(일본해내죽도외일도지저편찬방사)

(3) 내무성지리국에서 도군현에 내려보낸 지리요청서(을 제218호)

(4) '죽도외일도'에 대한 정의

(5) 도해 유래 및 도해 허가서

(6) 도래금지 경위 및 도해 금지령

(7) 도해금지 결정의 이유(제 1호 구정부형의지지의)

(8) 일본 어민의 도해금지를 조선에 통보한 외교문서

(9) 조선에서 받은 외교문서

(10) 조선에서 받은 외교문서를 에도묵부에 전달했다는 대마도의 회신
(제4호 본방회답)

(11) 외교교섭 창구인 대마도 실무자가 조선에 보낸 문서(제21호 구상지람)

(12) 내무성에서 태정관에 올린 질의서(일본해내죽도외일도지저편찬방사)

(13) 지죽도약도

(14) 태정광의 문서목록(울릉도와 독도를 편도외로 정함과 내무성 질의
및 태정관의 지령)

## 2. 태정관지령문의 내용

가. 태정관지령문의 본문의 지령안은 다음과 같이 기술되어 있다.

御指令按
伺之趣竹島外一島之義本邦關係無之義ト 可相心得事
(지령안 품의한 취지의 죽도외일도의 건에 대하여 본방은 관계가 없다는
것을 심득할 것.)

위의 기술 중 "죽도"는 울릉도를 지칭하는 것이고, "외1도"는(송도, 독도)
를 지칭하는 것이다. 그리고 "본방"은 일본을 뜻하는 것이다. 즉, 독도는
일본과 관계가 없다는 뜻이다.

"태정관지령문"의 핵심이 이 지령안을 이 연구에서 편의상 태정관지령
문 "주문"이라고 명명하기로 한다.

나. 태정관지령문 근거

"태정관지령문 근거"는 "죽도 외 1도의 건에 대하여 본방은 관계가 없음
을 심득한 것"이라는 태정관지령 지령안의 근거를 지령안 다음에 같이 기
술하고 있다.

別紙內務省伺日本海內竹島外一島地籍編纂之件 右ハ元祿五年朝鮮人入島以
來舊政府該國ト往復之末隆ニ本邦關係無之相聞候段申立候上ハ伺之趣御閣置
左之通御指令相成可然哉 此段相伺候也 (별지 내무성 품의 일본해내죽도외일
도지저편찬지건. 위는 원록 5년 조선인이 입도한 이래 구정부와 해국과의 왕
복의 결과 마침내 본방은 관계가 없다는 것을 들어 상신한 품의 취지를 듣
고, 다음과 같이 지령을 작성함이 가한지 이에 품의합니다.)

위의 기술 중 "구정부"는 에도막부를 지칭하는 것이고, "해국"은 조선을
뜻하는데, "원록 5년 조선인들이 입도한 이래" 는 1692년 안용복사건 이래

를 뜻하는 것이다.

"태정관지령문의 근거"를 이 연구에서 편의상 "태정관지령 이유"라 명명하기로 한다.

## Ⅳ. 태정관지령문의 국제법상 효력

### 1. 통고의 효력

"태정관 지령문" 그 자체는 일본정부의 국내적 법률행위이고 국제법상 효력이 있는 국제법상 법률행위가 아니다. 그러나 "태정관 지령문"을 『태정류전』과 『공문록』에 등재한 것은 그 등재행위가 국제법상 효력이 있는 국제법상 법률행위인 것이다.

국제법상 법률행위(international transaction)은 조약의 체결과 같은 쌍방적 법률행위(bilateral transaction)와 항의(protest)와 같은 일방적 법률행위(unilateral transaction)[6]로 대별되며 일방적 법률행위도 법적 효과를 창출한다(produce legal effects).[7]

통고(notification)는 항의(protest), 묵인(acquiescence), 포기(renounciation), 승인(recognition), 그리고 선언(declaration) 등과 같이 국제법상 일방적 법률행위이다.

통고는 법적으로 중요한 특정 사실 또는 사건을 일 국가가 타 국가에게 타 국가가 문제의 사실이나 사건으로부터 도출되는 법적 결과를 몰랐다는

---

6) Robert Jennings and Arthur Watts(eds.), *Oppenheim's International Law*, 9th ed. (London: Longman, 1992), p.1193; Ian Brownlie, *Principles of International Law*, 5th ed. (Oxford: Oxford University Press, 1998.), p.642; Vaughan Lowe, *International Law* (Oxford: Oxford University Press, 2007), p88; Malcolm S. Shaw, *International Law*, 4th ed. (Cambridge : Cambridge University Press, 1977), p.95.
7) Georg Schwarzenberger and E.D.Brown, *A Manual of International Law*, 6th ed. (Miltion: Professional Books, 1976), p.140.

근거를 제기할 수 없도록 확보하기 위해 의사소통을 하는 것이다(by notification, state communicate to other state certain facts and events of legal importance in order to ensure that other states can not, on grounds of lack of knowledge the legal consequences which flow from the facts and the events in question).[8]

통고는 국제조약에 특별히 규정되지 아니하는 한 통고국의 의무가 아니며 자발적으로 행하여진다. 통고는 공식채널 또는 비공식채널에 의할 수 있으며(formal or informal channel for communication)[9], 각서 또는 기타 성문 혹은 구술의 의사소통형식(note or other prescribed written or oral form of communication)에 의한다.[10] 조약에 특별히 규정된 경우를 제외한 통고는 흔히 자발적으로 행하여진다(often made voluntarily).[11] 통고는 두 국제법 주체 간에(between) 행하여질 수도 있고[12] 다수 국제법 주체 간에(among) 행하여 질 수도 있다. 통고는 의사내용에 따라 국제법상 효력이 발생한다.[13]

전술한 바와 같이 메이지 정부의 "태정관지령문" 그 자체는 일본정부의 국내적 문서로 그 내용에 따라 국내적 효력이 인정되나 국제법상 효력은 인정되지 아니한다. 그러나 일본정부가 "태정관지령문"을 『태정류전』과 『공문록』에 수록하여 "태정관지령문"의 내용을 세계만방에 공시한 것은 국제법상 통고행위로 국제법상 법적 효과가 도출되게 되는 국제법상 일방적 법률행위인 "통고"인 것이다. "태정관지령문"의 『태정류전』과 『공문록』에 의한 공시는 다음과 같이 국제법상 통고에 해당된다.

(i) 국제법상 통고는 공식채널에 의할 수도 있고 비공식채널에 의할

8) Jennings and Watts, *supra* n.6, p.1193; John Grant and J, Craig Barker, *Encyclopediac Dictionary of International Law* 2nd ed. (Oxford: Oxford University Press, 2009), p.426.
9) Mary F. Dominick, "Notification", *EPIL*, Vol.9, 1986, p.290.
10) *Ibid*, p.288.
11) Jennings and Watts, *supra* n.6, p.1193.
12) Dominick, *supra* n.9, p.290.
13) Schwarzenberger and Brown, *supra* n.7 p.140.

수도 있는바14), "태정관지령문"은『태정류전』과『공문록』이라는 비공식채
널에 의한 것이다.

(ⅱ) 국제법상 통고는 국제법상 의무에 의거하여 행하여질 수도 있고
자발적으로 행하여질 수도 있는 바15), "태정관지령문"의 통고는 일본정부
가 자발적으로 행한 것이다.

(ⅲ) 국제법상 통고는 성문의 의사소통형식 또는 구술의 의사소통의 형
식에 의할 수 있는 바16), "태정관지령문"의 통고는『태정류전』과「공문록」
이라는 성문의 의사소통형식에 의한 것이다.

(ⅳ) 국제법상 통고는 두 국제법 주체 간에 행하여 질 수도 있고 다수
국제법 주체 간에 행하여 질 수도 있는바17), "태정관지령문"은『태정류전』
과『공문록』을 통해 다수 국제법 주체 간에 행하여 졌다. 이 다수 국제법
주체에 조선이 포함됨은 물론이다.

(ⅴ) 국제법상 통고는 일방적 법률행위로 통고의 내용에 따른 국제법상
효력이 발생하는 바18), "태정관지령문"의 고시는 그 내용에 따라 국제법상
효력이 인정된다. 그 효력이 바로 일본정부에 의한 조선의 울릉도와 독도
의 영토주권의 명시적·묵시적 승인이다. 이에 관해서는 후술하기로 한
다.

## 2. 조선의 울릉도와 독도영토주권의 승인

### 가. 묵시적 승인에 관한 일반적 고찰

승인은 그것이 국가의 승인(recognition of state)이든, 정부의 승인(recognition
of government)이든, 교전단체의 승인(recognition of belligerency)이든, 외국
판결의 승인(recognition of foreign judgement)이든, 영토주권의 승인(recognition

---

14) Supra n.9.
15) Supra n.11.
16) Supra n.10.
17) Supra n.12.
18) Supra n.13.

of territorial sovereignty)이든, 불문하고 승인을 하는 주체의 의도(intention)
의 문제이다.[19]

이 승인의 의도는 명시적으로(express) 표시될 수도 있고 묵시적으로(implied)
표시될 수도 있다.[20]

명시적인 표시는 선언(declaration)이나 통고(notification)와 같은 공개된
애매하지 아니한 형태(an open unambiguous form) 또는 의사소통의 형태
(communication form)에 의할 수도 있다.[21] 묵시적 표시는 어떤 승인으로
이해되는 것으로 해석되는 특별한 조치(particular action to be interpreted
as comprehending any recognition)에 의할 수 있다.[22] 이는 승인으로 수락
하는 의도에 대해 합리적인 의문이 없는 모든 경우(in all cases in which
there is no reasonable doubt as to the intention … to grant recogtition)이
다.[23] 이는 승인의 의도를 명시적 승인에 직접적으로 표시하는 것이 아니
나 승인으로 추정되는 다른 행위를 통하여 승인의 의도를 간접적으로 표
시하는 것이므로 이를 간접적 승인(indirect recognition)이라고도 한다.[24]

19) Schwazenberger and Brown, supra, n.7, p.57; Jennings and Watts, supra, n.6,
p.169; Lauterpact, Recognition in International Law, 4th. ed.(Cambridge: Cambridge
Univ. Press, 1948), pp.370-371; US Department of State, G.H. Hackworth Memorandum,
December 13, 1940 (Whiteman, Digest of International Law, Vol. 2, 1963, p.48);
Shaw, supra, n.6, p.310.
20) Shaw, supra n.6, p.310, Henry Campel Brack, Brack's Law Dictionary (St. Paul:
West, 1979), p.678; Jennings and Watts, supra n.6, p.169; US Department of State,
Hackworth Memorandum, Dec. 13, 1940, p.49 (Majorie M. Whiteman, Digest of
International Law 9th volume, Washington, D.C: USPO, 1968, p.48); R. Higgings,
The Development of International Law by the Political Organs of the United
Nations (Oxford: Oxford University Press, 1963), p.140; Frowein Jochen Abr.,
"Recognition", EPIL, Vol.10, 1987, p.345; J.P. Frand and J.C. Barker, Encyclopedic
Dictionary of International Law, 3rd ed. (Oxford: Oxford University Press, 2009),
pp.507-508; Article 7, Montevideo Convention on Rights and Duties of States 1933.
21) Shaw, supra n.6, p.310.
22) Ibid.
23) Lauterpact, supra n.19, p.378.
24) Shaw, supra n.6, p.310.

묵시적 승인으로 해석되는 행위는 승인의 추정을 창출한다(such act creates a presumption of recognition).[25] 즉, 묵시적 승인은 승인의 의도의 추정을 본질로 한다.[26] 추정은 법(rule of law)에 의한 사실의 인정이다.[27] 추정은 간주(regard)와 달리 반증(contrary evidence)이 허용된다. 반증에 의해 추정에 의해 인정된 사실이 전복되게 된다.[28] 따라서 승인으로 인정되는 조치를 한 당사자는 승인으로 인정되는 효과를 배제하기 위해서는 승인의 효과를 배제하는 명시적 선언을 할 수 있다(may make an express declaration).[29]

요컨대, 묵시적 승인은 승인의 의도가 있는 것으로 해석되는 행위를 통해 간접적으로 승인의 의도를 표시하는 간접적 승인이며, 묵시적 승인은 승인으로 해석되는 행위에 의해 법에 의해 승인의 의도가 추정되는 것이다.

추정은 증거에 의해서가 아니라 법(rule of law)에 의한 사실의 인정이다. 추정은 반증이 허용되는 것이므로 묵시적 승인으로 해석되는 행위를 하는 당사자는 법에 의해 인정되는 승인의 효과를 배제하기 위해서는 명시적인 반대의 의사를 표시하여 묵시적 승인으로 추정되는 효과를 배제할 수 있다.

묵시적 승인은 본질적으로 금반언과 같은 범주에 속한다.[30] 따라서 묵시적인 승인을 한 국가의 승인 이후 승인과 모순 · 저촉되는 행위는 금지되게 된다.

또한 승인은 더욱 더 큰 상호이해를 향한 불가피한 추세에 의해 영향을 받는다(the more and more affected by the inevitable trend towards greater

---

25) Q. Wright, "Recognition, Intervention and Ideologies," *Indian Yearbook of International Affairs*, Vol.7, 1858, p.92. (Whitman, *supra* n.19, p.52)
26) Brownlie, *supra* n.6, p.94; Lauterpact, *supra* n.19, p.369; Jennings and Watts, *supra* n.6, p.94; Lauterpact, *supra* n.19, p.369; Wright, *supra* n.25, p.92.
27) Brack, *supra* n. 20, p.1067.
28) *Ibid.*
29) Shaw, *supra* n.6, p.310.
30) Schwarzenberger and Brown, *supra* n.7, p.56; Lauterpact, *supra* n.19, p.369.

mutual understanding).[31]

## 나. 태정관지령문에 의한 조선의 울릉도 독도영토주권 승인

### (1) 태정관지령문의 주문에 의한 승인
"태정관지령문"의 주문은 다음과 같이 규정하고 있다.

> 품위취지의 죽도와 일도의 건에 대하여 본방은 관계가 없다는 것을 심득할 것.

위의 주문은 주문자체에 조선에 대한 것이라는 기술이 없을 뿐만 아니라 동 주문을 조선에 통보한 바 없으므로 동 주문은 일본의 국내적인 것이므로 동 주문은 조선에 대해 효력이 없다고 할 수 있으나 동 주문은 진술한 바와 같이 "태정관지령문" 전부에 포함되어 『태정류전』과 『공문록』에 수록되었다.[32] 『태정류전』과 『공문록』은 오늘의 「관보」와 같은 기능을 담당하는 것으로[33] 이들을 통해 "태정관지령문"의 주문은 일본국내 뿐만 아니라 조선을 포함하는 세계 모든 국가에 공시되었다. 그러므로 태정관지령문 주문은 조선에 대해 공시된 것이다. 동 주문 중 "죽도 외 1도는 본방과 관계가 없다"는 것은 명시적으로 조선의 울릉도와 독도의 영토주권을 승인한 것이 아니나 "죽도 외 1도는 본방과 관계가 없다"는 것은 묵시적으로 조선의 울릉도와 독도의 영토주권을 승인한 것이다. "죽도 외 1도는 본방과 관계가 없다"는 것은 "승인으로 수락되는데 합리적인 의문이 없고"[34], 또한 이는 "승인으로 이해되는 것으로 해석되는 특별한 조치"[35]이므로 이는 조선의 독도영유권의 묵시적 승인인 것이다.

---

31) M. Lachs, "Recognition and International Co-operation," *BYIL*, Vol.35, 1959, p.259.
32) 정태만, 전주4, pp.18-19.
33) 정태만, 전주4, p.19.
34) Lauterpacht, *supra* n.19, pp.370-371.
35) Shaw, *supra* n.6, p.310.

(2) 태정관지령문의 이유에 의한 승인

태정관지령문의 이유는 다음과 같이 규정하고 있다.

　원록 5년 조선인이 입도한 이래 구정부와 해국과의 왕복의 결과 마침내 본
방은 관계가 없다는 것을 들어 상신한 품의의 취지를…

위의 태정관지령문의 이유 중 "원록 5년 조선인이 입도한 이래 구정부
와 해국과의 왕복의 결과 마침내 본방과 관계가 없다…"는 것은 1692년 안
용복 사건 이래 일본과 조선간의 왕복외교 교섭결과에 의해 울릉도와 독
도는 조선의 영토로 승인되어 울릉도와 독도는 일본과 관계가 없다는 것
이다. 이는 안용복사건 이래 조선과 일본간의 외교문서의 왕복에 의해 울
릉도와 독도가 조선의 영토인 것으로 승인되어 이들은 일본과 관계가 없
다는 뜻이다. 즉 안용복사건 이래 일본과 조선간의 외교문서에 의해 일본
은 조선의 울릉도와 독도의 영유권을 기승인했다는 것이다. 안용복사건
이래 일본이 조선의 울릉도와 독도의 영유권을 명시적으로 승인했다는 것
을 "태정관지령문"의 주문의 이유로 제시하고 있는데 이는 "태정관지령문"
이

（ⅰ) 위 일본에 의한 조선의 울릉도와 독도에 대한 영토주권의 승인을
재확인한 것이고,

（ⅱ) 또한 "태정관지령문"에 의해 새로이 조선의 울릉도와 독도에 대한
영토주권을 승인한 것이다. "태정관지령문" 이유도 그 내용에서 조선에 대
한 통고가 고시되었고 또 조선에 대해 개별적인 별도의 통고가 없었으므
로 이도 일본의 국내적 조치이고 조선에 대해 효력이 없는 것으로 볼 수
있으나 "태정관지령문" 이유도 "태정관지령문" 주문과 같이 『태정류전』과
『공문록』에 수록되어 이는 일본국뿐만 아니라 조선을 포함한 세계 모든
국가에 공시된 것이다. 그러므로 "태정관지령문" 이유는 조선에 대해 공시
된 것이다.

동 이유 중 "왕복의 결과 마침내 본방과 관계가 없다는 것"은

(ⅰ) 안용복사건 이래 조선과 일본 간의 외교문서의 교환의 결과 일본이 울릉도와 독도에 대한 조선의 영토주권을 명시적으로 승인한 것을[36] 재확인한 것이다.

(ⅱ) "본방과 관계가 없다"는 것은 "일본은 조선의 울릉도와 독도에 대한 영토주권을 승인한다"라고 표현한 것이 아니므로 조선의 울릉도와 독도에 대한 영토주권을 묵시적으로 승인한 것이다.

(3) 태정관지령문 부속문에 의한 승인

"태정관지령문" 부속문의 14개 항목으로 구성되어 있다.

이들 14개 항목의 대부분은 조선의 울릉도와 독도의 영토주권을 승인한 것이다. 특히 「도해금지결정이유」, 「외교교섭창구인 대마도 실무자가 조선에 보낸 문의」 그리고 「일본어민의 도해금지를 조선에 통보한 외교문의」 등은 일본이 조선의 울릉도와 독도의 영토주권을 명시적 또는 묵시적으로 승인한 것이다.

일본이 조선의 울릉도와 독도의 영토주권을 명시적·묵시적으로 승인한 부속물은 "태정관지령문"에 부속시킨 것은 일본이 조선의 울릉도와 독도에 대한 영터주권의 승인을 재확인하는 의미를 갖는다.

물론 "태정관지령문" 부속문은 그 부속문 자체에 이를 조선에 통고한다는 규정이 없을 뿐만 아니라 동 부속문은 실제로 조선에 통보한 바 없으므로 동 부속문도 일본의 대내적 조치로 일본의 국내법상 효력밖에 없는 것으로 볼 수 있으나 "태정관지령문" 부속문은 "태정관지령문" 주문 및 "태정관지령문" 이유와 함께 『태정류전』과 『공문록』에 수록되어 일본 국내와 조선을 포함한 세계 모든 국가에 고시된 것이므로 이도 일본이 조선의 울릉도와 독도에 대한 영토주권을 승인한 것을 재확인하는 의미를 갖는 것이다.

---

36) 정태만, 전주4, p.15; 신용하, 전주1, p.66.

요컨대, "태정관지령문" 주문은 일본이 조선의 영토주권을 묵시적으로
승인한 것이며, "태정관지령문" 이유는 안용복사건 이래 일본과 조선 간에
조선의 울릉도와 독도에 대한 영토주권을 명시적으로 승인한 것을 재확인
한 것이며, "태정관지령" 부속문은 안용복사건 이래 조선과 일본 간에 울
릉도와 독도에 대한 영토주권이 한국에 있다는 명시적 승인을 재확인한
것이다. 즉, "태정관지령문"은 안용복사건 이래 울릉도와 독도의 관할권이
조선에 있다는 명시적 영토승인을 재확인하고, 울릉도와 독도의 영토주권
이 한국에 귀속된다고 묵시적으로 승인한 것이다.

# 제2절_ 일본영역참고도에 의한 승인

## Ⅰ. 서론

"대일평화조약" 제2조 (a)항에 일본이 포기하는 도서로 독도가 명시적으로 규정되어 있지 아니하므로 한일 간에 독도영유권의 귀속에 관해 상호 엇갈린 주장을 계속해 오고 있다. 1951년 일본 국토교통성 해상보안청 수로국이 발행한 "일본영역참고도"(日本領域参考圖)에는 SCAPIN 제677호에 부속된 지도와 같이 독도를 일본의 영토에서 제외되는 것으로 표시되어있다. 동 "일본영역참고도"는 국내 사학자들에게 발견되고 이에 관한 연구·검토가 진행되어 왔으나, 동 지도의 국제법상 효력에 관해서는 아직 국내 국제법학자에 의해 연구·발표된 바 없는 것으로 안다.

이 연구는 "일본영역참고도"가 국제법상 어떤 의미를 갖고 또한 어떠한 법적 효력이 있는지, 특히 "대일평화조약" 제2조 (a)항을 해석함에 있어서 어떠한 의미와 효력을 갖는지를 검토하기 위해 시도될 것이다.

이하 "일본영역참고도"의 제작과 그 내용, "일본영역참고도"의 일본 의회에서의 "대일평화조약" 비준 동의안에의 첨부, "일본영역참고도"의 국제법상 효력검토 순으로 기술하고, 결론에서 정부관계당국에 대한 정책대안을 제의하기로 한다.

이 연구는 자연법론을 초극한 법실증주의에 입각한 것이며, 법해석논적 접근임을 여기 밝혀두기로 한다.

## II. 일본영역참고도의 제정, 내용, 비준승인조약 첨부

### 1. 일본영역참고도 제정

"일본영역참고도"는 1951년 8월에 일본 국토교통성 산하 해상보안청 수로부에 의해 제작되었다. "대일평화조약"이 1951년 9월 8일에 서명되었으므로 동 지도는 "대일평화조약" 서명 직전에 제정된 것이다.[1]

"해상보안청 수로부"는 국토교통성 산하 기관이므로 동 지도는 일본 국가기관이 제작한 지도임은 검토의 여지가 없다. 이 지도의 정식 명칭은 물론 "일본영역참고도"(日本領域參考圖)이다.[2] 동 지도는 "대일평화조약" 비준동의안에 첨부되었다.[3]

"일본영역참고도"는 "일본영역도"와 혼동되어서는 아니된다. "일본영역도"는 1952년 5월 25일 마이니찌(每日)신문사가 발행한 「대일평화조약」 안쪽 표지에 게재된 지도이다. 이 지도에는 독도를 한국의 영토로 표시하고 있다.[4] 그러나 이는 일본 국가기관이 발행한 지도가 아니라는 데 주목해야 한다.

### 2. 일본영역참고도의 내용

"일본영역참고도"는 독도 동쪽에 분명하게 별도의 반원을 그려 독도를 일본영토에서 제외하며 한국 영역으로 표기하고 있다. 독도는 분명하게

---

1) "일본영역참고도" 난외의 기록에 "昭和26년 8월 海上保案廳 水路部 調製"라고 기록되어 있다.
2) "日本領域參考圖"라는 명칭은 동 지도 좌측 상단에 큰 글자로 표기되어 있다.
3) 1951년 10월 22일 『중의원 회의록』.
4) 정태만, "일본영역참고도와 연합국의 대일평화조약", 독도보전협회 2015년 학술대회, 「일본 아베 정권의 독도 침략 정책 강화 추세와 한국의 독도 영유권의 명중」, 2015.10.8, 서울역사박물관, p.65; 자승구, "일본법령 28개 독도를 외국 또는 일본 부속섬이라 명시", 『월간조선』, 2015.5., pp.92-95.

그 주위에 반원을 그려 일본영토에서 제외하도록 반원표시한 "SCAPIN 제 677호"에 첨부된 지도와 동일하다. 남쪽 한계선은 북위 24도로 하고, 동쪽 한계선을 동명 180도로 표시하고 있다.

일본영토는 점선으로 둘러싸고 있는 구역을 "어선조업허가구역"이라 표시하고 있다. 상술한 바와 같이 지도의 명칭은 "영역"(領域)으로 표시되며, 동 지도는 일본의 영역을 표시하고 있는 것이며, 영역의 부속으로 "어선조업허가구역"을 부기하고 있다. 요컨대, "일본영역참고도"는 일본의 "영역도"이며, 어선조업허가구역도가 아닌 것이다.

## 3. 비준승인 대일평화조약 첨부

### 가. 국회의 비준 승인에 관한 헌법의 규정

"일본헌법"상 조약의 비준권자는 내각이며(제37조 제3호), 중의원과 참의원은 비준승인권을 갖는다. "한국헌법"은 조약의 체결·비준권자는 대통령이며(제73조), 국회는 비준의 동의권을 갖는 것(제60조 제1항)과 구별된다. 조약의 비준승인에서 참의원에서 중의원과 다른 의결을 한 경우, 양원협의회를 열어도 의견이 일치하지 아니할 때, 또는 참의원이 의결로부터 일정기간 안에 의결하지 아니한 때에는 중의원의 의결을 국회의 의결로 한다(제60조 제2항, 제61조, 제67조 제2항).

### 나. 중의원에서의 대일평화조약 비준승인

"대일평화조약"의 비준승인은 중의원에서 다음과 같이 이루어졌다. 1951년 10월 11일부터 10월 25일까지 중의원 "평화조약 및 일미안전보장조약특별위원회"에서 9차에 걸쳐 "대일평화조약"이 심의되었고, "대일평화조약"에 첨부된 "일본영역참고도"는 10월 22일 중의원 특별위원회 제6차 회의에서 논의되었다.[5] 10월 26일 중의원 본회의에서 승인이 결의되었다.

---

5) 정태만, 전주4, p.68.

다. 참의원에서 "대일평화조약" 비준승인

"대일평화조약" 비준승인안은 참의원 특별위원회에서 10월 18일부터 11월 17일까지 심의되고 11월 18일 참의원 본회의에서 비준의 승인이 결의되었다.[6]

1951년 11월 19일 천황이 비준서를 인증하고, 11월 28일에 미국정부에 비준서를 기탁했다.[7]

중의원과 참의원에서 "대일평화조약" 비준승인 심의과정에서 「일본영역참고도」는 동 조약의 부속도서로 첨부되었다. 물론 동 지도는 48개 연합국에게 배부된 "대일평화조약"에 첨부된 것이 아니라 일본에서만 "대일평화조약"에 첨부되어 국회의 비준승인을 받은 것이다.


# III. 일본영역참고도의 국제법상 효력


## 1. 일본영역참고도의 지도로서의 증명력


### 가. 지도의 증명력 일반

조약(treaties)과 재판(decisions)과 같은 법적 문서(legal instruments)에 부속되어 그 법적 문서의 불가분의 일부를 구성하는 지도는 직접적 증명력이 인정되고 그 이외의 지도는 간접적 증명력만이 인정되는데 불과하다. 이와 같이 법적 문서에 부속된 지도를 "인증지도"(authenticated maps)라 하고,[8] 이러한 지도의 특성을 "인증성"(authenticity, authentic character)이라 한다.[9] 이 "인증지도"에는 법적 문서의 불가분의 일부를 구성하는 지도뿐

---

6) 정태만, 전주4, p.68.
7) 정태만, 전주4, p.68.
8) *Opinion and Award of Guatemala-Honduras Special Boundary Tribunal*, January 23, 1933; Charles Cheney Hyde, "Maps as Evidence in International Boundary Disputes", *A.J.IL*, Vol.27, 1933, p.313; Guenter Weissberg, "Maps as Evidence in International Boundary Disputes: A Reappraisal", *AJIL*, Vol.53, 1963, p.782.

만 아니라 서명된 지도와 같이 지도 그 자체가 법적 문서인 지도도 포함된다.10)

"인증지도"는 국가기관이 발행한 지도인 "공식지도"(official maps)와 구별된다. "공식지도"는 "국가기관"이 발행한 지도 이외에 국가의 찬조(auspiece) 또는 취지(purporting)로 발행한 지도를 의미한다.11) "인증지도"는 직접적 증명력이 인정되나 "공식지도"는 간접적 증명력이 인정되는데 불과하다. 그러나 "공식지도"는 승인, 묵인, 금반언의 효과가 인정되는 점에 특색이 있다.12)

공식지도는 국가가 생각하는 영역의 한계를 표시하는 것으로 인정되기 (represented what that state deemed the limits of its domain) 때문이다.13)

### (1) 지도의 증명력에 관한 학설

(가) Durward Sandifer

Sandifer는 지도는 대분의 경우 전문증거로서 제2차적 증거라고 하여, 그와 반대로 대부분의 경우가 아닌 특수한 경우, 즉 법적 문서에 부속된 경우에만 제1차적 증거로 될 수 있다고 다음과 같이 암시적 기술을 하고 있다.

대부분의 경우에 있어서 지도는 기껏해야 제2차적 증거이고, 흔히 성격상 전문증거이다…(maps are in most instances, at best, secondary evidence, and frequently hearsay in character…).14)

---

9) *Monastery of Sant-Naum Advisory Opinion*, PCIJ, *Series B*, No.9, 1924, p.21; A. O. Cukwurah, *The Settlement of Boundary Disputes in International Law* (Manchester: Manchester University Press, 1967), p.219.

10) PCIJ, *Series B*, No.9, 1924, p.21; Weissberg, *supra* n.8, p.784.

11) Hyde, *supra* n.8, p.315.

12) Weissberg, *supra* n.8, p.803.

13) Hyde, *supra* n.8, p.315.

14) D.V. Sandifer, *Evidence before International Tribunals*, revised ed.(Chicago: Chicago University Press, 1975), p.157.

　　지도는 경계의 위치에 관해 야기될 수 있는 분쟁의 결정에 있어서 분쟁의
　　결정적 증거로 거의 채택되지 아니한다(maps can seldom be taken as conclusive
　　evidence in the determination of disputes which may arise concerning the location
　　of boundary).15)

　　이와 같이 Sandifer는 지도는 "대부분의 경우에 제2차적 증거"라고 만 기
술하고 있다. 그러나 대부분의 경우가 아닌 경우, 즉 특수한 경우는 제1차
적 증거로 인정된다는 의미로 반대 해석되며, 또 대부분의 경우가 아닌 경
우가 어떤 경우인지 명시하고 있지 아니하나 지도가 결정적 증거로 인정
되는 경우는 "인증지도"의 경우이므로 이는 인증지도의 경우로 해석된다.

　　(나) Charles Cheney Hyde
　　Hyde는 상설국제재판소의 포랜드 · 체코슬로바키아 간 국경에 관한 권
고적 의견(Advisory Opinion, Polish-Czechoslovakia Frontier)을 다음과 같이
인용하여 조약과 재판의 문본의 일부인 인증지도만이 제1차적 증거로 될
수 있다고 논하고 있다

　　지도와 지도의 범례표는 조약이나 재판의 문본과 독립하여 결정적 증거로
　　인정될 수 없다는 것은 진실이다.(it is true that maps and their tables of
　　explanatory signs cannot be regarded as conclusive proof, independently of the
　　text of the tredties and decisions.).16)

　　이와 같이 Hyde가 포랜드와 체코슬로바키아 간 국경에 관한 상설국제
사법재판소의 권고적 의견을 인용한 것은 그가 조약이나 재판의 문본에
부속된 지도는 인증지도로서 이는 결정적 증거, 즉 직접적 증거로 인정되
나, 그 이외의 지도는 간접적 증거, 즉 제2차적 증거로 됨에 불과하다고
논하는 것이다.

---

15) *Ibid.*
16) Hyde, *supra* n.8, p.316.

(다) Guenter Weisberger

Weisberger는 지도는 조약과 결정의 문본에서 독립하여 증거로 될 수 없다고 하여, 인증지도만이 증거로 될 수 있다고 다음과 같이 기술하고 있다.

> 상설국제사법재판소는 "지도와 지도의 범례표는 조약과 재판의 문본으로부터 독립하여 결정적 증명으로 인정될 수 없다"는 것을 덧붙임으로서 재판소의 지도의 상대적 가치의 인식을 표시한 바 있다…(the Permanent Court expressed of their relative value by adding that "maps and their tables of explanatory signs cannot be regarded as conclusive proof, independently of the treaties and decisions"…).[17]
> 여러 사건과 성명은 Sandifer박사가 표시해 온 바와 같이 지도는 제1차적 증거가 아니라 흔히 전문증거의 성격을 지닌 제2차적 증거로 기술하고 있다 (case and statements, such as these have led Dr. Durward Sandifer to describe maps not as primary, but as secondary evidence).[18]

이와 같이 Weisberger는 지도는 조약과 재판의 일부분을 구성하는 지도, 즉 인증지도만이 결정적 증명력, 즉 직접적 증명력을 갖는다고 논하고 있다.

(라) A. O. Cukwurah

Cukwurah는 팔마스도 사건(*the Palmas Island* Case)에서 지도는 법적 문서에 부속된 경우를 제외하고 권리의 승인 또는 포기의 증거로 될 수 없다는 판정을 인용하여, 인증지도만을 제1차적 증거로 보는 의견을 다음과 같이 표시하고 있다.

> 지도의 고유한 한계로부터 야기되는 일반적인 접근은 지도 그 자체에 관해서 지도를 결정적인 가치로서가 아니라 상대적인 가치로서 취급된다. 따라서 팔마스도 사건에서 중재관은 지도는 하나의 표시만을 제공할 뿐이다. -그리고

---

17) Weissberg, *supra* n.8, p.784.
18) *Ibid.*, pp.784-85.

바로 간접적 표시- 그리고 법적 문서에 부속된 경우를 제외하고 권리의 승인 또는 포기를 의미하는 문서로서의 가치를 가지지 아니한다(with regard to maps as such, the popular approach, arising from their inherent limitations, is not to treat them as conclusive but relative value, Thus, the arbitrator in the Palmas Island case, observed that "a map affords only an indication-and that a very indirect one-and, except when annexed to a legal instrument, has not the value of such an instrument, involving recognition or abandonment of rights").[19]

이와 같이 Cukwurah는 법적 문서에 부속된 지도, 즉 인증지도만이 결정적 증명력, 즉 직접적 증명력을 갖는다고 논하고 있다.

### (2) 지도의 증명력에 관한 판례

(가) The Misiones Boundary Arbitration between Argentined and Brazil(1895)

The Misiones Boundary Arbitration between Argentined and Brazil(1895)에서 아르젠티나가 제출한 지도에 대해 브라질은 그러한 지도의 존재자체는 부인하지는 아니했으나 그러한 지도의 인증성(authenticity)과 정확성(accuracy)에 관해 의문을 표시했다.[20] 1895년 5월 중재관은 동 사건의 판정에서 아르젠티나가 제출한 지도의 인증성과 정확성에 관해 어떠한 판단도 표시한 바 없었다.[21]

동 사건의 판정에서 비록 중재관은 지도의 인증성에 관해 어떠한 판단도 표시한 바 없었으나 당사자에 의해 지도의 인증성이 주장되었다. 동 사건에서 최초로 국제법상 지도의 "인증성"이 논의되었다는 점에서 의의가 있다.

(나) Timor Island Arbitration(1914)

Timor Island Arbitration(1914)에서 네덜란드는 1904년 10월 1일의 포르투

---

19) Cukwurah, supra n.9, pp.224-25.

20) The Misiones Boundary Arbitration, John Bassett Moore, International Arbitration, Vol.2 (Washington, D. C: Government Printing Office, 1898), pp.1997-99.

21) Ibid., pp.2021-22.

갈과 네덜란드 간의 경계조약에 부속된 지도에 표시된 경계가 양국의 경
계라고 주장했고, 포르투갈은 조약에 표시된 실제의 이름의 강의 탈베그
(Thalweg)가 양국의 경계라고 주장했다.[22] 포르투갈은 그의 주장을 보충
하기 위하여 Batavia가 제작한 사적 지도를 상설중재재판소에 제출했다.
이에 대해 동 재판소는 이 지도는 1904년에 혼합국경획정위원회에 의해
작성되고 서명된 공식지도와 증명력을 비교할 수 없다고 판시했다.[23] 동
판정은 혼합경계획정위원회가 작성 서명되고 조약에 부속된 지도를 법적
문서(legal instrument)로 보아 동 지도를 인증지도로 본 것이라 할 수 있다.

(다) *Jaworzina Advisory Opinion, Polish-Czechoslovakian Frontier Advosory
Opinion*(1923)

*Jaworzina Advisory Opinion, Polish-Czechoslovakian Frontier Advosory
Opinion*(1923)에서 상설국제사법재판소는 지도는 조약 및 재판의 문본과
독립하여 직접적 증거가 될 수 없다고 다음과 같은 권고적 의견을 표시했
다.

> 지도 및 지도상의 해설기호는 조약 및 재판의 문본과 독립하여 결정적 증
> 거로 인정될 수 없다(maps and their tables of explanatory signs cannot be regarded
> as conclusive proof, independently of the text of treaties and decisions).[24]

위의 권고적 의견 중 ( i ) "조약 및 재판의 문본과 독립하여"란 "조약 및
결정의 문본과 별도로" 즉 "그 자체만으로"의 의미이므로 "조약 및 재판의
문본의 일부를 이루고 있지 아니하는 경우에는 그 자체만으로"라는 뜻이
며, ( ii ) "결정적 증거로 인정될 수 없다"에서 "결정적 증거"란 "제1차적 증

---

22) Joseph H. Kaiser, "Timor Island Arbitration," *EPIL*, Vol.2, 1981, p.275.

23) Arbitral Award Rendered in Execution of the Compromise Signed at Hague, April
3, 1913, between the Netherlands and Portugal Concerning the Subject of Boundary
of a Part of their Possessions in the Island of Timor, *AJIL*, Vol.9, 1915, p.275.

24) Jawerzina, Advisory Opinion, PCIJ, *Series B*, No.8, 1923, pp.32-33.

거", 즉 "직접적 증거"를 뜻하는 것이다.

따라서 위의 견해는 "인증지도"만이 "직접적 증거"로 인정된다는 의미인 것이다.


(라) *Monastery of Saint-Naoum, Advisory Opinion*(1924)

*Monastery of Saint-Naoum, Advisory Opinion*(1924)에서 상설국제사법재판소는 그의 권고적 의견에서 동 재판소에 제출된 지도에 대해 다음과 같이 "인증성"이 없는 지도의 증명력을 부인하는 권고적 의견을 표시했다.

> 그 지도가 런던의 재판을 표시한다고 주장된다. 그러나 이 지도에 표시된 경계선이 1913년 8월 11일의 결정의 제1항 말미에 관한 것이라는 것을 수락한다 할지라도… 더 나아가 문제의 지도는 서명되지 아니하여 이의 인증성이 성립되지 아니하였다(it is alleged that the map represents the decision of London, Even admitting, however, that the line marked on this map is that refereed to at the end of the first paragraph of the decision of August 11th 1913,… Moreover the map in question is unsigned and its authentic character is not established).[25]

위의 권고적 의견이 "공식성"(official character)이란 표현을 사용하지 아니하고 "인증성"(authentic character)이란 표현을 사용하여 문제의 지도가 인증지도가 아니므로 직접증거로 될 수 없다는 것이다. 특히 이 의견은 지도가 조약이나 재판에 부속되어 그 일부를 구성하는 경우만이 아니라 지도 자체에 서명이 있으면 그 지도는 인증지도로 된다는 것을 인정하고 있다는 점에 특색이 있다.


(마) *Palmas Island Arbitration*(1928)

*Palmas Island Arbitration*(1928)에서 미국은 1000여 매의 지도를 팔마스도의 영유권의 증거로 제출했으나 중재관(Max Hurber)는 지도는 법적 문서에 부속된 경우 이외에는 영유권의 증거로 인정될 수 없다고 다음과 같이

---

25) *Monastery of Saint-Naum, Advisory Opinion*, PCIJ, *Series B*, No.9, 1924, p.21.

판시한 바 있다.

> 지도는 오직 하나의 방증-즉 바로 간접적 방증-을 제공할 뿐이며, 법적 문서에 부속된 경우 이외에는 권리의 승인 또는 포기로 인정하는 문서로서 가치를 가지지 아니한다(a map affords only an indication-and that a very indirect one-and, except when annexed to a legal instrument, has not value of such an instrument, involving recognition or abandonment of rights).[26]

위의 판정은 지도는 법적 문서에 부속되지 아니한 지도, 즉 인증지도 이외의 지도는 제2차적 증거에 불과하며, 인증지도만이 권원의 제1차적 증거, 즉 직접적 증거로 됨을 인정한 것이다.

(바) *Guatemala-Hondras Boundary Arbitration*(1933)

*Guatemala-Hondras Boundary Arbitration*(1933)에서 특별경계재판소(Special Boundary Tribunal)는 다음과 같이 인증지도의 증명력을 인정하는 판결을 했다.

> 인증지도는 고려되어야 한다. 그러나 그러한 기술적인 자료일지라도 알려지지도 아니하고 행정력도 실질적으로 행사되지 아니하는 영토에 관계되었을 경우에는 거의 가치가 없다(authenticated maps are also to be considered, although such descriptive material is of slight value when it relates to territory of which little or nothing was known and in which it does not appear that any administrative control was actually exercised).[27]

위의 판결에는 "인증지도는 고려되어야 한다"라고 간결히 표시되어 있고 "고려되어야 한다"는 의미가 무엇을 뜻하는지 명백하지 아니하나 "인증지도"라는 용어를 사용하고 있는 것으로 보아 직접증거로 인정하여야 한

---

26) *Palmas Island Arbitration: AJIL*, Vol.22, 1928, p.892.

27) *Guatemala-Hondras Boundary Arbitration, Opinion and Award of Guatemala-Hondras Special Boundary Tribunal*, January 23, 1933.9.8.

다는 의미로 해석된다.

(사) Case *Concerning the Frontier Dispute-Burkina Faso/ Rupublic of Mali*(1996)

Case *Concerning the Frontier Dispute-Burkina Faso/ Rupublic of Mali*(1996) 에서 국제사법재판소는 지도는 공적 문본에 부속되어 그 일부를 구성하는 경우 이 외에는 부수적 증거(extrinsic evidence)로 이용될 수 있음에 불과 하다고 다음과 같이 판시했다

> 지도는 단순한 정보일 뿐이다. … 지도는 영토권원일 수 없다. … 지도가
> 공적 문본에 부속되어 그 문본의 불가분의 일부를 형성하는 경우를 제외하고
> 지도는 단순한 부수적 증거일 뿐이다(maps merely constitute information, …
> they cannot constitute a territorial title, … when maps are annexed to an official
> text of which they form on integral part. Except in this clearly defined case, maps
> are only extrinsic evidence).[28]

위의 판결은 공식문본에 부속되어 그 문본의 불가분의 일부를 구성하는 지도, 즉 인증지도 이외의 지도는 간접적 증거일 뿐이라고 표시하여 인증 지도만이 직접적 증거로 인정된다는 점을 명시한 것이다.

(아) Case *Concerning Sovereignty over Pulau Ligitan and Pulau Sipitan*(2002)

Case *Concerning Sovereignty over Pulau Ligitan and Pulau Sipitan*(2002)에 서 국제사법재판소는 1986년 국경분쟁사건(Frontier Dispute-Burkina Faso l Republic of Mali-)에서 국제사법재판소가 판시한 "지도는 공적 문본(official text)에 부속된 경우를 제외하고는 부수적 증거(extrinsic evidence)로 이용 될 수 있음에 불과하다"는 내용을 인용하고[29] 다음과 같이 판시했다.

---

28) *Case Concerning the Frontier Dispute-Burkina Faso/Republic Hali-*: ICJ, *Reports*, 1986, para.54.

29) *Case Concerning Sovereignty over Pulau Ligitan and Pulau Sipitan*: ICJ, *Reports*, 2002, para.88.

요컨대, 1915년의 협정에 부속된 지도를 제외하고 당사자에 의해 제출된 지도 자료는 결정적인 것이 아니다(In sum, with the exception of the map annexed to the 1915 Agreement, the cartographic material submitted by the parties is inconclusive).[30]

위의 판결 중 "협정에 부속된 지도"란 인증지도를 의미하는 것이며 "결정적"이란 "직접적", "제1차적" 증거를 뜻하는 것이므로 결국 "인증지도"만이 직접적 증거, 제1차적 증거로 된다는 의미를 표시한 것이다.

(자) Case *Concerning Sovereignty over Pedra Branca*(2008)

Case *Concerning Sovereignty over Pedra Branca*(2008)에서 당사자에 의해 근 100매의 지도가 제출되었다. 마레이시아는 지도는 권원을 창출할 수 없으며(maps do not create title), 지도가 조약 내에 구체화되거나 국가 간 교섭에 사용된 경우(when incorporated in treaty or used in inter-state negotiation)를 제외하고는 인정될 수 있는 것이 아니라고 주장했다.[31] 이에 대해 국제사법재판소는 이를 부정하는 어떠한 판단도 표시한 바 없고, 마레이시아 측량단장(Surveyer-General)이 제작한 지도와 싱가포르 정부(Government)가 제작한 지도는 "도서가 싱가포르의 관할하에 있음을 확인하는데 도움이 된다(tend to confirm)"라고 결론지었다.[32] "확인하는데 도움이 된다"라고 표현하고 "확인된다"라고 표현하지 아니한 것은 이들 정부기관이 제작한 지도를 "인증지도"로 보지 아니하고 따라서 제2차적 증명력을 인정한 것으로 보인다. 이는 말레이시아가 "지도가 조약 내에 구체화되거나 국가 간 교섭에 사용된 경우를 제외하고는 권원을 창출할 수 없다"고 주장한 데 대해 재판소가 반대의 판단을 표시한 바 없는 것으로 보아 명백하다.

요컨대, 동 사건에서 국제사법재판소는 인증지도 이외의 지도는 제2차적 증명력을 갖는 데 불과하다는 종래의 판례를 재확인 뜻을 판시한 것이다.

---

30) *Ibid.*, para.272.
31) *Case Concerning Sovereignty over Pedra Branca*: ICJ, *Judgement*, 23 May 2008, para.270.
32) *Ibid.*, para.272.

## 나. 일본영역참고도의 증명력

전술한 바와 같이 조약에 첨부된 것과 같은 인증지도만이 제1차적 증명력을 갖고, 그 이외의 지도는 제2차적 증명력을 갖는데 불과하다. "일본영역참고도"는 "대일평화조약"의 당사국들이 "대일평화조약"에 첨부한 것이 아니라 일본이 국내적으로 비준승인을 위해 국내 "대일평화조약"에 첨부한 것이므로 이는 관찬지도라는 성격을 갖는 것이나 인증지도는 아니므로 제1차적 증명력을 갖는 지도는 아니다.

요컨대, "대일평화조약" 제2조 (a)항을 해석함에 있어서 한국의 독도영토주권을 증명하기 위해 "일본구역참고도"를 원용할 수 없다.

## 2. 일본영역참고도의 조약의 준비작업 여부

### 가. 조약의 준비작업 일반

준비작업은 조약체결의 역사적 사실(historical facts)로[33], 그것은 조약이 교섭된 역사적 문맥(the historical context in which the treaty was negotiated)이고[34], 교섭자체의 기록(the records of negotiations themself)이다.[35] 준비작업은 조약의 입법사(legislative hisotry of a treaty)로[36] 그것은 조약이 기초된 과정(process whereby it was drafted)이다.[37] 그 예로 다음과 같은 것을 들고 있다.

---

33) Georg Schwarzenberger, *International Law*, Vol.1, 3rd ed.(London: Stevens, 1957), p.514.
34) Peter Malanczuk (ed.), *Akehurst's Modern Introduction to International Law* (New York: Routledge, 1987), p.366.
35) *Ibid.*, p.366.
36) John P. Grant and Crarg Barker, *Encyclopeadic Dictionary of International Law*, 3rd ed. (Oxford: Oxford University Press, 2009). p.613.
37) David Ott. *Public Internaitonal Law in the Modern World* (London: Pitman, 1987) p.191.

(i) 준비초안(preliminary draft), 회의토의록(record of conference discussion), 수정초안(draft amendments)[38]

(ii) 교섭의 기록(record of negotiations), 전체회의의사록(minutes of the plenary meetings), 조약을 채택한 회의의 위원회의 의사록(minutes of committee of the conference which adopted a treaty), 조약의 연속적 초안(successsive drafts of treaty)[39]

(iii) 교섭 시에 기록된 진술(statements recorded at the time of the negotiations), 사용된 준비자료(preliminary materials used)[40]

(iv) 특정조의 초안(drafts of particular articles), 회의의 준비문서와 의사록 (preparatory documents & proceedings of meetings)[41]

(v) 의사록(minutes), 기록(records), 준비초안(preparatory drafts), 교환각서 (exchanges of notes)[42]

(vi) 준비초안으로서의 자료(materials as preliminary drafts), 교섭자의 통신 (correspondence of the negotiators), 위원회 전체회기에서의 교섭자의 의견 (remarks in committee of plenary sessions), 위원회보고서(committee reports), 보고자의 보고서(reports of reporteurs), 교섭자 또는 대표 정치인의 공적 성명 (public statements of negotiators or representative statement)[43]

38) J. G. Starke, *Introduction to International Law,* 9th ed.(London: Butterworth, 1984), p.458.
39) Robert Jennings and Arthur Watts (ets.), *Oppenheim's International Law*, Vol. 1, 9th ed.(London: Longman, 1992), pp.1277-78.
40) Isagani A. Cruz, *International Law* (Quezon: Central Lawbook, 1992), p.181.
41) Ian Sinclair, *The Vienna Convention on the Law of Treaties*, 2nd ed.(Manchester: Manchester University. Press, 1984), p.143.
42) Kurt von Schuschnigg, *International Law* (Milwaukee: Bruce, 1959), p.265.
43) Harvard Draft Convention on the Law of Treaties Comment (Marjorie M. Whiteman, *Digest of International Comment* (Marjorie M. Whiteman, *Digest of International Law*, vol.14 (Washington, D.C: U.S.G.P.O., 1970), p.287).

## 나. 일본구역참고도의 조약준비작업여부

전술한 바와 같이, "조약의 준비작업"은 조약체결의 역사적 사실(historical facts)이다. 조약체결의 준비작업은 조약 "체결"에 관한 것이다. "일본구역 참고도"는 "대일평화조약" 비준승인안에 첨부된 것으로 일본 국내적으로 조약"체결"과 관계된 것이라 할 수 있다고 해도 동 조약체결 당사자들과의 관계에서 국제적으로 조약체결에 관계된 것이 아니므로 이는 "대일평화조 약" 체결의 준비작업이라 할 수 없다고 본다.

"일본구역참고도"는 "대일평화조약"의 체결 역사와 관계없는 것이므로 조약해석의 보충적 수단인 "조약의 준비작업"이 될 수 없다.

그러므로 "일본구역참고도"는 "대일평화조약"의 체결준비작업이 될 수 없고 따라서 이는 "조약법 협약" 제32조에 규정된 해석의 보충적 수단이 될 수 없으므로 "일본구역참고도"는 "대일평화조약" 제2조 (a)항의 규정을 해석하는 해석의 보충적 수단이 될 수 없다.

## 3. 일본영역참고도의 통합의 원칙에 의한 해석여부

### 가. 통합의 원칙에 의한 해석 일반

(1) 통합논적 해석의 개념

(가) 통합논적 해석의 의의

조약의 해석원칙 중 "통합의 원칙"(principle of integration)은 "조약은 전 체로서(treaty as a whole), 그리고 특정의 부, 장, 절 역시 전체로서(particular parts, chapters, sections also as a whole) 해석해야 하는 원칙"을 말한다.[44] 이 "통합의 원칙"이란 "조약의 해석은 조약의 한 단어, 항, 조, 절, 장, 부 별 로 격리해서가 아니라 전체의 문맥으로 해석해야 하는 원칙"을 말한다.[45] 이 "통합의 원칙"을 더러는 "완전의 원칙"(principle of integrality)이라고도

---

44) General Fitzmaurice, "The Law and Procedure of the International Court of Justice, 1951-4: Treaty Interpretation and other Treaty Points", *BYIL*, Vol..33, 1957, p.211.
45) Rudolf Bernhardt, "Interpretation in International Law", in *EPIL*, Vol.7, 1984, p.322.

한다.46) 그리고 이 원칙에 의한 해석을 "체계해석"(systematic interpretation)
이라 한다.47) 따라서 "체계해석"은 "격리된 단어의 의미(the meaning of
words in isolation)보다 항, 조 그리고 전체로서의 조약의 넓은 문맥 속에
서의 의미(the meaning in the wider context of the paragraphs, articles, and
the treaty as a whole)에 우선권을 주는 해석"을 뜻한다.48)

(나) 통합논적 해석의 구분

"통합의 원칙"에 의한 해석인 "체계해석"은 하나의 동일 조약 내의 문맥
에서의 체계해석과 관련된 다른 조약의 문맥, 즉 그 조약의 틀 외의 조약
문(text outside the framework of the treaty)의 문맥까지49) 확장된 체계해석
으로 구분된다. 전자를 좁은 의미에서 체계해석(narrow sense systematic
interpretation)이라 하고, 후자를 넓은 의미의 체계해석(broader sense of
systematic interpretation)이라 한다.50) 이 "체계해석"에 의해 "문리해석"(literal
interpretation)은 대체된다.51)

(2) 대일평화조약 제2조(a)항의 통합논적 해석

통합의 원칙에 대한 해석을 위해 최소한 다음 2개의 조약문서 문맥을
보아야 한다.

(가) 대일평화조약 제19조 (d)항

"대일평화조약" 제19조 (d)항은 다음과 같이 규정하고 있다.

---

46) Hugh Trirlway, "The Law and Procedure of the International Court of Justice,
    1960-1989", *BYIL*, Vol.62, 1991, p.37.
47) Bernhardt, *supra* n.45, p.322; Georg Schwarzenberger and E. D. Brown, *A Manual
    of International Law*, 6th ed.(Milton: Professional Books, 1976), p.134.
48) *Ibid.*
49) Bernhartd, *supra* n.45, p.322.
50) *Ibid.*
51) Schwarzenberger and Brown, *supra* n.47, p.134.

일본은 점령기간 중에 점령당국의 지령에 의하거나 또는 그 결과로서 행하여진 … 모든 작위 또는 부작위의 효력을 승인하며 … (Japan recognizes the validity of all acts and omissions done during the period of occupation under of consequence of directives of the occupation authorities …)[52]

위의 규정에 의거 일본은 점령당국인 연합군최고사령부가 행한 지령의 효력을 승인한 것이므로 훈령(instruction)의 이름을 가진 지령(directive)인 "연합군최고사령부훈령 제677호"(Supreme commander for the Allied Powers Instruction No.677: SCAPIN Np.677, 이하 "SCAPIN 제677호"라 한다)[53]의 효력을 승인한 것이다.

"SCAPIN 제677호" 제3항은 독도는 일본의 영토에서 제외한다고 규정하고 있다.

(나) 항복문서
이에 관하여는 전술한 "Ⅴ. 대일평화조약 제2조(a)항의 목적논적 의미의 해석, 2. 나"의 기술을 그대로 인용하기로 한다.

나. 일본영역참고도의 조약의 통합의 원칙에 의한 문맥 여부
전술한 바와 같이 "조약법 협약" 제31조 제2항의 규정에 의거 문맥은 조약문에 추가하여 전문과 부속서를 포함한다.
"일본영역참고도"는 "대일평화조약"의 부속서로 볼 수 있으나 "일본영역참고도"가 첨부된 "대일평화조약" 비준승인안은 일본 국내에서 일방적인 일본국내의 "대일평화조약"이며 결코 일본과 동 조약의 체결당사국과의 국제적 관계에서의 "대일평화조약"이 아니므로 이러한 국내적 "대일평화

---

52) UN, *UNTS,* Vol.136, p.50.
53) 동 훈령은 동경 중앙연락사무소(Central Liaison Office, Tokyo)를 경유 일본정부에 하달되었으며, 문서번호는 "SCPAIN No,677"이고 이 문서 통제번호는 "AG09(29 Jan. 45)GS"이다(Whiteman, *supra* n.38, n.499). 이 문서의 명칭은 훈령(instruction)이나, 내용에서는 지령(directive)으로 표시되어 있다(제3항, 제5항, 제6항, 제7항).(*Ibid.*)

조약"에 첨부된 "일본영역참고도"에 첨부된 지도는 "조약법협약" 제31조 제2항에 규정된 부속서라고 볼 수 없다. 그러므로 "일본영역참고도"는 문맥이 될 수 없고 따라서 이는 "대일평화조약" 제2조 (a)항의 해석에 있어서 문맥이 될 수 없다. 따라서 "일본영역참고도"는 "대일평화조약" 제2조 (a)항을 해석함에 있어 독도를 한국영토로 표시한 "일본영역참고도"에 따라 해석할 수 없다고 본다.

## 4. 일본영역참고도의 묵시적 영토주권승인여부

### 가. 묵시적 영토승인 일반

승인은 그것이 국가의 승인(recognition of state)이든, 정부의 승인(recognition of government)이든, 교전단체의 승인(recognition of belligerency)이든, 외국판결의 승인(recognition of foreign judgement)이든, 영토주권의 승인(recognition of territorial sovereignty)이든, 불문하고 승인을 하는 주체의 의도(intention)의 문제이다.[54]

이 승인의 의도는 명시적으로(express) 표시될 수도 있고 묵시적으로(implied) 표시될 수도 있다.[55]

---

54) Schwazenberger and Brown, *supra*, n.47, p.57; Jennings and Watts, *supra*, n.39, p.169; H. Lauterpact, *Recognition in International Law* (Cambrige: Cambrige Univ. Press, 1948), pp.370-371; US Department of State, G.H. Hackworth Memorandum, December 13, 1940 (Whiteman, *Digest of International Law*, Vol.2, 1963, p.48); Malcolm N. Shaw, *International Law*, 4th. ed.(Cambrige: Cambrige University. Press, 1997), p.310.
55) Shaw, *supra* n.54, p.310, Henry Campel Brack, *Brack's Law Dictionary* (St. Paul: West, 1979), p.678; Jennings and Watts, *supra* n.39, p.169; US Department of State, Hackworth Memorandum, Dec. 13, 1940, p.49 (Majorie M. Whiteman *supra* n.27, p.48); R. Higgings, *The Development of International Law by the Political Organs of the United Nations* (Oxford:Oxford University Press, 1963), p.140; Jochen Abr. Frowein, "Recognition", *EPIL*, Vol.10, 1987, p.345; J.P. Brand and J.C. Barker, *Encyclopedic Dictionary of International Law*, 3rd ed. (Oxford: Oxford University Press, 2009), pp.507-508; Article 7, Montevideo Convention on Rights and Duties

명시적인 표시는 선언(declaration)이나 통고(notification)와 같은 공개된 애매하지 아니한 형태(an open unambiguous form) 또는 의사소통의 형태 (communication form)에 의할 수도 있다.[56] 묵시적 표시는 어떤 승인으로 이해되는 것으로 해석되는 특별한 조치(particular action to be interpreted as comprehending any recognition)에 의할 수 있다.[57] 이는 승인으로 수락 하는 의도에 대해 합리적인 의문이 없는 모든 경우(in all cases in which there is no reasonable doubt as to the intention ··· to grant recogtition)이다.[58] 이는 승인의 의도를 명시적 승인에 직접적으로 표시하는 것이 아니나 승 인으로 추정되는 다른 행위를 통하여 승인의 의도를 간접적으로 표시하는 것이므로 이를 간접적 승인(indirect recognition) 이라고도 한다.[59]

묵시적 승인으로 해석되는 행위는 승인의 추정을 창출한다(such act creates a presumption of recognition).[60] 즉, 묵시적 승인은 승인의 의도의 추정을 본질로 한다.[61] 추정은 법(rule of law)에 의한 사실의 인정이다.[62] 추정은 간주(regard)와 달리 반증(contrary evidence)이 허용된다. 반증에 의 해 추정에 의해 인정된 진실이 전복되게 된다.[63] 따라서 승인으로 인지되 는 조치를 한 당사자는 승인으로 인정되는 효과를 배재하기 위해서는 승 인의 효과를 배재하는 명시적 선언을 할 수 있다(may make an express declaration).[64]

---

of States 1933.
56) Shaw, supra n.54, p.310.
57) Ibid.
58) Lauterpact, supra n.54, p.378.
59) Shaw, supra n.54, p.310.
60) Q. Wright, "Recognition, Intervention and Ideologies," Indian Yearbook of International Affairs, Vol.7, 1858, p.92. (Whitman, supra n.37, p.52)
61) Ian Brownlie, Principles of Public International Law, 5th ed. (Oxford : Oxford Univ. Press, 1998), p. 94; Lauterpact, supra n.54, p.369; Jennings and Watts, supra n.39, p.94; Lauterpact, supra n.54, p.369; Q. Wright, supra n.60, p.92.
62) Brack, supra n.55, p.1067.
63) Ibid.
64) Shaw, supra n.54, p.310.

요컨대, 묵시적 승인은 승인의 의도가 있는 것으로 해석되는 행위를 통해 간접적으로 승인의 의도를 표시하는 간접적 승인이며, 묵시적 승인은 승인으로 해석되는 행위에 의해 법에 의해 승인의 의도가 추정되는 것이다.

추정은 증거에 의해서가 아니라 법(rule of law)에 의한 사실의 인정이다. 추정은 반증이 허용되는 것이므로 묵시적 승인으로 해석되는 행위를 하는 당사자는 법에 의해 인정되는 승인의 효과를 배제하기 위해서는 명시적인 반대의 의사를 표시하여 묵시적 승인으로 추정되는 효과를 배제할 수 있다.

묵시적 승인은 본질적으로 금반언과 같은 범주에 속한다.[65] 따라서 묵시적인 승인을 한 국가는 그 승인 이후 승인과 모순·저촉되는 행위는 금지되게 된다.

또한 승인은 더욱 더 큰 상호이해를 향한 불가피한 추세에 의해 영향을 받는다(the more and more affected by the inevitable trend towards greater mutual understanding).[66]

## 나. 일본영역참고도의 한국독도영유권 묵시적 승인 여부

일본영역참고도에 일본은 "한국의 독도영토주권을 승인한다", "독도의 영유권을 한국에 귀속된다고 승인한다" 또는 "독도는 한국의 영토임을 승인한다" 등의 표현으로 명시적으로 한국의 독도영토주권을 승인한다는 표현은 없다. 그러나 일본영역참고도에 독도를 반원으로 둘러싸여 한국측의 영토로 표기하고 있는 것은 독도의 영유권이 한국에 귀속된다고 간접적으로 표시하고 있다. 이는 일본정부가 한국의 독도영토주권을 묵시적으로 승인한 것이다. 그 이유는 다음과 같다.

첫째로, 독도를 반원으로 둘러싸 한국측으로 표시한 것은 "승인으로 이해되는 것으로 해석되는 특별한 조치(particular action to be interpreted as

65) Schwarzenberger and Brown, *supra* n.5, p.56; Lauterpact, *supra* n.54, p.369.
66) M. Lachs, "Recognition and International Co-operation," *BYIL*, Vol.35, 1959, p.259.

comprehending any recognition)"[67]를 한 것이다.

둘째로, 독도를 반원으로 둘러싸 한국측으로 표시한 것은 한국의 독도
영유권의 "승인을 수락하는 의도에 대해 합리적인 의문이 없다(there is no
reasonable doubt to the intention ⋯ to grant recognition)."[68]

셋째로, 일본정부의 "승인으로 추정되는 법적 효과를 배제하기 위한 명시
적 선언(an express declaration to exclude the legal effect of the presumption)"[69]
이 없다.

요컨대, 일본정부가 일본영역참고도를 제작하면서 독도를 반원으로 둘
러싸 한국측으로 표시한 것은 일본정부가 한국의 독도영토주권을 묵시적
으로 승인한 것이다.

67) Lauterpacht, *supra* n.54, p.378.
68) Shaw, *supra* n.54, p.310.
69) Wright, *supra* n.60, p.92.

# 제3절_ 일본정부의 총리부령 제24호와 대장성령 제4호에 의한 승인

## Ⅰ. 일본정부의 총리부령 제24호와 대장성령 제4호의 제정 · 시행

### 1. 총리부령

#### 가. 총리부령의 명칭

일본정부가 제정한 총리부령의 정식명칭은 "조선총독부 교통국 공제조합의 본방에 있는 재산의 정리에 관한 정령의 시행에 관한 총리부령"(총령부령 제24호, 1951년 6월 6일, 이하 "총리부령 제24호"라 한다)이다. 이는 1960년 7월 8일 대장성령("대장성령 제43호", 1960년 7월 8일, 이하 "대장성령 제43호"라 한다)으로 최종 개정되었다.

#### 나. 총리부령의 제정의 법적 근거

"총리부령 제24호"의 제정근거는 "조선총독부 교통국 공제조합의 본방에 있는 재산의 정리에 관한 정령"(정령 제40호, 1951년 3월 6일, 이하 "정령 제40호"라 한다)이다. 즉, "정령 제40호"의 시행을 위해 "총리부령 제24호"를 제정한 것이다.

"총리부령 제24호"의 제정근거인 "정령 제40호"는 "내각은 포츠담선언 수락선언에 따라 발표하는 명령(칙령 제542호)에 의거 이 정령을 제정한다"
라고 규정하고 있으므로(전문), "정령 제40호"의 제정근거는 "칙령 제542
호"이며, 이의 제정근거는 "항복 후 미국의 초기 대일본정책"(United States
Initial Post- Surrender Policy)(1945.9.6.)이며((a)), 이의 제정근거는 "연합군
최고사령관에 대한 일본의 점령 통제를 위한 항복 후 조기기본지침"(Basic
Initial Post- Surrender Derective to the SCAP for the Occupation Control of
Japan)(1945.11.3.)이며, 이의 제정근거는 "항복문서"(1945.9.2.)이다(제1항).
따라서 "총리부령 제24호"의 제정근거는 결국 "항복문서"(1945.9.2.)인 것이
다. 중요한 것은 "총리부령 제24호"가 "SCAPIN 제677호"의 시행을 위한 것
이라는 점이다.

### 다. 독도에 관한 규정의 내용
  "총리부령 제24호"는 "정령 제40호"를 적용(정령 제291호 제2조 제1항 제
2호의 준용)함에 있어서 "부속도서"에서 독도는 제외된다고 다음과 같이
규정하고 있다.

  정령 제14조의 규정에 의거, 정령 제291호 제2조 제1항 제2호의 규정을 준
  용하는 경우에 있어서는 부속도서란 다음에 드는 이외의 도서를 말한다.
  1. 치시마 열도, 하보마이 군도 및 시코탄섬
  2. 오카시와라 제도 및 이오 열도
  3. 울릉도, 독도 및 제주도
  4. 북위 38도 이남의 남서제도(류큐 열도 제외)
  5. 다이토 제도, 오키노드리시마, 미나미토리시마 및 나카노 도리시(제2조)

  상기 제2조에 규정된 "정령 제291호"의 공식명칭은 "구일본점령지역에
본점을 가지고 있는 회사의 본방 내에 있는 재산의 정리에 관한 정령"
(1949.8.1.)이다(이하 "정령 제291호"라 한다). 동 정령 제2조 제1항 제2호는
"본방은 혼슈 홋카이도 시코주, 큐슈 및 주무성령에서 정하는 그 부속의
도를 말한다"라고 규정하고 있다.

상기 제2조에 규정된 5개호의 도서는 "SCAPIN 제677호" 제3항 (a), (b), (c)에 열거된 도서와 거의 동일하다. 동조 제1호는 "SCAPIN 제677호" 제3항 (c)와 동일하고, 동조 제3호는 "SCAPIN 제677호" 제3항 (a)와 동일하다.

요컨대 "총리부령 제24호" 제2조 제3호의 "울릉도, 독도 및 제주도"라는 규정과 "SCAPIN 제677호" 제3항 (a)의 "울릉도, 독도 및 제주도"의 규정은 세 개 도서의 묶음 및 세 개 도서의 열거 순서로 보아 동일하다.

이로 미루어 보아 즉 "울릉도, 독도 및 제주도"를 동일한 묶음으로 그리고 동일한 순서로 규정한 규정의 동일성으로 보아 "총리부령 제24호"는 "SCAPIN 제677호"의 시행을 위한 것임을 재확인할 수 있다.

여하간 "총리부령 제24호" 제2조 제3호는 독도를 일본의 본방(영토)에서 배제하는, 즉 일본의 영토로 보지 아니하는 규정을 두고 있다.

## 2. 대장성령

### 가. 대장성령의 명칭

일본정부가 제정한 대장성령의 정식명칭은 "구령에 의한 공제조합 등에서 연금을 받는 자를 위한 구령에 의한 공제조합 등에서 연금을 받는 자를 위한 특별조치법 제4조 제3항의 규정에 의거 부속도서를 정한 성령"(대장성령 제4호, 1951년 2월 13일,, 이하 "대장성령 제4호"라 한다. 이는 1968년 6월 26일 "대장성령 제37호"(이하 "대장성령 제37"라 한다)로 최종 개정되었다.

### 나. 대장성령 제정의 법적 근거

일본정부가 제정한 "대장성령 제4호"의 제정근거는 "구령에 의한 공제조합으로부터의 연금수급자를 위한 특별조치법"(법률 제256호, 1950년 12월 12일, 이하 "법률 제256호"라 한다)이다(제4조). "대장성령 제4호"와 "법률 제256호"에는 "정령 제40호"에서처럼 "포츠담선언 수락선언에 따라 발표하는 명령(칙령 제542호)에 의거하여 특별조치법 또는 정령을 제정한다"는

명문 규정은 없으나 당시는 "SCAPIN 제677호"가 일본정부에 하달된 때이
므로 "총리부령 제24호"와 이의 영향을 받았을 것으로 볼 수 있다.
 "SCPIN 제677호" 제3항 (a)의 규정과 "대장성령 제2호"의 규정의 세 개 도
서의 묶음과 세 개 도서의 열거 순서의 동일성은 이러한 추측의 근거가
된다.

### 다. 독도에 관한 규정의 내용

 "대장성령 제4호"는 "법률 제256호" 제4조 제3항에 규정되어 있는 "부속
도서"의 범위에 독도를 제외하는 것으로 다음과 같이 규정하고 있다.

> 구령에 의한 공제조합으로부터의 연금수급자를 위한 특별조치법(1950년 법
> 률 제256호) 제4조 제3항에 규정하는 부속도서는 다음에 언급하는 섬 이외의
> 섬을 말한다.
>  1. 치사마열도, 하보아이 열도 및 시코탄도
>  2. 울릉도, 독도 및 제주도

 상기 규정 중 "총리부령 제24호" 제2조에 열거된 제2호 · 제4호 · 제5호가
삭제된 것은 제2호 · 제4호 · 제5호에 열거된 도서가 1969년 "미일협정"에
의해 일본으로 환수되어 "총리부령 제29호"를 1968년 6월 26일 "대장성령
제37호"로 개정되었기 때문인 것으로 보여진다.
 상기 규정 중 "연금수급자를 위한 특별조치법"(1950년 법률 제256호) 제
4조 제3항은 "제1조의 규정에 의한 연금을 지급해야 하는 자는 … 본방(혼
슈, 시코쿠, 큐슈 및 훗카이도 및 재무성령으로 정하는 그 부속도서를 말
하며 …)를 포함한다."라고 규정하고 있다. "대장성령 제4호"에 의해 독도
는 "법률 제256호"의 적용이 배제되는 도서로 규정되게 되었다. "대장성령
제4호" 제2호의 "울릉도, 독도 및 제주도"와 "SCAPIN 제677호" 제3항 (a)의
울릉도, 독도 및 제주도의 규정은 3개 도서의 묶음과 3개 도서의 열거순서
가 동일하다. 이로 미루어 보아 "대장성령 제4호"는 "SCAPIN 제677호"의 시
행을 위한 것으로 볼 수 있음은 전술한 바와 같다.

## II. 일본정부의 총리부령과 대장성령의 제정 · 시행에 의한 한국의 독도영토주권의 묵시적 승인

### 1. 묵시적 승인 일반

승인은 그것이 국가의 승인(recognition of state)이든, 정부의 승인(recognition of government)이든, 교전단체의 승인(recognition of belligerency)이든, 외국판 결의 승인(recognition of foreign judgement)이든, 영토주권의 승인(recognition of territorial sovereignty)이든, 불문하고 승인을 하는 주체의 의도(intention) 의 문제이다.[1]

이 승인의 의도는 명시적으로(express) 표시될 수도 있고 묵시적으로 (implied) 표시될 수도 있다.[2]

명시적인 표시는 선언(declaration)이나 통고(notification)와 같은 공개된 애매하지 아니한 형태(an open unambiguous form) 또는 의사소통의 형태

---

1) Georg Schwazenberger and E.D. Brown, *A Manual of International Law*, 6th ed. (Milton: Professional Books, 1976), p.57; Robert Jennings and Arthur Watts(eds.), *Oppenheim's International Law*, 9th ed., Vol.1(London: Longman, 1992), p.169; H. Lauterpact, *Recognition in International Law* (Cambrige: Cambrige Univ. Press, 1948), pp.370-371; US Department of State, G.H. Hackworth Memorandum, December 13, 1940 (Whiteman, *Digest of International Law*, Vol. 2, 1963, p.48); Malcolm N. Shaw, *International Law*, 4th. ed.(Cambrige: Cambrige University. Press, 1997), p.310;

2) Shaw, *supra* n.1, p.310, Henry Campel Brack, *Brack's Law Dictionary* (St. Paul: West, 1979), p.678; Jennings and Watts, *supra* n.2, p.169; US Department of State, Hackworth Memorandum, Dec. 13, 1940, p.49 (Majorie M. Whiteman, *Digest of International Law* 9th volume, Washington, D.C : USPO, 1968, p.48); R. Higgings, *The Development of International Law by the Political Organs of the United Nations* (Oxford: Oxford University Press, 1963), p.140; Jochen Abr. Frowein, "Recognition", *EPIL*, Vol.10, 1987, p.345; J.P. Frand and J.C. Barker, *Encyclopedic Dictionary of International Law*, 3rd ed. (Oxford: Oxford University Press, 2009), pp.507-508; Article 7, Montevideo Convention on Rights and Duties of States 1933.

(communication form)에 의할 수도 있다.3) 묵시적 표시는 어떤 승인으로 이해되는 것으로 해석되는 특별한 조치(particular action to be interpreted as comprehending any recognition)에 의할 수 있다.4) 이는 승인으로 수락하는 의도에 대해 합리적인 의문이 없는 모든 경우(in all cases in which there is no reasonable doubt as to the intention … to grant recogtition)이다.5) 이는 승인의 의도를 명시적 승인에 직접적으로 표시하는 것이 아니나 승인으로 추정되는 다른 행위를 통하여 승인의 의도를 간접적으로 표시하는 것이므로 이를 간접적 승인(indirect recognition) 이라고도 한다.6)

묵시적 승인으로 해석되는 행위는 승인의 추정을 창출한다(such act creates a presumption of recognition).7) 즉, 묵시적 승인은 승인의 의도의 추정을 본질로 한다.8) 추정은 법(rule of law)에 의한 사실의 인정이다.9) 추정은 간주(regard)와 달리 반증(contrary evidence)이 허용된다. 반증에 의해 추정에 의해 인정된 진실이 전복되게 된다.10) 따라서 승인으로 인정되는 조치를 한 당사자는 승인으로 인정되는 효과를 배재하기 위해서는 승인의 효과를 배재하는 명시적 선언을 할 수 있다(may make an express declaration).11)

요컨대, 묵시적 승인은 승인의 의도가 있는 것으로 해석되는 행위를 통해 간접적으로 승인의 의도를 표시하는 간접적 승인이며, 묵시적 승인은 승인으로 해석되는 행위에 의해 법에 의해 승인의 의도가 추정되는 것이다.

---

3) Shaw, *supra* n.1, p.310.
4) *Ibid.*
5) Lauterpact, *supra* n.1, p.378.
6) Shaw, *supra* n.1, p.310.
7) Q. Wright, "Recognition, Intervention and Ideologies," *Indian Yearbook of International Affairs*, Vol.7, 1858, p.92. (Whiteman, *supra* n.2, p.52)
8) Ian Brownlie, *Principle of Public International Law*, 5th ed. (Oxford: Oxford Univ. Press, 1998), p.94; Lauterpact, *supra* n.1, p.369; Jennings and Watts, *supra* n.1, p.94; Lauterpact, *supra* n.1, p.369; Q. Wright, *supra* n.7, p.92.
9) Brack, *supra* n.2, p.1067.
10) *Ibid.*
11) Shaw, *supra* n.1, p.310.

추정은 증거에 의해서가 아니라 법(rule of law)에 의한 사실의 인정이다. 추정은 반증이 허용되는 것이므로 묵시적 승인으로 해석되는 행위를 하는 당사자는 법에 의해 인정되는 승인의 효과를 배제하기 위해서는 명시적인 반대의 의사를 표시하여 묵시적 승인으로 추정되는 효과를 배제할 수 있다.

묵시적 승인은 본질적으로 금반언과 같은 범주에 속한다.[12] 따라서 묵시적인 승인을 한 국가의 승인 이후 승인과 모순·저촉되는 행위는 금지되게 된다.

또한 승인은 더욱 더 큰 상호이해를 향한 불가피한 추세에 의해 영향을 받는다(the more and more affected by the inevitable trend towards greater mutual understanding).[13]

## 2. 총리부령 제24호와 대장성령 제4호에 의한 독도영토주권의 승인

"총리부령 제24호" 제2조와 "대장성령 제4호" 제2호가 각각 독도에 동 법령이 적용되지 아니한다라고 규정한 것은 일본정부가 동 법령을 적용하지 아니한다라고 규정하고 이를 관보에 게재하고 공한 것은 일본정부가 한국의 독도 영유권을 묵시적으로 승인한 것이다.

그 이유는 다음과 같다.

첫째로, "총리부령 제24호" 제2조와 "대장성령 제4호" 제2호에 규정된 "울릉도, 독도, 제주도"와 "SCAPIN 제677호" 제3항에 규정된 "울릉도, 독도, 제주도"가 그 묶음과 순서가 동일하므로 동 법령은 "SCAPIN 제677호"의 시행을 위한 것으로 보이며, "SCAPIN 제677호" 제3항은 독도를 일본의 영토에서 배제한다는 명시적 규정을 두고 있다.

둘째로, 일본정부가 "대장성령 제4호"와 "총리부령 제24호"에 의해 동 법령을 독도에 적용하지 아니한다고 규정한 것은 일본정부가 한국의 독도영

---

12) Schwarzenberger and Brown, *supra* n.1, p.56; Lauterpact, *supra* n.1, p.369.
13) M. Lachs, "Recognition and International Co-operation," *BYIL*, Vol.35, 1959, p.259.

토주권의 "승인으로 이해되는 것으로 해석되는 특별조치" (particular action to be interpreted as comprehending any recognition)를[14] 한 것이다.

셋째로, 일본정부가 독도의 상공을 제외한 공역에 일본방공식별구역을 설정한 것은 한국의 독도영토주권의 "승인을 수락하는 의도에 대해 합리적인 의문이 없다"(there is no reasonable doubt as to the intention … to great recognition)[15]

넷째로, 일본정부의 승인으로 추정되는 효과를 배제하기 위한 특별선언 (an express declaration to exclude the legal effect of th presumption)[16]을 한 바 없다.

요컨대, 일본정부가 "총리부령 제24호"와 "대장성령 제4호"를 제정하면서 독도를 이들 법령의 적용 외로 규정한 것은 한국의 독도영유권을 묵시적으로 승인한 것이다.

---

14) Lauterpact, *supra* n.1, p.378.
15) Shaw, *supra* n.1, p.310.
16) Wright, *supra* n.7, p.92.

# 제4절_ 일본방공식별구역의 설치에 의한 승인

---

〈목 차〉

---

Ⅰ. 일본정부의 일본방공식별구역의 설정
Ⅱ. 일본정부의 일본방공식별구역 설정에 의한 한국의 독도영토주권의 묵시적 승인

## Ⅰ. 일본정부의 일본방공식별구역의 설정

### 1. 방공식별구역의 개념과 선례

방공식별구역(air defense identification zone : ADIZ)은 연안국이 그들의
주권적 공역의 한계를 넘어 외국항공기에 대한 통제행사권을 주장하는 공
역(some coastal states claim the right to exercise control over foreign aircraft
beyond the limits of their sovereign airspace)을 의미한다.[1]

즉, 방공식별구역이란 연안국이 영공에 접속된 일정한 범위의 공해 상
공에 자국의 안전을 위하여 설정하는 공역으로 예고 없이 고속으로 접근
하는 외국 항공기로부터 연안국의 안전을 보장하기 위해 설치되는 경계구
역(warning zone)이며 안전구역(zone of security)이다.[2] 이는 "국가 안보목
적상 항공기의 용이한 식별, 위치확인 및 통제가 요구되는 지상 및 해상의
공역(空域)"을[3] 뜻한다.

---

1) Nicholas Grief, *Publick International Law in the Airspace of the High Seas*
(Dordrecht: Nijhoff, 1994), p.147; Gerhard von Glahn and James Larry Taulbee,
*Law among Nations*, 9th ed.(London, Pearson 2009), p.335., 대한민국 국방부, 「전
쟁법 해설」(서울: 대한민국 국방부, 2010), p.51.
2) Ian Brownlie, *International Law and the Use of Force by States* (Oxford: Clarendon,
1963), p.304.

1950년 12월 미국이 최초로 대서양과 태평양 상공에 방공식별구역을 설정했으며 이 원래의 방공식별구역은 수차에 걸쳐 수정되었다.[4] 1951년 캐나다가 방공식별구역을 설정했다. 그 후 일본 · 필리핀 · 대만 · 인도 · 미얀마 · 아이슬란드 · 영국 · 스웨덴 · 오만 · 한국 등 세계 20여개 국가가 방공식별구역을 설정하고 있다.[5]

## 2. 일본방공식별구역의 설정

일본은 1969년부터 일본 열도 주변의 공역에 약 100km의 "내부 일본방공식별구역"(Inner JADIZ)과 그 외측에 약 600km의 "외부 일본방공식별구역"(Outer JADIZ)을 설치 운영하고 있다.[6]

1953년 3월 23일에 국제연합군사령부에 의해 설치된 "한국방공식별구역"은 독도의 상공을 포함하고 있다.

전술한 바와 같이 일본도 "일본방공식별구역"을 설치 운영하고 있는 바 동 구역은 독도의 상공을 포함하고 있지 않다. 이는 일본이 독도의 상공을 포함하는 "한국방공식별구역"을 설정한 1951년 이래 이에 대해 어떠한 항의를 제기한 바 없을 뿐만 아니라 일본이 1972년 5월에 오키나와를 포함하도록 "외부 일본방공식별구역"을 확정 수정했으나 독도를 포함하도록 확장 수정한 바 없다.[7] 따라서 일본이 독도의 상공을 포함하는 "한국방공식별구역"을 승인하고 있다는 데 큰 의의가 있다.

3) "군용항공기 운용 등에 관한 법률" 제2조 제3호.
4) Grief, *supra* n.1, p.147.
5) *Ibid*, n.4; , Majorie. M Whiteman, *Digest of International Law,* Vol.9 (Washington, D.C: USPO, 1953), p.321: Edmound Jan Osmanczyk, *The Encyclopedia of the United Nations*, 2nd ed, (New York: Taylor and Francis, 1990).p.20.
6) 대한민국 국방부, 전주1, p.51; 신용하, 「독도영유권자료의 탐구」(서울: 독도연구보전협회, 2000), p.262.
7) 신용하, 전주6, pp.209-210; 일본방위청, 「일본방위백서」, 2015, "일본방공식별구역표시도".

## II. 일본정부의 일본방공식별구역 설정에 의한 한국의
## 독도영토주권의 묵시적 승인

### 1. 묵시적 승인 일반

승인은 그것이 국가의 승인(recognition of state)이든, 정부의 승인(recognition of government)이든, 교전단체의 승인(recognition of belligerency)이든, 외국판결의 승인(recognition of foreign judgement)이든, 영토주권의 승인(recognition of territorial sovereignty)이든, 불문하고 승인을 하는 주체의 의도(intention)의 문제이다.[8]

이 승인의 의도는 명시적으로(express) 표시될 수도 있고 묵시적으로 (implied) 표시될 수도 있다.[9]

명시적인 표시는 선언(declaration)이나 통고(notification)와 같은 공개된 애매하지 아니한 형태(an open unambiguous form) 또는 의사소통의 형태 (communication form)에 의할 수도 있다.[10] 묵시적 표시는 어떤 승인으로

---

8) Georg Schwazenberger and E.D. Brown, *A Manual of International Law*, 6th ed. (Milton: Professional Books, 1976), p.57; Robert Jennings and Arthur Watts(eds.), *Oppenheim's International Law*, 9th ed., Vol.1(London: Longman, 1992), p.169; H. Lauterpact, *Recognition in International Law* (Cambrige: Cambrige University Press, 1948), pp.370-71; US Department of State, G.H. Hackworth Memorandum, December 13, 1940 (Whiteman, *Digest of International Law*, Vol. 2, 1963, p.48); Malcolm N. Shaw, *International Law*, 4th. ed.(Cambrige: Cambridge University Press, 1997), p.310;

9) Shaw, *supra* n.8, p.310, Henry Campel Brack, *Brack's Law Dictionary* (St. Paul: West, 1979), p.678; Jennings and Watts, *supra* n.8, p.169; US Department of State, Hackworth Memorandum, Dec.13, 1940, p.49 (Whiteman, *supra* n.5, p.48); R. Higgings, *The Development of International Law by the Political Organs of the United Nations* (Oxford:Oxford University Press, 1963), p.140; Jochen Abr. Frowein, "Recognition", *EPIL*, Vol.10, 1987, p.345; J.P. Frand and J.C. Barker, *Encyclopedic Dictionary of International Law*, 3rd ed. (Oxford: Oxford University Press, 2009), pp.507-508; Article 7, Montevideo Convention on Rights and Duties of States 1933.

이해되는 것으로 해석되는 특별한 조치(particular action to be interpreted as comprehending any recognition)에 의할 수 있다.[11] 이는 승인으로 수락하는 의도에 대해 합리적인 의문이 없는 모든 경우(in all cases in which there is no reasonable doubt as to the intention … to grant recogtition)이다.[12] 이는 승인의 의도를 명시적 승인에 직접적으로 표시하는 것이 아니나 승인으로 추정되는 다른 행위를 통하여 승인의 의도를 간접적으로 표시하는 것이므로 이를 간접적 승인(indirect recognition) 이라고도 한다.[13]

묵시적 승인으로 해석되는 행위는 승인의 추정을 창출한다(such act creates a presumption of recognition).[14] 즉, 묵시적 승인은 승인의 의도의 추정을 본질로 한다.[15] 추정은 법(rule of law)에 의한 사실의 인정이다.[16] 추정은 간주(regard)와 달리 반증(contrary evidence)이 허용된다. 반증에 의해 추정에 의해 인정된 진실이 전복되게 된다.[17] 따라서 승인으로 인정되는 조치를 한 당사자는 승인으로 인정되는 효과를 배재하기 위해서는 승인의 효과를 배재하는 명시적 선언을 할 수 있다(may make an express declaration).[18]

요컨대, 묵시적 승인은 승인의 의도가 있는 것으로 해석되는 행위를 통해 간접적으로 승인의 의도를 표시하는 간접적 승인이며, 묵시적 승인은 승인으로 해석되는 행위에 의해 법에 의해 승인의 의도가 추정되는 것이다.

추정은 증거에 의해서가 아니라 법(rule of law)에 의한 사실의 인정이

---

10) Shaw, *supra* n.8, p.310.
11) *Ibid.*
12) Lauterpact, *supra* n.8, p.378.
13) Shaw, *supra* n.8, p.310.
14) Q. Wright, "Recognition, Intervention and Ideologies," *Indian Yearbook of International Affairs*, Vol.7, 1858, p.92. (Whiteman, *supra* n.5, p.52)
15) Ian Brownlie, *Principle of Public International Law,* 5th ed. (Oxford: Oxford Univ. Press, 1998), p.94; Lauterpact, *supra* n.8, p.369; Jennings and Watts, *supra* n.8, p.94; Lauterpact, *supra* n.8, p.369; Q. Wright, *supra* n.14, p.92.
16) Brack, *supra* n.9, p.1067.
17) *Ibid.*
18) Shaw, *supra* n.8, p.310.

다. 추정은 반증이 허용되는 것이므로 묵시적 승인으로 해석되는 행위를 하는 당사자는 법에 의해 인정되는 승인의 효과를 배제하기 위해서는 명시적인 반대의 의사를 표시하여 묵시적 승인으로 추정되는 효과를 배제할 수 있다.

묵시적 승인은 본질적으로 금반언과 같은 범주에 속한다.[19] 따라서 묵시적인 승인을 한 국가는 그 승인 이후 승인과 모순·저촉되는 행위는 금지되게 된다.

또한 승인은 더욱 더 큰 상호이해를 향한 불가피한 추세에 의해 영향을 받는다(the more and more affected by the inevitable trend towards greater mutual understanding).[20]

## 2. 한국의 방공식별구역 설치에 대한 묵인

일본이 한국이 한국방공식별구역을 설정하면서 독도의 상공을 포함하고 있으나 이에 관해 일본정부가 한국정부에 대해 어떠한 항의도 하지 아니했다. 이는 한국의 독도영토주권을 일본정부가 "묵인"한 것이다. 이는 일본정부의 어떠한 행위에 수반되는 효과가 아니라 일본정부가 아무런 행위도 하지 아니하는 부작위의 효과인 것이다. 그러므로 이는 국제법상 "묵인"이고 묵시적 승인이 아니다. "묵인"은 어떠한 행위도 동반하지 아니하는 부작위 자체이다. "묵시적 승인"은 어떠한 행위를 동반하는 작위이다. 여기서는 묵시적 승인만을 보기로 한다.

## 3. 한국의 방공식별구역에 대한 묵시적 승인

일본방공식별구역을 설정하면서 독도의 상공을 제외한 것은 그 행위를 통해 즉 일본방공식별구역의 설정을 통해 일본정부가 한국의 독도영유권

---

19) Schwarzenberger and Brown, *supra* n.8, p.56; Lauterpact, *supra* n.8, p.369.
20) M. Lachs, "Recognition and International Co-operation," *BYIL*, Vol.35, 1959, p.259.

을 묵시적으로 승인한 것이다. 즉, 독도의 상공을 제외한 일본방공식별구
역을 설정한 행위는 간접적으로 독도의 영토주권이 한국에 귀속된다고 수
락한 의도가 있는 것으로 추정함에 충분하다.

그 이유는 다음과 같다.

첫째로, 일본정부가 독도의 상공을 제외한 공역에 일본방공식별구역을
설정한 것은 일본정부가 한국의 독도영토주권의 "승인으로 이해되는 것으
로 해석되는 특별조치"(particular action to be interpreted as comprehending
any recognition)를[21] 한 것이다.

둘째로, 일본정부가 독도의 상공을 제외한 공역에 일본방공식별구역을
설정한 것은 한국의 독도영토주권의 "승인을 수락하는 의도에 대해 합리
적인 의문이 없다"(there is no reasonable doubt as to the intention ⋯ to great
recognition).[22]

셋째로, 일본정부의 승인으로 추정되는 효과를 배제하기 위한 특별선언
(an express declaration to exclude the legal effect of th presumption)[23]을 한
바 없다.

요컨대, 일본정부가 일본방공식별구역을 설정하면서 독도의 상공을 포
함하지 아니한 것은 한국의 독도영유권을 묵시적으로 승인한 것이다. 그
것은 일본의 방공식별구역의 설정이라는 작위의 효과이다.

---

21) Shaw, *supra* n.8, p.310.
22) Lauterpact, *supra* n.8, p.378
23) Wright, *supra* n.14, p.92.

# 제5절_ 대일평화조약 제19조 (d)항에 의한 승인

## Ⅰ. 서론

1945년 8월 6일 히로시마에 역사적인 원자폭탄이 투하되었다. 3일 후인 8월 9일 나가사끼에 또 다시 원자폭탄이 투하되었다. 8월 15일 일본 천황은 라디오 방송을 통해 "항복선언"(Declaration of Surrender)을 했고, 이를 문서화하기 위한 "항복문서"(Instrument of Surrender)의 서명이 1945년 9월 2일에 연합국과 일본 간에 있었다. 동 "항복문서"를 법문화하기 위한 "대일평화조약"(Peace Treaty with Japan)이 샌프란시스코 평화회의에서 1951년 9월 8일 48개 연합국과 일본 간에 서명되었다. 한국은 대일평화교섭에 참가하도록 초청해 줄 것을 미 국무부에 요청했으나 거절되어 "대일평화조약"의 체약당사자가 되지 못했다. 따라서 한국은 동 조약의 제3자의 지위에 머물러 있게 되고 말았다. 그러나 동 조약 제21조는 한국은 동조약 제2조, 제4조, 제9조, 및 제 12조의 이익을 향유할 권리가 있다고 규정하여 한국은 이들 조항의 이익을 향유할 권리를 가진다.

한편 연합국이 점령기간 동안 행한 지령 등을 일본이 승인한다고 규정한 동 조약 제19조 (d)항은 한국이 향유할 권리가 있는 것으로 규정되어 있지 아니한다. 따라서 한국은 동 조약 제19조 (d)항에 관해 완전한 의미의 제3자의 지위에 머물러있다. 그러나 동 제19조 (d)항의 효력을 한국에 대해 효력이 있는 제2조 (a)항의 통합의 원칙에 의한 해석으로 볼 경우 제2조 (a)항은 직접적으로 제19조 (d)항은 간접적으로 한국에 대해 효력이 있는 것으로 볼 수 있다.

동 제19조 (d)항의 규정에 의해 1946년 1월 29일에 연합군최고 사령부가 일본정부에 하달한 "SCAPIN 제677호"의 효력을 연합국과 일본이 승인한 것이며, 동 훈령 제3항은 독도는 일본의 영토에서 제외된다고 규정하고 있다. 따라서 연합국과 일본은 한국의 독도영토주권을 승인한 것이다.

이 연구는 "대일평화조약" 제19조 (d)항의 규정에 의해 연합국과 일본이 한국의 독도영토주권을 승인한 것이라는 법리를 정립하기 위해 시도된 것이다.

또한 한국정부는 "대일평화조약" 제19조 (d)항의 규정에 의해 연합국과 일본이 한국의 독도영토주권을 승인한 것이므로 독도는 한국의 영토라는 주장을 일본정부에 대해 한 바 없으므로(The Korean Ministry of Foreign Affairs, 1953; The Korean Ministry of Foreign Affairs, 1954; The Korean Ministry of Foreign Affairs, 1959) 이 승인을 근거로 독도정책을 전면적으로 전환하여야 한다는 점을 제의하기 위해 시도된 것이다.

## II. 대일평화조약 제19조 (d)항의 규정

"대일평화조약" 제19조 (d)항은 일본은 점령당국이 점령기간 행한 지시와 그에 따른 효력을 승인한다고 다음과 같이 규정하고 있다.

(d) 일본은 점령기간 동안, 점령당국의 지시에 따라 또는 그 지시의 결과로 행해졌거나 당시의 일본법에 의해 인정된 모든 작위 또는 부작위 행위의 효력을 인정하며, 연합국 국민들에게 그러한 작위 또는 부작위 행위로부터 발생하

는 민사 또는 형사책임을 묻는 어떤 조치도 취하지 않는다( (d) Japan recognizes the validity of all acts and omissions done during the period of occupation under or in consequence of directives of the occupation authorities or authorized by Japanese law at that time, and will take no action subjecting Allied nationals to civil or criminal liability arising out of such acts or omissions).

위의 "점령기간 동안 점령당국의 지시에 따라 … 행하여진 행위의 효력을 인정하며 …(recognizes the validity of act … done during the period of occupation derectives of the occupation authorities)"의 규정 중 "점령당국의 지시"(derectives of the occupation authorities)의 규정 중 에는 동 조약이 효력을 발생할 당시에 폐기된 것도 포함되는 것인지의 의문이 제기될 수 있으나 단순히 "점령기간 동안 점령 당국의 지시" (during the period of occupation directives of the occupation authority)로 규정하고 있으므로 동 조약이 효력을 발생할 당시에 폐지된 것도 포함된다고 본다. 그러한 지시로 이른바 "맥아더 라인"에 관한 다음과 같은 지시를 둘 수 있다.

( i ) 1946년 6월 22일의 SCAPIN 제1033호
( ii ) 1947년 12월 23일의 SCAPIN 제1033/1호
(iii) 1949년 6월 30일의 SCAPIN 제1032/2호
(iv) 1949년 9월 19일의 SCAPIN 제2046호
( v ) 1949년 10월 10일의 SCAPIN 제2050호
(vi) 1951년 1월 13일의 SCAPIN 제2050/1호
(viii) 1950년 5월 11일의 SCAPIN 제2097호[1]

이들은 1952년 4월 25일 SCAPIN으로 폐기되었다.[2] 이상의 모든 SCAPIN이 독도를 인가된 어로구역 외, 즉 한국측에서 보아 독도의 외측에 어로구

---

1) M. M. Whiteman, *Digest of International Law*, Vol.4 (Washington, D.C: USGPD, 1965), p.1185.
2) *Ibid*, p.1186.

역을 위치시킬 것이다. 이는 연합군 최고사령부가, 즉 연합국이 독도를 일본의 영토가 아니라 한국의 영토인 것으로 묵시적으로 승인한 것이다.

위의 SCAPIN 중 1946년 6월 22일의 SCAPIN 제1033호 제3항은 독도를 명시하여 독도의 12해리 이내의 수역에 일본어선은 접근하지 못한다고 규정하고 있다.

1952년 4월 28일에 SCAPIN에 의해 폐지되지 아니한 SCAPIN 으로 1946년 1월 29일의 SCAPIN 제677호를 들 수 있다. SCAPIN 제677호 제3항은 독도를 일본의 정의에서 제외하고 있다. 이에 관해서는 후술하기로 한다.

## III. 대일평화조약 제19조 (d)항의 한국에 대한 효력

### 1. 대일평화조약상 한국에 대한 효력

"대일평화조약" 제21조는 한국은 동 조약의 체약당사국이 아니나 한국에 대해 적용되는 조항을 다음과 같이 규정하고 있다.

>  …한국은 본 조약의 제2조, 제4조, 제9조, 및 제12조 이익을 받을 권리를 가진다(Shall be entitle … Korea to the benefits of Articles 2, 4, 9, and 12 of the present treaty.).

위의 한국에 적용되는 조항을 규정한 제21조에는 제19조 (d)항이 포함되어 있지 아니하다. 따라서 제19조 (d)항에는 "조약법협약" 제36조 제1항은 적용되지 아니한다. 동 조항은 다음과 같이 규정하고 있다.

>  조약의 당사국이 제3국 또는 제3국이 속하는 국가의 그룹 또는 모든 국가에 대하여 권리를 부여하는 조약규정을 의도하며 또한 그 제3국이 이에 동의하는 경우에는 그 조약의 규정으로부터 그 제3국에 대하여 권리가 발생한다. 조약이 달리 규정하지 아니하는 한 제3국의 동의는 반대의 표시가 없는 동안

있는 것으로 추정된다.

(1. A right arises for a third State from a provision of a treaty if the parties to the treaty intend the provision to accord that right either to the third State, or to a group of States to which it belongs, or to all States, and the third State assents thereto. Its assent shall be presumed so long as the contrary is not indicated, unless the treaty otherwise provides).

제19조 (d)항은 한국에 적용되는 조항이 아니므로 위의 규정에 적응하지 아니한다. 다만 "조약법 협약" 제34조는 조약은 제3국에 대하여 의무도 권리도 창설하는 것이 아니한다라고 규정한 조항만이 적용될 뿐이다. 제34조는 다음과 같이 규정하고 있다.

조약은 제3국에 대하여 그의 동의 없이는 의무 또는 권리를 창설하지 아니한다(a treaty does not create either obligations or rights for a third State without its consent).

요컨대, 한국은 "대일평화조약" 제21조의 규정에 의하여 부진정 제3국의 지위에 있으나 제21조에 규정된 이외의 조항에 관하여는 진정 제3국의 지위에 있는 것이다. 따라서 제19조 (d)항은 48개 연합국과 일본과의 관계에서만 적용되는 것이며 한국은 그 적용의 반사적 이익을 받을 수 있음에 불과한 것이다.

물론 제19조 (d)항은 제2조의 문맥으로 해석되므로 일본이 연합국에 대해 한국의 독도영유권을 승인하는 효력은 제2조의 규정에 의거한 것으로 보아 제21조의 규정에 의거, 이는 한국에 대해 권리를 가지는 것(shall be entitle Korea to the benefits)으로 관념할 수도 있다고 본다.

## 2. 일반국제법상 한국에 대한 효력

일반국제법상 영토주권의 승인은 절대적 효력(즉 erga omnes)이 인정된다.

가. *Legal Status of Eastern Greenland* Case (1933)

국가 승인, 정부 승인 그리고 교전단체의 승인은 승인국과 피승인국, 피
승인정부 그리고 피승인 교전단체와의 관계에서만 승인의 효력이 발생하
며 승인하지 아니한 국가와의 관계에서는 승닌의 효력이 발생하지 아니한
다. 즉 승인의 효력은 상대적(relative)이다.3)

그러나 영토주권의 승인은 모든 국가와의 관계에서 발생한다. 즉 영토
주권의 승인의 효력은 절대적(absolute)이다. 이는 *Eastern Greenland* Case
(1933)에의 상설국제사법재판소에 의해 다음과 같이 판시한 바 있다.

영토권원의 승인의 효과는 그러한 권원의 상대성을 증명하는 데 끝나지 아니
하고 그러한 권원의 절대성을 만드는 수단을 제공한다(the impact of recognition
on territorial title does net exhaust itself in proving the relativity of such titles and
offering a means of making such titles absolute).4)

이와 같이 동 case에서 상설국제사법재판소는 영토권원의 승인은 절대
적 효력이 있다고 판시했다.

M. W. Whiteman이 이 판례를 인용하고 있으므로5) 그도 영토권원의 승
인의 효력은 절대적인 것으로 보고 있다고 보아 무리가 없다고 본다.

나. 금반언의 효과에 의한 절대적 효력

영토주권의 승은은 금반언의 효과가 발생하며 금반언의 효과는 특정승
인·표시를 신뢰한 모든 국제법의 주체에게 발생하므로 결국 영토주권의
승인은 금반언의 효과를 거쳐 절대적 효력을 발생한다.6)

---

3) Ian Brownlie, *Principals of Public International Law*, 5th ed.(Oxford: Oxford
   University Press), p.87; Greg Schwavzenbergor and E. D. Brown, *A Manual of
   International Law*, 5th ed. (Milton: Professional Books, 1976), pp.57-58; Georg G.
   Wilson, *International Law*, 9th ed. (New York: Silbor, 1935), p.55.
4) BCIJ, *Series A/B*, No.35, 1933, p.68.
5) M. W. Whiteman, *Digest of International Law*, Vol.2(Washinton, D.C: USGPO, 1963),
   p.1083.

## IV. 대일평화조약 제2조 (a)항과 제19조 (d)항의 관계

### 1. 대일평화조약 제2조(a)항의 규정

"대일평화조약" 제2조 (a)항은 다음과 같이 규정하고 있다.

(a)일본은 한국의 독립을 승인하고, 제주도, 거문도 및 울릉도를 포함하는 한국에 대한 모든 권리·권원 및 청구권을 포기한다((a) Japan recognizing the independence of Korea, renounces all right, title and claim to Korea, including the islands of Quelpart, Port Hamilton and Dagelet).

동 조항에 일본이 표기하는 도서로 독도가 규정되어 있지 아니하다. 그러므로 일본정부는 동 조항에 포기의 대상으로 독도가 열거되어 있지 아니하므로 독도는 일본의 영토라고 주장하고, 한국정부는 독도를 울릉도의 속도이므로 울릉도와 같이 일본이 포기한 도서로 한국의 영토라고 주장한다.
동 조항을 해석함에 있어서 "통합의 원칙"(principle of integrate)에 의해 해석할 때 동 조약 제19조 (d)항의 규정에 따라 독도는 한국의 영토로 해석되게 된다. 여기서 "통합의 원칙"을 논하기에 앞서 "대일평화조약"에 "조약법 협약"이 적용되느냐의 문제를 논하기로 한다.

### 2. 조약법 협약의 대일평화조약에의 적용

여기서 "조약법 협약"이 효력을 발생하기 전에 체결·발효된 "대일평화조약"에 적용되느냐의 시제법의 문제를 검토하기로 한다.

### 가. 조약법 협약의 시간적 적용범위에 관한 규정
"조약법 협약"은 그의 시간적 적용범위에 관해 불소급의 원칙을 다음과

---

6) Schwavzenbergor and Brown, *supra* n.3, p.99.

같이 규정하고 있다.

　　협약은 그 발효 후에 국가에 의하여 체결된 조약에 대해서만 그 국가에 대
　　하여 적용된다(the Convention applies only to treaties which are concluded by
　　States after the entry into force of the present Convention with regard to such
　　states.) (제4조).

이와 같이 동 협약 제4조는 동 협약이 발효된 이후에 체결된 조약에 관
하여서는 즉, 1980년 1월 27일 이후에 체결된 조약에만 동 협약이 적용된
다고 불소급의 원칙을 규정하고 있다. 그러나 학설은 동 조에 의한 "불소
급의 원칙의 적용"을 부정하고 있다.

### 나. 조약법 협약의 시간적 적용범위에 관한 학설

"조약법 협약" 제4조의 불소급의 원칙의 규정에도 불구하고 대부분의
학자는 동 협약 발효 전에 즉 1980년 1월 27일 전에 체결된 조약에도 동
협약이 적용된다고 논하고 있다.

### (1) Shabtai Rosenne

Rosenne는 "조약법 협약"의 대부분은 현존 국제관습법을 성문화한 것이므
로 불소급 규정의 법적 효과는 별 것이 아니라고 다음과 같이 기술하고 있다.

　　협약의 대부분은 아마도 현존하는 관습 국제법을 법전화한 것이므로 이 불
　　소급의 규정의 효과는 별 것이 아니다(Since most of the convention probably
　　codificativary of existing customary International Law, the effect of this
　　n-n-retroactivity provision may not be great.).7)

Rosenne은 동 협약 제4조의 규정에도 불구하고 동 협약이 효력을 발생한
1980년 7월 27일 이전에 체결된 조약에도 동 협약이 작용된다고 보고 있다.

---

7) Shabtai Rosenne, "Vienna Convention on the Law of Treaties", *EPIL*, Vol.7, 1984, p.528.

## (2) Ian Sinclair

Sinclair는 "조약법 협약"은 현존하는 관습법을 성문화한 것이므로 협약
은 협약의 규정에도 불구하고 협약 발효일 이전에 소급하여 적용될 수 있
다고 다음과 같이 논하고 있다.

협약은 현존하는 관습법의 선언으로 간주되므로 협약은 협약과 독립하에
적용될 수 있다(Convention may be regarded as declaratory of pre-existing
customary law and therefore applicable independently of the Convention).8)

Sinclair도 동 협약이 발효한 1980년 1월 27일 이전에 체결된 조약에도 동 협
약이 적용된다고 논하고 있다. 즉, 불소급의 원칙의 적용을 부정하고 있다.

## (3) Alina Koczorowska

Koczorowska도 "조약법 협약"에 규정된 관습법은 동 협약이 발효되기
이전에 체결된 조약에 동 협약이 적용된다고 다음과 같이 논하고 있다.

관습법을 규정한 조약법 협약의 규정은 조약법 협약이 발효되기 이전에 체
결된 조약에 적용된다(the provisions of the VCLT which embody customary law
will apply to treaties concluded before the entry into force of the VCLT).9)

## (4) OraKheashivili and Sarah Williams

OraKheashivili와 Williams도 "조약법 협약"은 소급적 적용을 허용하지 아
니하나 국제사법재판소는 소급적 적용을 해오고 있다고 다음과 같이 논하
고 있다.

조약법 협약의 시간적 적용범위에 관한 조항에 있어서 조약법 협약은 소급

---

8) Ian Sinclair, The Vienna Convention on the Law of Treaties, 2nd ed. (Manchester:
Manchester University Press, 1984), p.12.
9) Alina Koczorowske, Public International Law, 4th ed. London iRoutledge, 2010, p.89

적 적용을 허용하지 아니한다. 그러나 국제사법재판소는 조약법 협약이 발효 이전에 채택된 조약에 대해 협약의 규정을 적용해 왔다(in terms of its temperal application, the VCLT does not allow for retrospective application, although the International court of Justice has applied its provisions to trealies adopted before its entry into force).[10]

Williams는 "조약법 협약"이 발효 이전에 체결된 조약에 대해 국제사법 재판소가 "조약법 협약"의 규정을 적용해 왔다고 하여 동 협약은 동 협약이 발효 이전에 체결된 조약에 적용된다고 논하고 있다.

(5) Anthony Aust

Aust는 국제재판소가 "조약법 협약"을 국제관습으로 보고 있다는 것을 근거로 소급효 금지의 규정에도 불구하고 동 협약은 협약 이전의 조약에 적용된다고 다음과 같이 논하고 있다.

조약법 협약은 국제사법재판소(그리고 국제 및 국내재판소와 법정)에 의해 거의 모든 점에 관습국제법을 기술하는 문안으로 인정된다. 협약은 소급적 효력을 가지지 아니함에도 불구하고(제4조) 실제적인 목적을 위하여 협약은 조약에 관한 국제관습법의 권위적 서술이다. 그러므로 수년간 협약 이전의 조약을 포함하는 조약에 적용될 수 있다(the Convention is regarded by the International Court of Justice(and other international and national courts and tribanals) as in almost all respects stating customary international law, Despite the Convention not having retroactive effect(Article4), for practical purposes the convention is nevertheless an authoritative statement of customary international law on treaties and so can be applied to treaties including those which pre-date the Convention by many years).[11]

이와 같이 Aust는 "조약법 협약"은 국제관습법의 기술이므로 동 협약의

---

10) Alexander OraKheashivili and Sarah Williams(eds.), 40 Year of *VCLOT* (British Institute of International Law and Comparative Law, 2010), p.xiv.

11) Antony Aust, *Handbook of International Law* (Cambridge: Cambridge University Press, 2010) p.50.

효력 발생 이전의 조약에 적용된다고 한다.

### (6) Rebeca M. M. Wallace

Wallace는 "조약법 협약"은 확립된 규칙은 규정하고 있으므로 동 협약은 동 협약 이전의 합의에 적용될 수 있다고 다음과 같이 기술하고 있다.

> 조약법 협약은 하나의 협약으로서 소급적 효력을 가지지 아니한다. 그러나 동 협약은 확립된 규칙을 규정하고 있으므로 동 협약 이전의 합의에 적용될 수 있다(the Convention as a Convention, does not have retroactive effect. However, because it spells out established rules, the Convention may be applied to agreements pre-dating the Convention).[12]

이와 같이 Wallace는 "조약법 협약"은 기확립된 규칙을 규정하고 있으므로 동 협약은 소급하여 적용된다고 한다.

## 3. 통합의 원칙

### 가. 대일평화조약 제2조 (a)항의 통합의 원칙을 채택한 조약법 협약의 규정

#### (1) 제31조 제1항의 규정

"조약법 협약" 제31조 제1항은 조약의 해석에 있어서 통합의 원칙에 따라 해석하여야 한다고 다음과 같이 규정하고 있다.

> 조약은 조약문의 문맥 및 조약의 대상과 목적으로 보아, 그 조약의 문면에 부여되는 통상적 의미에 따라 성실하게 해석되어야 한다(a treaty shall be interpreted in good faith in accordance with the ordinary meaning to be given to the terms of the treaty in their context and in the light of its object and purpose).

---

12) Rebaca M. M. Wallace, *International Law*, 4th ed. (London: Tomson, 2005), pp.253-54.

## (2) 제31조 제2항의 규정

그리고 제31조 제2항은 문맥의 범위를 다음과 같이 규정하여 조약은 통합의 원칙에 따라 해석하여야 한다고 역시 통합의 원칙을 규정한 것이다.

조약의 해석 목적상 문맥은 조약문에 추가하여 조약의 전문 및 부속서와 함께 다음의 것을 포함한다.
(a) 조약의 체결에 관련하여 모든 당사국간에 이루어진 그 조약에 관한 합의
(b) 조약의 체결에 관련하여 그 또는 그 이상의 당사국이 작성하고 또한 다른 당사국이 그 조약이 관련되는 문서로서 수락한 문서
(The context for the purpose of the interpretation of a treaty shall comprise, in addition to the text, including its preamble and annexes:
(a) any agreement relating to the treaty which was made between all the parties in connexion with the conclusion of the treaty;
(b) any instrument which was made by one or more parties in connexion with the conclusion of the treaty and accepted by the other parties as an instrument related to the treaty.)

## (3) 제31조 제3항의 규정

또한 제31조 제3항은 문맥과 함께 참작하여야할 사항으로 추후의 관행에 관해 다음과 같이 규정하고 있다.

문맥과 함께 다음의 것이 참작되어야 한다.
(a) 조약의 해석 또는 그 조약규정의 적용에 관한 당사국간의 추후의 합의
(b) 조약의 해석에 관한 당사국의 합의를 확정하는 그 조약 적용에 있어서의 추후의 관행
(There shall be taken into account, together with the context:
(a) any subsequent agreement between the parties regarding the interpretation of the treaty or the application of its provisions;
(b) any subsequent practice in the application of the treaty which establishes the agreement of the parties regarding its interpretation;)

## 나. 통합의 원칙을 승인한 학설

통합의 원칙을 조약의 해석 원칙으로 학설에 의해 일반적으로 승인되어
있다.

### (1) E. T. Elias

Elias는 "조약법 협약" 제27조의 4개의 요소는 통합된 전체 또는 독립된
전체로서 적용된다고 하여 통합의 원칙을 다음과 같이 강조하고 있다.

> 이 조(제27조)의 4개의 주요 요소는 통합된 전체 또는 독립된 전체로서 적
> 용되어야 하는 것이다 … 문맥이란 단어의 사용을 통합적 체계를 강조하기 위
> 해 디자인된 것이다(the four main elements of this Article … to be applied as
> an integrated of independent whole. The use of the word "context" in the three
> paragraphs of the Article is desgined to emphasize this integrates scheme).[13]

### (2) Gideon Boas

Boas는 "조약의 전체"(treaty as a whole)를 해석이 선호되어야 한다고 하
여 "통합의 원칙"을 다음과 같이 주장하고 있다.

> 조약에 있어서 모든 규정에 효과를 주는 해석이 선호되어야 한다(The
> interpretation giving effect to every provision in the treaty is to be preferred).[14]

### (3) Clive Parry

Parry는 "통합의 원칙"을 다음과 같이 인정하고 있다.

> 조약의 해석에 있어서 어떤 조약문도 공정하게 그리고 전체로서 읽어야 하
> 고, 조약문의 조항도 전체의 문맥으로 읽어야 한다(Any text must be read fairy
> and as a whole, clause in it must be read entire context).[15]

---

13) E. T. Elias, *The Modern Law of Treaties* (Leiden: Sijfoff, 1972), p.74.
14) Gideon Boas, *Public International Law* (Cheltenham: Edward Elgar, 2012), pp.64-65.
15) Clire Parry, "The Law of Treaty, Max Sorensen(ed.), *A Manual of International Law*

## (4) Ian Sinclair

Sinclair는 "통합의 원칙"을 다음과 같이 강조하고 있다.

조약의 문언은 물론 전체로서 읽어야 한다. 누구도 단순히 하나의 항, 하나
의 조, 하나의 절, 하나의 장, 또는 하나의 부에만 집중할 수는 없다 (The text
of the treaty must of course be read as a whole. One can not simply concentrate
on a paragraph, a article, a section, a chapter, of a part).[16]

## (5) Hugh Thirlway

Thirlway는 조약은 그의 대상, 목적, 원칙과 함께 전체로 해석되어야 한
다고 하여 다음과 같이 "통합의 원칙"을 인정하고 있다.

조약은 전체로서 해석되어야 한다. 그리고 그들의 선언되거나 명백한 대상,
목적, 그리고 원칙도 참고하여 해석되어야 한다(Treaties are to be interpreted as
a whole, and with reference to their declared or apparent objects, purposes and
principles).[17]

## (6) Gerald Fitzmaurice

Fitzmaurice는 다음과 같이 "통합의 원칙"을 인정하고 있다.

조약은 전체로서 해석되어야 한다. 그리고 특정의 부, 장, 절 역시 전체로
서 해석되어야 한다(Treaties are to be interpreted as a whole. Particular parts,
chapters, or sections also as a whole).[18]

---

(New York : Macmillan, 1968), p.211.
16) Sinclair, *supra* n.8, p.127.
17) Hugh Thirlway, "The Law and Procedure of the International Court of Justice,
190-1989", *BYIL*, Vol.62, 1997, p.37.
18) Gerald Fitzmaurice, The Law and Procedure of the International Court of Justice,
1951-4: Treaty Interpretation and Other Treaty Points", *BYIL*, Vol.33, 1957, p.211.

## (7) Lord McNair

McNair는 "통합의 원칙"을 다음과 같이 표시했다.

조약은 전체로 읽지 않으면 안 되고 조약의 의미는 단순히 특정의 구에 따라 결정되어지지 않는다는 것은 자명한 일이다(it is obvious that the treaty must be read as a whole, and that its meaning is not to be determined merely upon particular phrases).[19]

## (8) Rudolf Bernhardt

Bernhardt는 다음과 같이 "통합의 원칙"을 주장하고 있다.

단어는 격리되어 정확히 이해하기 어려운 것이며, 오히려 관련된 조약문의 문맥 속에서 보지 않으면 안 된다. … 이러한 체계해석은 보편적으로 승인되어 있다 (In the context of the relevant text, words can hardly be correctly understood in isolation instead they have to be seen in the context of the relevant text. … Systematic interpretation seems to be universally recognize).[20]

## 다. 통합의 원칙을 승인한 판례

"통합의 원칙"은 조약의 해석원칙의 하나로 국제·국내 재판소의 판결에 의해 승인되어 왔다.

### (1) *Competence of the ILO to Regulate Agricultural Labour* Case(1922)

*Competence of the ILO to Regulate Agricultural Labour* Case(1922)에서 상설국제재판소는 다음과 같이 "통합의 원칙"을 인정하는 판결을 한 바 있다.

문맥은 제기된 문언이 있는 조약의 조항이나 절 뿐만 아니라 전체로서의 조약의 문맥이다(the context is not merely the article or section of the treaty in which the term occurs but also the context of the treaty as a whole).[21]

---

19) McNair, *The Law of Treaties* (Oxford: Clardon, 1961), pp.381-82.
20) Bernhardt Rudolf, "Interpretation in International Law", *EPIL*, Vol.7, 1984.

(2) *South-West Africa* Case(1950)

*South-West Africa* Case(1950)에서 de Visscher 국제사법재판소 판사는 다음과 같이 "통합의 원칙"을 인정하는 판시를 했다.

조약의 조항은 전체로서 고려되지 않으면 안 된다는 것은 승인된 해석의 규칙이다.… 이 규칙은 국제연합헌장과 같은 헌법적 성격의 조약의 조약문의 해석에 특별히 적용될 수 있다. … (It si an acknowledge rule of interpretaion that treaty clauses must not only be considered as a whole. … this rule is particularly applicable to the interpretation of a text of a treaty of a constitutional character like the United Nations Charter …).[22]

(3) *Peace Treaties* Case(1950)

*Peace Treaties* Case(1950)에서 국제사법재판소의 Read 판사는 다음과 같이 "통합이 원칙"을 인정했다.

조약은 전체로서 읽혀지지 않으면 조약의 의미는 단순히 특정의 구절로만 결정되어서는 아니 된다 … (treaty must be read as a whole. … its meaning is not to be determined merely particular phrase …).[23]

(4) *Moroco* Case(1952)

*Moroco* Case(1952)에서 국제사법재판소는 다음과 같이 "통합의 원칙"을 인정하는 판결을 한 바 있다.

전체로서 고려된 Algeciras Act의 제5장의 … 제 규정은 결정적인 증거 … 등을 제시하지 아니한다(the provisions of … chapter Ⅴ of the Act of Algeciras considered as a whole, do not afford decisive evidence … etc.).[24]

---

21) PCIJ, 1922, *Series B* Nos.2 and 3, p.23.
22) ICJ, *Reports*, 1950, p.187.
23) ICJ, *Reports*, 1950, p.235.
24) ICJ, *Reports*, 1950, p.209.

(5) *Ambatielos* Case(2nd Phase, 1953)

*Ambatielos* Case(2nd Phase, 1953)에서 국제사법재판소는 다음과 같이 "통합의 원칙"을 승인하는 판결을 하였다.

그 선언은 전체로서 읽는 것은 그 견해 ⋯ 등을 확인한다(a reading of the Declaration as a whole confirms the view ⋯ etc.).[25]

(6) *Eck v. Unite Arab Airlines* Case(1964)

*Eck v. Unite Arab Airlines* Case(1964)에서 미국 제2지방법원(뉴욕) (US. Second District Court(New York)은 다음과 같이 "통합의 원칙"을 선언한 바 있다.

법원은 조약을 조약 전체로서, 그의 역사에 따라 검토하는 것, 그리고 특별히 조약이 해결하기를 의도했던 문제들을 고찰하는 것은 정상적인 절차라고 결정한다(decided that the proper procedure to examine the treaty as a whole along with its history and particular, to look into the problems which it was intended to solve).[26]

이상의 판결 이외에 특히 *South-West Africa* Case(1950)[27]와 *Western Sahara* Case(1975)[28]에서 넓은 의미의 체계해석을 위한 "통합의 원칙"을 승인하는 판결이 있었다.[29]

요컨대, "통합의 원칙"은 판례에 의해 일반적으로 인정되어 왔다.

따라서 "대일평화조약" 제2조 (a)항을 해석함에 있어서 "조약법협약" 제36조 제1항 및 제2항의 규정에 따라 "대일평화조약" 제19조 (d)항의 문맥에

---

25) ICJ, *Reports*, 1950, p.30.
26) ICJ, *Reports*, 1950, p.227.
27) ICJ, *Reports*, 1950, p.336.
28) ICJ, *Reports*, 1950, p.26.
29) Thirlway, *supra* n.17, pp.31-32.

따라 신의 성실하게 해석하여야 한다. 즉, "대일평화조약" 제2조 (a)항은 동 조항만으로 해석하는 것이 아니라 동 조약을 전체로(as a whole) 보아 해석하여야 하므로 제19조 (d)의 규정도 함께 보아 해석하여야 하므로 "대일평화조약" 제2조 (a)항과 동 조약 제19조 (d)항은 "조약법협약" 제36조에 의해 해석상 연계되어 있다.

## V. 대일평화조약 제2조 (a)항의 제19조 (d)항에 의거한 해석

"대일평화조약" 제2조 (a)항을 해석함에 있어서 "조약법협약" 재31조에 규정된 "통합의 원칙"에 따라 동 조약 제19조 (d)항의 규정에 비추어 해석할 때, 제19조 (d)항의 규정 중 "일본은 점령기간 중 점령당국의 지령에 의거하여 in consequence of derectives of the occupation authorities"의 규정 중 지령에는 독도의 영유권과 관련되어 있는 중요한 지령으로 "SCAPIN 제1033호"와 "SCAPIN 제677호"를 들 수 있다.

### 1. SCAPIN 제1033호

"SCAPIN 제1033호"는 일본 선박과 인원은 독도의 12해리 이내에 접근하지 못한다고 다음과 같이 규정하고 있다.

> (b) 일본의 선박이나 인원은 금후 리암크루암(북위 37도 15분 동경 131도 53분)의 12해리 이내에 접근하지 못하며 또한 동 도에 어떠한 접근도 하지 못한다.
> (b) Japanese vessles or personnel there of will not approach close then 12miles to Liancourt(37°15' North Latitude 131°53' Est latitude)nor have any contact with said island).30)

---

30) SCAPIN, File room 600-1.

"대일평화조약" 제19조 (d)항에 의거 일본이 "SCAPIN 제1033호"의 효력
을 승인한 것은 한국의 독도영토 주권을 승인한 것이다. 따라서 "대일평화
조약" 제2조 (a)항에 일본이 포기하는 도서로 독도가 명시되어 있지 아니
해도 독도는 일본이 승인한 한국의 영토로 해석된다.

## 2. SCAPIN 제677호

"SCAPIN 제677호" 제3항은 독도는 일본의 정의에서 제외된다고 다음과
같이 규정하고 있다.

> 3. 본 지령의 목적상 일본은 일본의 4개 도서(홋가이도, 혼슈, 큐우슈우 및
> 시코쿠)와 대마도를 포함한 약 1,000개의 인접한 보다 작은도서들과 북위 30
> 도의 북쪽 유구(난세이) 열도(구찌노시마 도서 제외)로 한정되며, (a) 우쓰료
> (울릉)도, 리앙꼬르 암석(다케시마, 독도) 및 퀠파트(사이슈 또는 제주도), (b)
> 북위 30도 이남 유구(난세이) 열도(구찌노시마 섬 포함), 이즈, 난포, 보닌,(오
> 가사와라) 및 회산(오시가시 또는 오아가리) 군도 및 파레스 벨라(오기노도
> 리), 마아카스(미나미도리) 및 간지스(나까노도리) 도서들과 (c) 구릴(지시마)
> 열도, 하보마이(수우이쇼, 유리, 아까유리, 시보쓰 및 다라쿠 도서들 포함하는
> 하포마쓰 군도)와 시고탄도를 제외한다(3. For the purpose of this directive,
> Japan is defined to include the four main islands of Japan (Hokkaido, Honshu,
> Kyushu and Shinkoku) and the approximately 1,000 smaller adjacent islands,
> including the Tsushima Islands and the Ryukyu (Nansei) Islands north of 30°North
> Latitude (excluding Kuchinoshima Island), and excluding (a) Utsryo (Ullung)
> Island, Liancourt Rocks (Take Island) and Quelpart (Saishu or Cheju Island, (b)
> the Ryukyu (Nansei) Islands south of 30°North Latitude (including Kuchinoshima
> Island), the Izu, Nanpo, Bonin (Ogasawara) and Volcano(Kazan or Iwo) Island
> Groups, and all the outlying Pacific Islands (including the Daito (Ohigashi or
> Oagari) Island Group, and Parece Vela (Okinotori), Marcus (Minami-tori) and
> Ganges Habomai (Hapomaze Island Group (including Suisho, Yuri, Akiyuri,
> Shibotsu and Taraku Islands) and Shikotan Island).

"대일평화조약" 제19조 (d)항의 규정에 의거 일본이 "SCAPIN 제677호"의

효력을 승인한 것은 한국의 독도영유권을 승인한 것이다. 따라서 "대일평화조약" 제2조 (a)항에 일본이 포기하는 도서로 독도가 명시되어 있지 아니해도 독도는 일본이 승인한 한국의 영토로 해석된다.

## VI. 제기되는 제문제

"대일평화조약" 제19조 (d)항은 일본은 점령기간 중 점령당국의 지시의 효력을 승인한다고 규정하고 있다. "대일평화조약" 제2조 (a)항에 일본이 포기하는 도서의 하나로 독도가 명시되어 있지 아니하다. "조약법협약" 제31호는 조약의 해석원칙의 하나로 "통합의 원칙"을 규정하고 있으며, 점령기간 중 연합국의 지시의 하나로 "SCAPIN 제677호"가 있으며 동 SCAPIN 제3항은 독도를 일본의 정의에서 제외되는 것으로 규정하고 있다. 일본은 "대일평화조약" 제19조 (a)항의 규정에 의거 "SCAPIN 제677호"의 규정의 효력을 승인하여 독도의 영유권이 한국에 귀속됨을 승인한 것이다. 따라서 독도는 한국의 영토로 해석된다.

그러나 다음과 같은 제문제가 제기된다.

### 1. 한일합방조약의 유효 승인 문제

이상의 독도영토주권이 한국에 귀속된다는 해석은 "대일평화조약" 제2조 (a)항의 해석에 기초한 것이다. 그런데 동 조항의 "독립승인규정"과 "권리포기규정"은 모두 "한일합방조약"의 유효를 전제로 한 것이다.

독립승인 이전에는 한국이 비독립 상태에 있음을 전제로 한 것이며 또한 권리포기 이전에는 일본이 권리를 갖고 있었음을 전제로 한 것이므로 이는 결국 "한일합방조약"의 유효를 전제로 한 것이다.

그러므로 독도의 영유권이 한국에 귀속된다는 위의 해석은 "한일합방조약"이 유효했었음을 묵시적으로 승인하는 것으로 된다는 문제가 제기된다. 이에 대한 대책 방안은 후술하기로 한다.

## 2. 제2조 (a)항의 적용 또는 제19조 (d)항의 적용문제

이상의 해석은 "대일평화조약" 제2조 (a)항의 적용 문제로 볼 것이냐 제19조 (d)항의 적용문제로 볼 것이냐의 문제가 제기된다. 즉, 권리로서 주장할 것이냐 반사적 이익으로 대할 것이냐의 문제가 제기된다.

이상의 독도영토주권이 한국에 귀속된다는 해석을 "대일평화조약" 제21조의 규정에 의한 제2조 (a)항의 적용문제로 볼 것인가 제19조 (d)항의 적용문제로 볼 것인가의 문제가 제기된다. 전자로 본다면 "조약법 협약" 제36조 제1항에 의한 "대일평화조약" 제2조 (a)항의 수락 추정의 문제가 제기된다. 후자로 본다면 제19조 (d)항은 한국에 대한 권리부여 규정이 아니므로 "조약법 협약" 제36조 제1항에 의한 수락 추정의 문제가 제기되지 아니한다. 전자의 문제로 본다면 위 해석의 결과는 권리로 주장할 수 있으나 (제21조), "한일합방조약"의 유효했음이 추정되는 문제가 제기된다. 후자의 문제로 본다면 "한일합방조약"의 유효했음이 추정되는 문제는 제기되지 아니하나 위의 해석을 권리로 주장할 (제21조) 수 없고 반사적 이익으로만 기대된다는 단점이 있다.

제2조 (a)항의 적용문제로 보고 "한일합방조약"이 유효했음을 추정되는 효과를 배제하기 위해 "대일평화조약"의 어떠한 규정도 "한일합방조약"이 유효했다고 해석되지 아니한다는 해석선언을 하는 정책대안을 제의하기로 한다.

## 3. 한국의 독도영토주권의 근거는 SCAPIN 제677호이냐 대일평화 조약이냐의 문제

한국의 독도영토주권의 근거가 "SCAPIN 제 677호"이냐, "대일평화조약"이냐는 견해의 대립이 있다. 전자는 연합국의 일방적 조치이고 후자는 연합국과 일본이 합의한 조치이고 전쟁이 종료된 후 영토의 귀속문제는 평화조약으로 규정하는 것이 일반관행이므로 전자보다 후자가 타당하다고 본다. 후자는 직접적인 근거이고 전자는 간접적인 근거로 봄이 타당하다고 본다. 다만 후자를 직접적 근거로 볼 때 이는 "한일합방조약"의 유효 승인문제가 제기되나 전자는 이 문제가 제기되지 아니한다.

결국 "대일평화조약" 중 어떠한 규정도 "한일합방조약"이 유효했다는 의미로 해석되지 아니한다는 해석선언을 할 것을 조건으로 후자가 타당하다고 본다.


## Ⅶ. 일본정부에 의한 대일평화조약 제19조 (d)항에 의한 한국의 독도영토주권 승인

"대일평화조약 제19조 (d)항에 의거 일본정부는 한국의 독도영토주권을 승인한다" 또는 "독도는 한국의 영토이다"라고 명시적으로 한국의 영토주권을 승인한 것은 아니나 "일본정부는 점령기간 동안 점령당국의 지시에 따라 또는 지시의 결과로 행하여졌거나 당시 일본법에 의하여 인정된 모든 작위 또는 부작위의 효력을 인정하며 …"라고 하여 연합국이 "SCAPIN 제677호"와 "SCAPIN 제1033호" 등에 의해 연합국이 한국의 독도영토주권을 승인한 것을 일본정부가 대일평화조약 제19조 (d)항에 의거 승인한 것이다. 즉 연합국이 한국의 독도영토주권을 승인한 것을 일본정부가 승인한 것이다. 따라서 이는 한국의 독도영토주권을 묵시적으로 승인한 것처럼 보이지만 이는 명시적인 승인인 것이다.

# 결론

## 제1절_ 연합국, 국제연합, 일본정부의
## 한국의 독도영토주권의 승인 효과

연합국, 국제연합 그리고 일본정부의 한국의 독도영토주권 승인의 효과
를 "적극적 효과"와 "소극적 효과"로 구분하여 기술하기로 한다.

### Ⅰ. 적극적 효과

여기 "적극적 효과"는 일본이 한국의 독도영토주권 승인에 의해 일반적
으로 인정되는 효과를 말한다. "Ⅱ. 영토주권승인에 관한 일반적 고찰"에서
논급한 바와 같이 영토주권승인은 다음과 같은 효과가 인정된다.

### 1. 금반언의 효과

영토주권의 승인은 금반언의 효과가 발생한다.[1] 따라서 일본은 한국의
독도영토주권을 승인한 일본은 이 승인에 저촉되거나 모순되는 주장으로부
터 배제된다. 그것은 국제법상 "법의 일반원칙"에 반한 위법한 행위가 된다.

---

1) Peter Malanczuk, (ed.), *Akehust's Modern Introduction to International Law*, 7th ed.
   (London: Routledge, 1987), p.154; Georg Schwazenberger and E. D. Brown, *A
   Manual of International Law*, 6th ed. (Milton: Professional Books, 1976), p.97; Ian
   Brownlie, *Principles of Public International Law*, 5th ed., (Oxford: Oxford University
   Press, 1998), p.158; Malcolm N. Shaw, *International Law*, 4th. ed., (Cambridge:
   Cambridge University Press, 1997), pp.351-52; *Eastern Greenland* Case(1933): PCIJ,
   *Series A/B*, No.53, 1933, pp.68-69.

## 2. 영토권원의 타당성 확립 효과

영토주권의 승인은 영토권원의 타당성을 확립한다.[2] 따라서 한국의 독도영토주권의 타당성을 확립하는 효과가 인정된다.

## 3. 영토권원 응고의 효과

영토주권의 승인은 의심스러운 권원은 명백한 권원으로 전환하여 상대적 권원을 보다 좋은 상대적 권원으로 인정하는 효과가 인정된다.[3] 따라서 일본의 독도에 대한 상대적 권원보다 한국의 독도에 대한 상대적 권원을 강화하는 효력이 인정된다.

## II. 소극적 효과 : 일본정부의 한국의 독도영토주권승인에 반하는 주장의 위법성

일본정부가 한국의 독도영토주권을 승인하였으므로 상술한 바와 같이 영토주권 승인의 일반적인 효과 즉, 금반언의 효과, 영토권원의 타당성 확립의 효과, 영토권원의 응고의 효과 등이 발생함은 물론이다. 상술한 바와 같이 일본정부가 한국의 독도영토주권을 명시적·묵시적으로 승인하였음에도 불구하고 이 승인에 반하여 일본의 독도영토주권을 주장하는 것은 다음과 같은 국제법의 규정을 위반하는 국제법상 위법행위를 구성한다.

## 1. 금반언의 원칙의 위반

일본이 한국의 독도영토주권을 승인하였음에도 불구하고, 독도영토주

---

2) Shaw, *supra* n.1, p.351; Brownlie, *supra* n.1, p.158.
3) Schwarzenberger and Brown, *supra* n.1, p.99.

권이 일본에 귀속된다고 주장하는 것은 아래와 같은 국제법규를 위반하는 위법행위이나, 그 중에서도 승인의 효과로서 가장 중요한 것은 금반언의 원칙(principle of estoppel)의 위반이므로, 금반언의 원칙에 관해서 좀 더 자세히 고찰해보고자 한다.

## 가. 의의와 성질

### (1) 의의

"금반언(禁反言, estoppel)의 원칙"이란 일방당사자가 그가 행한 선행 (previous)의 의사표시 또는 행위(representation of conduct)에 모순되는 후행 의(subsequent) 주장으로 타방당사자의 신뢰를 해하는 것이 금지되는 원칙 을 말한다.[4] 선행의 "의사표시"는 명시적 또는 묵시적(expressly of impliedly) 일 수 있으며,[5] "행위"는 작위 또는 부작위(act or omission)일 수 있다.[6]

"의사표시"에는 진술(statement) 또는 선언(declaration)이 포함되며,[7] "부 작위"에는 묵인(acquiescence)이 포함된다.[8]

"좁은 의미의 금반언"(strict concept of estoppel)은 선행의 의사표시 또는 행위를 신뢰한 타방당사자가 이와 모순되는 주장에 의해 피해를 보는 것 을 요하는 금반언을 뜻하며, "넓은 의미의 금반언"(extensive concept of estoppel)은 이를 요하지 아니하는 금반언을 뜻한다. 일반적으로 후자의 의

---

4) Brownlie, *supra* n.1, p.645; Malanczuk, *supra* n.1, p.154; Jorg Paul Muller and Thomas Cotter, "Estoppel", *EPIL*, Vol.7, 1987, p.78; Mariorie M., Whiteman, *Digest of International Law*, vol.3 (Washington, D.C: USGPI, 1964), p.494; Alina Kczorowska, *Public International Law*, 2nd ed.(London: Routledge, 2010), p.274; Anthony Aust, *Handbook of International Law*, 2nd ed. (Cambridge: Cambridge University Press, 2011), p.38.

5) Brownlie, *supra* n.1, p.645; Muller and Cotter, *supra* n.4, p.154; Kaczorowska, *supra* n.4, p.274.

6) David H. Ott, *Public International in the Modern World* (London: Pitman,1987), p.107.

7) Malanczuk, *supra* n.1, p.154.

8) Ott, *supra* n.6, p.107.

미로 사용된다.9)

(2) 성질
(가) 법의 일반원칙
금반언의 원칙은 국제법상 "법의 일반원칙"(general principle of law)의 하나이다.10) 따라서 동 원칙은 국제사법재판의 준칙의 하나이다. 동 원칙을 국제법상 원칙의 하나로 승인한 국제재판소의 판결이 반복되어 왔으므로 동 원칙은 국제관습법이라고도 볼 수 있다. 국제관습법으로 보아도 국제사법재판의 준칙의 하나로 됨에는 다름이 없다.

(나) 실체법상의 원칙
금반언의 원칙은 절차법상의 원칙인가 아니면 실체법상의 원칙인가에 관해 논의가 있으나, 실체법상의 원칙으로 보는 것이 일반적이다.11) 절차법상 원칙으로 보면 동 원칙은 증거법상 주장될 수 있는 것에 불과하지만, 실체법상 원칙으로 보면 동 원칙은 본안 판단의 적용법이 되게 된다.

나. 근거와 요건

(1) 근거
금반언의 원칙이 국제법상 법의 일반원칙으로 인정되는 이론적 근거는

9) Muller and Cotter, *supra* n.4., pp.78-79. *Chorzow Factory* Case(1928), *German Interests in Polish Upper Silesia* Case (1926), *Eastern Greenland* Case(1933)에서 "넓은 의미의 금반언"의 개념이 사용되었다(*ibid*).
10) L. McNair, *The Law of Treaties* (Oxford: Clarendon, 1961), p.485; W. Levi, *Contemporary International Law* (Boulder: Westview, 1979), p.42; I. C. MacGibbon, "The Scope of Acquiescence of International Law", *BYIL*, Vol.31, 1954, p.148; Muller and Cotter, *supra* n.4, p.180; Brownlie, *supra* n.1, p.646.
11) D. P. O'Connell, *International Law*, Vol.1(London: Stevens, 1970), p.13; Muller and Cotter, *supra* n.4, p.79; Malcolm N. Shaw, *International Law*, 4th ed. (Cambridge: Cambridge University Press, 1997), p.352.

"신의 성실"(good faith)에 기초한 것이다. 국제법상 일방당사자의 의사표시 또는 행위를 신뢰한 타방당사자를 해할 수 없다는 금반언의 원칙은 "신의 성실"에 근거한 것이다.[12]

"조약법협약"(Vienna convention on the Law of Treaties)이 "조약의 발효 전에 그 조약의 대상과 목적을 저해하지 아니 할 의무"를 규정하고(제18조), "조약은 신의 성실에 따라 해석하여야 한다"라고 규정하여(제31조 제1항) 신의 성실의 원칙을 규정하고 있는 것은 동 협약이 금반언의 원칙을 채택한 실정법적 근거라고 볼 수 있다.[13]

(2) 요건
(가) 표현의 명백성
금반언의 원칙의 첫째 요건은 "표현의 명백성"이다. 즉, 진술의 의미가 명백하고 애매하지 아니하여야 한다(The meaning of the statement must be clear and unambiguous).[14] 따라서 의사표시 또는 행위의 의미가 명백하지 아니하면 동 원칙은 적용되지 아니한다.

"표현의 명백성"이 특히 문제로 되는 경우는 부작위의 경우이다. 그 부작위가 행해진 제반사정을 고려하여 "표현의 명백성"여부를 판단하여야 할 것이다.

(나) 표현의 자의성·무조건성·권한성
금반언의 원칙의 둘째 요건은 표현의 자의성·무조건성·권한성이다. 즉, "표현이 자의적이고 무조건적이고 또 권한 있는 자에 의해 행해져야 한다(Statement or representation must be voluntary, unconditional, and authorized).[15] 따라서 의사표시 또는 행위가 강박에 의하거나, 조건부이거나, 또는 무권한자에 의한 것인 경우에 동 원칙은 적용되지 아니한다.

12) Muller and Cotter, *supra* n.4, p.80; Malanczuk, *supra* n.1, p.154.
13) Muller and Cotter, *supra* n.4, p.109.
14) D.W. Bowett, *United Nations Forces* (New York: Praeger, 1964), pp.188-89.
15) *Ibid*, p.190.

(다) 선의의 신뢰성

금반언의 원칙의 셋째 요건은 "선의의 신뢰성"이다. 즉, 일방당사자의 표현에 대해 타방당사자의 선의의 신뢰(reliance in food faith upon the representation of one party by the other party)가 있어야 한다.[16] 따라서 타방당사자의 선의의 신뢰성이 없는 경우 동 원칙은 적용되지 아니한다.

이상의 3개의 요건을 모두 구비했을 경우에 한하여 동 원칙이 적용될 수 있으며, 3개의 요건 중 어느 하나를 구비하지 못했을 경우에는 동 원칙이 적용될 수 없는 것이다. 타방당사자의 피해는 "넓은 의미의 금반언"의 원칙의 적용 요건이 아니다. 즉, 넓은 의미의 금반언은 타방당사자의 피해를 요건으로 하지 아니한다.

## 다. 승인, 묵인과 금반언의 관계

### (1) 밀접한 관련성

승인(recognition), 묵인(acquiescence) 그리고 금반언은 3자가 모두 밀접한 관련성(closely related)을 갖고 국제법상 효과를 갖는다.[17] 일면 일방당사자의 선행 의사표시 또는 행동은 승인 또는 묵인으로 표시될 수 있고, 다른 일면 승인은 철회할 수 없고, 묵인도 묵인한 내용에 기속되는 효력을 발생하는 것이므로 승인과 묵인 그리고 금반언은 상호 밀접한 관련성을 갖고 있는 것이다. 승인과 묵인은 "원인"이고 금반언은 그의 "효과"라고 말할 수 있다. 즉, 승인과 묵인은 "법률요건"이고, 금반언은 "법률효과"라고 말할 수 있으므로 이들은 상호 밀접한 관계를 갖고 있다.

### (2) 공동의 적용성

승인, 묵인 그리고 금반언은 상호 밀접한 관련성을 갖고, 또한 특정 사건에 공동적으로 적용된다(jointly apply in a particular case).[18] 그러므로 승

---

16) *Ibid*, p.193.
17) Ott, *supra* n.6., p.107; Malanczuk, *supra* n.1, p.154; Brownllie, *supra* n.1, p.646.

인만, 또는 묵인만 단독으로 적용되는 것이 아니라 승인과 금반언이 공동으로, 또는 묵인과 금반언이 공동으로 적용되게 되는 것이다. 따라서 승인, 묵인 그리고 금반언은 상호 동일한 효과(same effects as one another)를 가져온다.[19]

### 라. 효과와 판례

#### (1) 효과
#### (가) 모순 주장의 금지
금반언의 효과는 선행의 의사 표시 또는 행위, 즉 본래의 의사표시(original representation) 또는 행위와 상이한 후속의 진술(different subsequent statement)을 금지하는 것이다.[20] 즉 선행의 의사표시 또는 행위에 모순·저촉되는 후속의 주장을 할 수 없는 것이다.

#### (나) 영토의 취득
금반언의 원칙은 그 자체만으로는 영토취득의 한 유형(modes of acquisition)이 아니나 영토취득에 중요한 역할(very important role)을 한다.[21] 즉, 금반언은 선점, 시효취득, 할양, 정복 등과 같은 영토취득의 한 유형은 아니지만 영토취득에 중요한 역할을 한다.

금반언은 특히 2개 국가 간의 분쟁에 있어서 비교우위적 상대적 권원(for the better relative title)의 획득에 중요한 역할을 한다.[22]

#### (2) 판례
금반언의 원칙에 관한 주요 국제판결을 열거해 보면 다음과 같다.

---

18) Ott, *supra* n.6., p.107.
19) Malanczuk, *supra* n.1, p.154.
20) Muller and Cotter, *supra* n.4, p.78.
21) Malanczuk, *supra* n.1, p.154.
22) Ott, *supra* n.6, p.107.

*The Grisbardana* Case(1902): UN, *RIAA*, Vol.2, 1948

*Caneraro* Case(1912): UN, *RIAA*, Vol.2, 1948, p.397.

*Serbian Bonds* Case(1929): PCIJ, *Series A*, Nos. 20/21, 1929, p.39.

*Eastern Greenland* Case(1932): PCIJ, *Series A/B*, No.53, 1933, p.37.

*Temple of Preach Vihear* Case(1962): ICJ, *Reports*, 1962, p.40.

*Barcelona Traction* Case(1964): ICJ, *Reports*, 1964, p.135.

*North Sea Continental Shelf* Case(1969): ICJ, *Reports*, 1969, p.26.

요컨대, 일본정부가 한국의 독도영토주권을 승인하고도 이에 반하는 주장을 하는 것은 금반언의 원칙에 요건을 충족했으므로 한국에 대한 독도영토주권의 승인과 모순·저촉되는 주장을 일본이 할 수가 없고, 이 주장은 금반언의 원칙에 위반되어 국제법 위반행위를 구성함은 검토의 여지가 없다.

## 2. 한일기본관계조약 전문의 위반

1965년 한일국교를 정상화하면서 한일합방 이후 한일관계를 정리하기 위해 한일양국은 "한일기본관계에 관한 조약"을 체결했다.

"한일기본조약" 전문은 다음과 같이 규정하고 있다.

> 대한민국과 일본국은,
> 양국 국민관계의 역사적 배경과, 선린관계와 주권상호존중의 원칙에 입각한 양국 관계의 정상화에 대한 상호 희망을 고려하며, 양국의 상호 복지와 공통 이익을 증진하고 국제평화와 안전을 유지하는 데 있어서 양국이 국제연합헌장의 원칙에 합당하게 긴밀히 협력함이 중요하다는 것을 인정하며, 또한 1951.9.8 샌프란시스코시에서 서명된 일본국과의 평화조약의 관계규정과 1948.12.12 국제연합 총회에서 채택된 결의 제195호(III)을 상기하며, 본 기본관계에 관한 조약을 체결하기로 결정하여, 이에 다음과 같이 양국간의 전권위원을 임명하였다.

일본이 한국의 독도영토주권을 승인하고 독도의 영토주권이 일본에 귀
속된다고 주장하는 것은 "한일기본조약" 전문에 명시된 선린관계와 주권
상호존중의 원칙을 위반한 것임은 검토의 여지가 없다.

## 3. 국제연합헌장 제1조 제2항의 위반

"국제연합헌장"은 제1조에서 "국제연합의 목적"을 규정하고, 제2조에서
"국제연합의 원칙"을 각각 규정하고 있다.
"국제연합헌장" 제1조 제2항은 국제연합의 목적23)의 하나로 우호관계의
촉진에 관하여 다음과 같이 규정하고 있다.

> 제 민족의 평등권 및 자결의 원칙의 존중에 기초하여 국가간의 우호관계를
> 발전시키며, 세계평화를 강화하기 위한 기타 적절한 조치를 취한다(To develop
> friendly relations among nations based on respect for the principle of equal rights
> and self-determi-nation of peoples, and to take other appropriate measures to
> strengthen universal peace).

일본이 한국의 독도영유권을 승인하고 이를 부정하는 것은 "국제연합헌
장" 제1조 제2항을 위반한 것이 명백하다.

## 4. 국제연합헌장 제2조 제4항의 위반

전술한 바와 같이 "국제연합헌장" 제2조는 "국제연합의 원칙"을 규정하
고 있다.
"국제연합헌장" 제2조 제4항은 국제연합의 원칙(principle)24)의 하나로

---

23) 국제연합의 목적은 국제 연합이 취하여야 할 지침(direction)을 의미한다(L. M. Goodrich,
E. Hambro, *Charter of the United Nations* (Boston: World Peace Foundation, 1949) p.22).
24) 이는 국제연합의 회원국과 국제연합의 행동의 기준(standard of conduct)을 의미
한다(L. M. Goodrich, E.Hambro and A. P. Simons, *Charter of the United Nations*,
3rd ed. (New York: Columbia University Press, 1969) p.36.).

타국의 영토보전과 독립의 존중에 관하여 다음과 같이 규정하고 있다.

> 모든 회원국은 그 국제관계에 있어서 다른 국가의 영토보전이나 정치적 독
> 립을 저해하거나 또는 국제연합의 목적과 양립하지 아니하는 어떠한 기타 방
> 식으로도 무력의 위협이나 무력의 행사를 삼간다(All Members shall refrain in
> their international relations from the threat or use of force against the territorial
> integrity of political independence of any state, or in any other manner
> inconsistent with the Purposes of the United Nations.).

일본이 한국의 독도영토주권을 승인하고 이를 부정하는 것은 "국제연합
헌장" 제2조 제4항의 영토보전을 저해의 규정을 위반하는 위법행위인 것
이다.

## 5. 대일평화조약 제19조 (d)항의 위반

"대일평화조약" 제19조 (d)항은 "일본정부는 점령기간 동안 점령 당국의
지시에 따라 또는 그의 지시의 결과로 … 효력을 인정하며 … "라고 규정
하고 있다. 동 조항의 규정에 의해 일본정부는 독도는 일본의 영토가 아
니라고 규정한 "SCAPIN 제677호" 제3항의 효력을 승인했다. 즉, 독도는 일
본의 영토가 아니라 한국의 영토임을 승인했다. 그러므로 일본이 독도가
한국의 영토가 아니라고 주장하는 것은 동 조약 제 19조 (d)항의 규정을
위반하는 위법행위인 것이다.

## 6. 국제연합총회의 우호관계 선언 결의의 위반

국제연합총회는 1970년 10월 24일 만장일치로 "국제연합헌장에 따라 국
가간의 우호관계와 협력에 관한 국제법 원칙 선언"(Declaration on Principles
of International Law Concerning Friendly Relations and Co-operation Among
States in accordance with the Chater of the United Nations)결의를 채택했다.[25)]

이를 약칭하여 "우호관계 선언 결의"(Friendly Relations Declaration Resolution)
라 한다.
동 선언은 다음과 같은 7개의 원칙으로 구성되어 있다.


(i) 무력의 위협 또는 행사 금지의 원칙
(ii) 국제분쟁의 평화적 해결 원칙
(iii) 국내문제 불감성의 원칙
(iv) 헌장에 대해 타국가의 협력할 의무 원칙
(v) 평등권과 자결 원칙
(vi) 국가주권 평등의 원칙
(vii) 헌장에 따라 신의성실의 원칙에 의한 의무 이행의 원칙[26]


일본정부가 독도를 한국이 불법점거하고 있다고 주장하는 것은 (iv)헌
장에 따라 타국의 협력할 의무와 (vii) 헌장에 따라 신의성실의 원칙에 따
른 의무 이행의 원칙을 위반한 것이다.
"우호관계선언결의"는 그 자체 국제조약이 아니며, 또 국제관습법도 아
니다. 그러나 그것은 일반집단안전보장기구인 국제연합총회의 결의로 그
자체 법적 구속력의 없어도 국가관행과 법적 확신의 증거(evidence of state
practice and *opino juris*)이며[27], 총회의 결의에 의해 선언된 규칙의 타당성
의 수락(an acceptance of the validity of the rule declared by the resolution)
이므로[28] 총회의 결의는 관습법의 법원(source of custom)이라고 할 수도
있다.[29]

---

25) GA Resolution 2625 (XXV).
26) Gaetano Arangio-Raiz, "Friendly Relations Resolution", *EPIL*, Vol.9, 1986, pp.136-39.
27) Gideon Boas, *Public Internatonal Law* (Cheltham: Edward Elgar, 2012), pp.86-89.
28) *Military and Paramilitary Activities in and against Nicaragnd* (1989): ICJ, *Reports*,
1989, p.188.
29) Gideon Boas, *Public Internatonal Law* (Cheltham: Edward Elgar, 2012), p.88.

## 7. UNESCO 총회의 교육에 관한 선언 결의의 위반

1995년 11월 파리에서 개최된 제28차 UNESCO 총회는 "평화, 인권 및 민주주의를 위한 교육에 관한 선언 및 실천행동의 통합체계"(Declaration and Integrated Framework of Action on Education for Peace, Human Rights and Democracy)라는 선언 결의를 채택했다. 동선언 결의는 교과서에 관해 다음과 같은 행동지침(line of action)을 규정하고 있다.

> … 부정적인 고정관념과 "타인"에 대한 왜곡된 시각을 고치는데 교과서의 필요한 개정이 요구된다. … 교과서는 주어진 주제에 관한 다른 관점을 제시하여야하며 그들이 쓰여진 것에 대한 국가적 문화적 배경을 솔직히 보여 주어야 한다(It is necessary to make the necessary revision to textbooks to get rid of negative stereotypes and distort view of "the other," … the textbook should offer different perspectives on a given subject and make transparent the national or cultural background against which they are written).

일본정부가 한국의 독도영유권을 승인하고도 이를 부정하는 내용을 교과서에 기재하는 것은 "왜곡된 시각"임에 틀림이 없고, 주어진 주제에 대한 "다른 관점의 제시"가 없으며, "쓰여진 것에 대한 국가적 문화적 배경을 솔직히 보여주지" 못하고 있다. 따라서, 일본정부의 교과서를 매체로 한 일본의 독도영유권의 주장은 UNESCO 총회의 위의 선언결의를 위반한 것이다. 물론 동선언결의는 그 자체 법적 구속력이 없다. 그러나 이는 조직의 결정의 중요성을 강조하는 조직의 단순한 바램일 뿐이다(solely the organizations desire to underline the importance of its decision).[30]

---

30) Henry G. Schermers, "International Organization Resolution", *EPIL* Vol.5, 1983, p.160.

## 8. 국제연합총회의 국가의 존재권 결의안의 위반

1947년 파나마는 1947년 국제연합총회에 "국가의 권리의무에 관한 선언 초안"(Draft Declaration on the Rights and Duties of State)을 제출한 바 있다. 동 초안 제1조는 국가는 "존재의 권리"(right to exist)를 갖는다고 다음과 같이 규정하고 있다.

모든 국가는 존재의 권리 그리고 이의 존재를 위한 보호와 보존의 권리를 갖는다. 이 권리는 국가는 다른 국가에 대해 그의 존재 보호와 보존을 위해 부정한 행위를 하는 것을 범하거나 정당화되지 아니하는 권리를 갖는 것을 의미하지 아니한다(every state has the right to exist and right to protect and preserve its existence; this right does not imply that a state is entitled to commit or(is) unjustified in commiting unjust sets towards other states in order to protect and preserve its existence)[31]

일본정부가 한국의 독도영토주권을 승인하고 독도영유권이 일본에 귀속된다는 주장을 하는 것은 "다른 국가에 대해 그의 존재 보호와 보전을 위에 부정한 행위"를 하는 것으로 이는 동 결의안을 위반한 것이 명백하고 물론 동 결의안은 법적 구속력이 있는 것이다.

---

31) ILC, *Yearbook of International Law Commission*, 1949, p.178; Majorie M. Whiteman, *Digest of International Law* Vol.5 (Washington, D.C: USGPO, 1974), p.87.

# 제2절_ 정책대안의 제의

## I. 대일정책

### 1. 적극적 공세정책으로의 전환

지금까지 일본정부가 한국이 독도를 불법적으로 점거하고 있다는 주장에 대해 소극적·수세적으로 대응하는 정책을 추진해왔으나 일본정부의 주장에 앞서 독도는 일본정부가 한국의 영토로 승인한 한국의 영토라는 것의 근거를 제시하여 적극적, 공세적 정책으로 전환한다.

### 2. 국제법 위반이라는 정책으로의 전환

역사적 권원에 근거한 주장으로부터 국제법에 근거한 법적 주장으로의 전환이 요구된다. 일본정부가 한국의 독도영토주권을 승인하고 이에 모순·저촉되는 주장을 하는 것은 "대일평화조약", "국제연합헌장", "한일기본관계조약" 그리고 금반언의 원칙을 위반한 국제법 위반행위라는 것을 정책에 적극 반영한다.

## II. 대연합국정책

"대일평화조약"의 계약당사국인 48개 연합국에 대해 연합국이 한국이 독도영토주권을 승인한 사실, 특히 "대일평화조약" 제19조 (d)항에 의거, 한국의 독도영토주권을 조약에 의해 승인한 사실과 국제연합과 일본정부도 한국의 독도영토주권을 승인한 사실을 환기시키며 독도의 영유권이 한국에 귀속된다는 한국의 주장에 대한 확고한 이해와 지지를 획득하기 위한 외교정책을 수립·추진하고 가능하면 "대일평화조약" 체약 당사국 회의를 소집하도록 하여 한국의 독도영토주권을 재확인하도록 하는 대연합국 외교정책을 수립·시행한다.

이를 위해서는 "대일평화조약"의 기탁국인 미국에 대한 긴밀한 외교교섭이 요구된다.


## Ⅲ. 대국제연합정책

국제연합총회에서 국제연합이 한국의 동도영토주권을 승인한 사실을 환기시키고, "대일평화조약" 제19조 (d)항에 의거, 연합국과 일본정부도 한국이 독도영토주권을 승인하여 국제법상 독도는 한국의 영토라는 이해와 지지를 획득하도록 하는 대국제연합 회원국 외교정책을 수집·시행하고, 가능하면 아세아지역 영토문제를 조사·연구를 위한 특별위원회를 조직하는 권고 결의안을 총회에 제출하고 특별위원회가 독도는 한국의 영토라는 보고를 하도록 결의하는 외교정책을 추진한다.


## Ⅳ. 대국민정책

한국의 독도영토주권은 연합국, 국제연합 그리고 일본정부가 스스로 승인했다는 사실을 홍보하여 국민의 영토의식을 한층 더 확고히 하고 애국심을 고향하여 독도 영유권의 보전을 위한 대국민 홍보, 교육정책을 수립·추진한다. 특히 일본정부가 일본의 명치정부 시절서부터 태정관지령문 통해 조선의 독도영유권을 승인하고 1951년 『대일평화조약』 제19조(d)항을 통해 연합국에 대해 한국의 독도영유주권을 명시적으로 승인했다는 사실을 국민에게 널리 홍보한다.

# 참고문헌

〈국내문헌〉

김명기,「국제법원론」상, 서울: 박영사, 1996.

_____,「독도강의」, 서울: 독도조사연구학회, 2007.

_____, 엄정일, "제2차 대전 이후 한국의 독도에 대한 실효적 지배의 증거",「독도 논총」제1권 제1호, 2006.

_____,「독도영유권자료의 탐구」, 서울: 독도연구보전협회, 2000.

김병륜, "방공식별구역(KADIZ)과 국가관할권에 대해",「국방소식」제173호, 2005.4.

대한민국 국방부,「전쟁법 해설」, 서울 국방부 2010.

신용하,「독도의 민국영토사연구」, 서울: 지식산업사, 1996.

외무부,「독도문제개론」외교문제총서 제11호, 서울: 외무부 정무국, 1955.

자승구, "일본법령 28개 독도를 외국 또는 일본 부속섬이라 명시",「월간조선」, 2015.5.

정태만, "일본영역참고도와 연합국의 대일평화조약", 독도보전협회 2015년 학술대회,「일본 아베 정권의 독도 침략 정책 강화 추세와 한국의 독도 영유권의 명중」, 2015.10.8, 서울역사박물관.

_____, "조선국교제시발내탐서 및 태정관지령과 독도",「독도연구」제17호, 2014.

太政官編,「公文錄」, 內務省之部, 1877년 3월 17일조 "日本海內竹島外一島地籍編纂 方伺"

현대송, "공문록",「독도사전」, 서울: 해양수산개발원, 2011.

현대송, "태정류전", 해양수산개발원,「독도사전」, 서울: 해양수산개발원, 2011.

홍성근, "독도폭격사건의 국제법적 쟁점 분석", 독도학회편「한국의 독도영유권연 구사」, 서울: 독도연구보전협회, 2003.

〈국외문헌〉

Alexander, Orakheashivili, and Sarah Williams(eds.), *40 Year of VCLOT* (British Institute of International Law and Comparative Law), 2010.

Arangio-Raiz Gaetano, "Friendly Relations Resolution", *EPIL* Vol.9, 1986.

Aust Antony, *Handbook of International Law*, Cambridge: Cambridge University Press, 2010.

Bernhardt, R., "Interpretation of International Law", *EPIL* Vol.7, 1984.

Boas Gideon, *Public Internatonal Law* (Cheltham: Edward Elgar, 2012).

Bowett, D. W., *United Nations Forces*, New York: Praeger, 1964.

Boxter, Richard, R. "Constitutional Forms and Some Legal Problems of International Military command", *BYIL* Vol.29, 1952.

Brack, Henry Campel, *Brack's Law Dictionary*, St. Paul: West, 1979.

Brownlie Ian, *International Law and the Use of Force by States*, Oxford: Clarendon, 1963.

_____, *Principle of Public International Law*, 5th ed., Oxford: Oxford Univ. Press, 1998.

Clire, Parry, "The Law of Treaty", Max Sorensen(ed.), *A Manual of International Law*, New York: Macmillan, 1968.

Cooper, John C., "Space above the Sea", in I. Vlasic(ed.), *Explorations in Aerospace Law*, Montreal; McGill Univ. Press, 1968.

Cruz, Isagani A., *International Law*, Quezon: Central Lawbook, 1992.

Cuadra, E., "Air Defense Identification Zone: Creeping Jurisdiction in the Airspace", *AJIL* Vol.18, 1978.

Cukwurah, A. O., *The Settlement of Boundary Disputes in International Law*, Manchester: Manchester University Press, 1967.

Dominick Mary F., "Notification", *EPIL* Vol.9, 1986.

Edmound Jan Osmanczyk, *The Encyclopeadia of the United Nations*, 2nd ed, (New York: Taylor and Francis, 1990.

Elias, T.O., *The Modern Law of Treaties*, Leiden: sijthoff, 1974.

Fiedler, Wilfriend, "Unilateral Acts in International Law", *EPIL* Vol.7, 1984.

Fitzmaurice, G., "The Law and Practice of the International Court of Justice", *BYIL*

Vol.33, 1957.

Frowein, Jochen Abr, "Recognition", *EPIL* Vol.10, 1987.

Georg Schwarzenberger, "Title to Territory Response to Challenge", *AJIL* Vol.51, 1957.

Georg Schwarzenberger and E .D. Brown, *A Manual of International Law*, 6th ed., Milton: Professional Books, 1976.

Gerhard von Glahn and James Larry Taulbee, *Law among Nations*, 9th ed., London: Pearson 2009.

Giahn, Gerhard von, *Law Among Nations*, 4th ed., New York: Macmillan, 1981.

Goodrich, Stephen S., *The Nature and Function of International Organization*, 2nd ed., Oxford: Oxford University Press, 1967.

Grant John and J, Craig Barker, *Encyclopediac Dictionary of International Law*, Oxford: Oxford University Press, 2009.

Grief Nicholas, *Public International Law in the Airspace of the High Seas*, Dordrecht: Nijhoff, 1994.

Hailbonner, Kay, "Airspace over Maritime Areas", *EPIL* Vol.11, 1989.

Hedd, I. L., "ADIZ, International Law and Contiguous Airspace", *Alberta Law Review* Vol.3, 1964.

Higgins, Rosalyn, *The Development of International Law through the Political Organs of the United Nations*, London: Oxford Univ. Press, 1963.

_____, *United Nations Peacekeeping*, 1946-1967, Documents and *Commnetary* Ⅱ, Asia, London: Oxford Univ. Press, 1970.

Hons Kelsen, *Princeples of International Law*, 2nd ed.,NewYork : Holt, 1967.

Hyde, Charles Cheney, "Maps as Evidence in International Boundary Disputes", *AJIL* Vol.27, 1933.

ICJ, Judgement, 23 May 2008.

___, *Reports*, 1949.

___, *Reports*, 1950.

___, *Reports*, 1952.

___, *Reports*, 1953.

___, *Reports*, 1957.

___, *Reports*, 1959.

___, *Reports*, 1962.

___, *Reports*, 1964.

___, *Reports*, 1975.

___, *Reports*, 1986.

___, *Reports*, 1989.

___, *Reports*, 1992.

___, *Reports*, 1994.

___, *Reports*, 2002.

Jennigs, Robert and Arthur Watts(eds), *Oppenheim's International Law*, 9th ed., Vol.1, London: Longmans, 1992.

The Japanese Ministry of Foreign Affairs, "Note Verbal" of the Japanese Ministry of Foreign Affairs Dated July 13, 1953.

_____, Note Verbale dated August 27, 1954.

Jones, F.C., H. Barton and P.R. Beam, *Survey of International Affairs, Far East, 1904-1946*, London: Oxford University Press, 1955.

Kaczorowiska A., *Public International Law*, 4th ed., London: Roatledge, 2010.

Kaiser, Joseph H., "Timor Island Arbitration", *EPIL*, Vol.2, 1981.

Kelsen, Hans, *The Law of United Nations*, New York: Praeger, 1954.

Kim, Myung-Ki, *The Korean War and International Law*, Claremont, California: Paige Press, 1991.

The Korean Ministry of Foreign Affairs, 1953, The Korean Government's Views concerning Dokdo (Takeshima) dated July 13, 1953 (September 9) (한국정부견해 1).

_____, 1954, The Korean Government's View Retuting the Japanese Governments View of the Territorial Ownership of Dokdo (Takeshima), as Taken in the Note Verbale No.15/ A2 Dated February 10, 1954 (September 25) (한국정부견해 2).

_____, 1959, The Korean Government's Views Retuting the Japanese Governments Version of the Ownership of Dokdo dated September 20, 1954 (January 7) (한국정부견해 3).

Korl, Wolf Wolfram, "Conflicts between treaties," *EPIL* Vol 7, 1984.

Kunz, Josef L., "Legality of the Security Council Resolutions of June 25 and 27, 1950", *AJIL* Vol.45, 1951.

ILC, *Yearbook of International Law Commission*, 1949.

L. McNair, *The Law of Treaties* (Oxford: Clarendon, 1961), p.485; MacGibbon, I. C. "The Scope of Acquiescence of International Law", *BYIL* Vol.31, 1954.

Lachs M., "Recognition and International Co-operation", *BYIL* Vol.35, 1959.

Lauterpact, H., *Recognition in International Law*, Cambrige: Cambrige University Press, 1948.

Levi, Werner, *Contemporary International Law*, Boulder: Westview, 1979.

Lowe Vaughan, *International Law*, Oxford: Oxford University Press, 2007.

M. Lachs, "Recognition and International Co-operation", *BYIL* Vol.35, 1959.

Malanczuk, Peter (ed.), *Akehust's Modern Introduction to International Law*, 7th ed., London: Routledge. 1987.

McNair, Lord, *The Law of Treaties*, Oxford: Clarendon, 1961.

Moore, John Bassett, *International Arbitration*, Vol.2, Washington, D.C: USGPO, 1898.

Muller, Jorg and Thomas Coller, "Estoppel", *EPIL* Vol.7, 1984.

Munkman, A. L. W., "Adjudication and Adjustment- International Judicial Decision and Settlement of Territorial and Boundary Disputes", *BYIL* Vol.45, 1972-1973.

Nicholas, Herbert, "An Appraisal" in Lincoln P. Bloomfield(ed.), *International Military Forces*, Boston: Little Brown, 1964.

O'Connell, D.P., *The International Law of the Sea*, Vol.2, Oxford: Clarendon, 1984.

Opinion and Award of Guatemala-Honduras Special Boundary Tribunal, January 23, 1933.

Osmanczyk, Edmund, Jan, *Encyclopedia of the United Nations*, 2nd ed., New York: Tayor and Francis, 1990.

Ott, David H., *Public International in the Modern World*, London: Pitman, 1987.

Paryy, Clive, "The Law of Treaty", in Max Sorensen(ed.), *A Manual of International Law*, New York: Macmillan, 1968.

PCIJ, *Series B* No.2 and 3, 1922.

____, *Series B*, No.8, 1923.

____, *Series B*, No.9, 1924.

_____, Series A, No. 20/21, 1929.

_____, Series A/B No.53, 1933.

Rosalyn Higgins, The Development of International Law through the Political Organs of the United Nations, London: Oxford Univ. Press, 1963.

Russell, The United Nations and United States Security Policy, Washington, D.C: Brookings Institution, 1964.

Sandifer, D.V., Evidence before International Tribunals, revised ed., Chicago: Chicago Univ. Press, 1975.

SCAPIN, File Room 600-1, 1946.

Schermers Henry G., "International Organization Resolution", EPIL Vol.5, 1983.

Schuschnigg, Kurt von, International Law, Milwaukee: Bruce, 1959.

Schwazenberger, G. and E .D. Brown, A Manual of International Law, 6th ed., Milton: Professional Books, 1976.

Schwazenberger, George, "Title to Territory Response to Challenge", AJIL Vol.51, 1957.

Seyested, Fin, United Nations Forces: in the Law of Peace and War, Leyden: Sijthoff, 1966.

Shabtai, Rosenne "Vienna Convention on the Law of Treatics", EPIL Vol.7, 1984.

Shaw, Malcolm N., International Law, 4th. ed., Cambridge: Cambridge Univ. Press, 1997.

Shin, Sung Hwan, "Legal Aspects for the Peaceful Use of the Far East Aerospace", Conference on the World Air and Space Law, held in Seoul, June 1997.

Sinclair, Ian, The Vienna Convention on the Law of Treaties, 2nd ed., Manchester: Manchester University Press, 1984.

Sohn, Louis and Kristen Gustafson, The Law of the Sea, St. Paul: West, 1984.

Sorensen Max(ed.), Manual of Public International Law, London: Macmillan, 1938.

Starke, J. G., Introduction to International Law, 9th ed., London: Butterworth, 1984.

Thirlway, Hagh, "The Law and Procedure of The International Court of Justice", BYIL Vol.62, 1997.

Triggs G.D., International Law, New York: Butterworths, 2006.

UN, S/1501; YBUN, 1950.

_____, S/1511; YBUN, 1950.

____, S/1588; *YBUN*, 1950.

____, *UNTS*, Vol.136.

US Department of State, *Bullentin*, 7 Aug. 1950.

_____, "Commentary on Treaty of Peace with Japan", November 2, 1949.

_____, "Draft Treaty of Peace with Japan on December 29, 1949" (December 29, 1949) "Office Memorandum: Attached Draft, August 14, 1949.

_____, "Office Memorandum: Background of Draft of Japanese Peace Treaty"(january 30, 1948).

_____, "Office of US Political Adviser for Japan, Tokyo, "Comment on Draft Treaty of Peace with Japan"(November 19, 1949).

_____, from Hugh Borton(Acting Special Assistant to the Director, Office of Far Eastern Affairs) to Charles E. Bohles(Counsellor of the Department of State), "Office Memorandum: Draft Treaty of Peace for Japan"(August 6, 1947).

_____, from Dean G. Acheson(Under Secretary of State) to General MacArthur (The Supreme Commander for the Allied Powers), "Memorandum: Outline and Various Sections of Draft reaty"(March 20, 1947), Attached Draft(March 19, 1947).

_____, G.H. Hackworth Memorandum, December 13, 1940.

Wallace, Rebecca M.M., *International Law*, 4th ed., London: Tomson, 2005.

Weissberg, Guenter, "Maps as Evidence in International Boundary Disputes: A Reappraisal", *AJIL. Vol.57, 1963.*

Werner, Morvay, 1982, "Peace Treaty with Japan", *EPIL* Vol.4.

Whiteman, Marijorie M., *Digest of International Law* Vol.2, Washington, D.C: USGPO., 1963.

Wright, Q., "Recognition, Intervention and Ideologies", *Indian Yearbook of International Affairs*, Vol.7, 1858.

Whiteman, Marjorie M., *Digest of International Comment* (Digest of International Law, Vol.14, Washington, D.C: U.S.G.P.O, 1970.

_____, *Digest of International Law* Vol.2, Washington, D.C.:

USGPO, 1963.

_____, *Digest of International Law* vol.4, Washington, D.C.: USGPO, 1965.

_____, *Digest of International Law* Vol.5, Washington, D.C.: USGPO, 1974.

_____, *Digest of International Law* vol.9, Washington, D.C: USGPO, 1968.

Wright  Q., "Recognition, Intervention and Ideologies", *Indian Yearbook of International Affairs*, Vol.7, 1858.

# 저자의 독도연구 목록

## I. 독도연구 저서목록

1. 『독도와 국제법』, 서울: 화학사, 1987.
2. 『독도연구』(편), 서울: 법률출판사, 1997.
3. 『독도의용수비대와 국제법』, 서울: 다물, 1998.
4. 『독도의 영유권과 국제법』, 안산: 투어웨이사, 1999.
5. Territorial Sovereignty over Dokdo, Claremont, California: Paige Press, 2000.
6. 『독도특수연구』(편), 서울: 법서출판사, 2001.
7. 『독도의 영유권과 신한일어업협정』, 서울: 우리영토, 2007.
8. 『독도의 영유권과 실효적 지배』, 서울: 우리영토, 2007.
9. 『독도의 영유권과 대일평화조약』, 서울: 우리영토, 2007.
10. 『독도강의』, 서울: 독도조사연구학회 / 책과사람들, 2009.
11. 『독도 100문 100답집』, 서울: 우리영토, 2008.
12. 『독도영유권의 역사적·국제법적근거』, 서울: 우리영토, 2009.
13. 『일본외무성 다케시마문제의 개요 비판』(공저), 서울: 독도조사연구학회 / 책과사람들, 2010.
14. 『안용복의 도일활동과 국제법』, 서울: 독도조사연구학회 / 책과사람들, 2011.
15. 『독도의 영유권과 국제재판』, 서울: 한국학술정보, 2012.
16. 『독도의 영유권과 권원의 변천』, 서울: 독도조사연구학회 / 책과사람들, 2012.
17. 『독도 객관식문제연습』, 서울: 한국학술정보, 2013.
18. 『간도의 영유권과 국제법』, 서울: 한국학술정보, 2013.
19. 『독도영유권 확립을 위한 연구 V』(공저)(영남대 독도연구소 독도연구총서9), 서울: 선인, 2014.
20. 『독도총람』, 서울: 선인, 2014.
21. 『독도의 영유권과 국제해양법』, 서울: 선인, 2015.

22. 『독도의 영유권 확립을 위한 연구Ⅵ』(공저)(영남대 독도연구소 독도연구총서
    10), 서울: 선인, 2015.
23. 『독도의 영유권 확립을 위한 연구Ⅶ』(공저)(영남대 독도연구소 독도연구총서
    11), 서울: 선인, 2016.

## Ⅱ. 독도연구 논문목록

1. "독도의 영유권 귀속", 육군사관학교, 『육사신보』 제185호, 1978.6.30.
2. "국제법상 독도의 영유권", 국가고시학회, 『고시계上』 제23권 제9호, 1978.9.
3. "The Minquiers and Ecrehos Case의 분석과 독도문제", 지학사, 『월간고시』 제6권
   제3호, 1979.3.
4. "독도의 영유권문제에 관한국제사법재판소의 관할권"(상), 국가고시학회, 『고시
   계』 제6권 제3호, 1979.3.
5. "독도영유권문제에 관한 국제사법재판소의 관할권"(하), 국가고시학회, 『고시계』
   제24권 제11호, 1979.11.
6. "독도 문제에 관한 국제사법재판소의 관할권에 관한 연구", 대한국제법학회,
   『국제법학회논총』 제27권 제2호, 1982.12.
7. "독도에 대한 일본의 선점 주장과 통고 의무", 국가고시학회, 『고시계』 제28권
   제8호, 1983.8.
8. "국제법상도근현고시 제40호의 법적 성격", 법지사, 『월간고시』 제10권 제11호,
   1983.11.
9. "독도의 영유권과 제2차 대전의 종료", 대한국제법학회, 『국제법학회논총』 제30
   권 제1호, 1985.6.
10. "국제법상 일본으로부터 한국의 분리에 관한 연구", 대한국제법학회, 『국제법
    학회논총』 제33권 제1호, 1988.6.
11. "한일 간 영토분쟁(독도): 독도의 영유권에 관한 일본정부 주방에 대한 법적 비
    판", 광복 50주년 기념사업회, 『청산하지 못한 일제시기의 문제』, 서울: 광복 50
    주년기념사업회, 1995.6.30.
12. "한일 간 영토분쟁", 광복50주년기념사업회·학술진흥재단, 『일제식민정책 연
    구논문』, 서울: 학술진흥재단, 1995.8.

13. "자존의 땅 – 독도는 우리의 것", 경인일보사,『메트로포리스탄』제26호, 1996.2.
14. "한일 배타적 경제수역 설정과 독도 영유권", 자유총연맹,『자유 공론』제348 호, 1996.3.
15. "국제법상독도영유권과 한일 경제수역", 국제문제연구소,『국제문제』제27권 제4호, 1996.4.
16. "독도의 영유권에 관한 한국과 일본의 주장 근거", 독도학회,『독도의 영유권과 독도 정책』, 독도학회 창립기념 학술심포지움, 1996.4.
17. "독도에 대한 일본의 영유권 주장의 부당성", 도서출판 소화,『지성의 현장』제 6권, 제7호, 1996.7.
18. "독도에 대한 일본의 무력행사시 제기되는 국제법상 제 문제", 한국군사학회, 『군사논단』제7호, 1996.7.
19. "한국의 독도 영유권 주장 이론", 한국군사문제연구소,『한국군사』제3호, 1996.8.
20. "독도의 영유권 문제와 민족의식", 한국독립운동사연구소 · 독도학회, 제10회 독립운동사 학술심포지움, 1996.8.8.
21. "국제법 측면에서 본독도문제", 국제교과서연구소, 국제역사교과서 학술회의, 프레스센타, 1996.10.23-24.
22. "국제법으로 본 독도영유권", 한국독립운동연구소,『한국독립운동사연구』제10 집, 1996.
23. "독도의 영유권과 한일합방 조약의 무효", 한국외교협회,『외교』제38호, 1996.
24. "독도와 대일 강화조약 제2조", 김명기 편,『독도연구』, 서울: 법률출판사, 1996.
25. "대일 강화조약 제2조에 관한 연구", 대한국제법학회,『국제법학회논총』제41권 제2호, 1996.12.
26. "독도와 조어도의 비교 고찰", 국제문제연구소,『국제문제』제28권 제1호, 1997.1.
27. "독도에 대한 일본의 영유권 주장에 대한 소고", 명지대학교,『명대신문』제652 호, 1997.11.7.
28. "A Study on Legal of Japa's Claim to Dokdo", The Institute of Korean Studies, *Korea Observer*, Vol.28, No.3, 1997.
29. "독도의 영유권에 관한 연구: 독도에 대한 일본의 무력행사의 위법성", 대한국 제법학회,『국제법학회논총上』제42권 제2호, 1997.6.
30. "독도에 대한 일본의 무력행사시 국제연합의 제재", 아세아 사회과학연구원 연구논총『한일간의 국제법 현안문제』제7권, 1998.4.

31. "*The Island of Palmas* Case(1928)의 판결요지의 독도문제에의 적용", 판례월보사, 『판례월보』 제336호, 1998.9.
32. "독도문제 해결을 위한 새 제언", 한국외교협회, 『외교』 제47호, 1998. 10.
33. "독도문제와 조어도 문제의 비교고찰", 강원대학교 비교법학연구소, 『강원법학』 제10권(김정후교수 회갑기념 논문집), 1998.10.
34. "*The Clipperton Island* Case(1931) 판결요지의 독도문제에의 적용", 판례월보사, 『판례월보』 제346호, 1999.7.
35. "독도에 대한 일본정부의 주장과 국제사법재판소의 관할권에 관한 연구", 명지대학교 사회과학연구소, 『사회과학논총』 제15집, 1999.12.
36. "독도영유권과신 한일어업협정", 독도학회, 한일어업협정의 재개정준비와 독도 EEZ 기선문제 세미나, 2000.9.
37. "한일 간 독도영유권 시비의 문제점과 대책", 한국군사학회, 『한국의 해양안보와 당면 과제』(국방·군사세미나논문집), 2000.10.
38. "독도의 영유권과 신 한일어업협정 개정의 필요성", 독도학회, 『독도영유권연구논집』, 서울: 독도연구보전협회, 2002.
39. "A Study an Territioral Sovereignty over Dokdo in International Law-Refutation to the Japanese Gerenment's "Assertions of the Occupied Territory", 독도학회, 『독도영유권 연구논집』, 서울: 독도연구보전협회, 2002.
40. "헌법재판소의 신 한일어업협정의 위헌확인 청구에 대한 기각 이유 비판", 판례월보사, 『쥬리스트』, 2002.3.
41. "독도영유권에 관한 일본정부 주장에 대한 법적 비판", 독도학회, 『한국의 독도영유권 연구사』, 서울: 독도연구보전협회, 2003.
42. "독도개발 특별법에 관한 공청회를 위한 의견서", 국회농림해양수산위원회, 『독도개발특별법안에 관한공청회』 2004.2. 2. 국회의원회관.
43. "한일어업협정 폐기의 법리", 『한겨레신문』, 2005.5.13.
44. "독도의 실효적 지배 강화와신 한일어업협정의 폐기", 국제문제연구소, 『국제문제』 제36권 제6호, 2005.6.
45. "한일어업협정과 독도영유권 수호정책", 한국영토학회, 『독도 영유권수호의 정책방안』, 한국영토학회주최학술토론회, 국회헌정기념관별관 대회의실, 2005.11.
46. "독도문제와 국제재판/국제재판소의 기능과 영향력", 자유총연맹, 『자유공론』 제464호, 2005.11.

47. "독도의 실효적 지배 강화와 역사적 응고 취득의 법리", 국제문제연구소, 『국제 문제』 제36권 제11호, 2005.11.

48. "독도의 영유권문제에 대한국제사법재판소의 관할권", 국제문제연구소, 『국제 문제』 제37권 제1호, 2006.1.

49. "독도와 연합군 최고사령부 훈령 제677호에 관한 연구", 한국 외교협회, 『외교』 제76호, 2006.1.

50. "신 한일어업협정과 금반언의 효과", 독도조사 연구학회, 『독도논총』 제1권 제1 호, 2006.4.

51. "제2차 대전 이후 한국의 독도에 대한 실효적 지배의 증거", 독도조사 연구학 회, 『독도논총』 제1권 제1호, 2006.4.

52. "맥아더 라인과 독도", 국제문제연구소, 『국제문제』 제37권 제5호, 2006.5.

53. "대일 평화조약 제2조 (a)항과 한국의 독도 영유권에 관한 연구", 한국외교협 회, 『외교』 제78호, 2006.7.

54. "독도 영유권에 관한 대일 평화조약 제2조에 대한 일본정부의 해석 비판", 국 제문제연구소, 『국제문제』 제37권 제7호, 2006.7.

55. "Sovereignty over Dokdo Island and Interpretation of Article 2 of the Peace Treaty with Japan", The Institute for East Asian Studies, *East Asian Review*, Vol.18, No.2, 2006.

56. "독도를 기점으로 하지 아니한 신 한일어업협정 비판", 독도조사연구학회, 『독 도논총』 제1권 제2호, 2006.9.

57. "대일 평화조약 제2조의 해석과 Critical Date", 독도조사연구학회, 『독도논총』 제1권 제2호, 2006.9.

58. "독도의 실효적 지배 강화와 Critical Date", 법조협회, 『법조』, 통권 제602호, 2006.11.

59. "국제연합에 의한 한국의 독도영유권승인", 한국외교협회, 『외교』 제81호, 2007.4.

60. "한일어업협정 제9조 제2항과 합의 의사록의 위법성. 유효성", 독도본부, 제15 회 학술토론회(토론), 2007.1.16.

61. "한일공동관리수역의 추적권 배제는 독도영유권 침해행위", 독도본부, 제16회 학술토론회, 2007.2.24.

62. "한일어업협정 폐기해도 금반언의 원칙에 의한 일본의 권리는 그대로 남는다", 독도본부, 제17회 학술토론회, 2007.3.31.

63. "한일어업협정은 어업협정인가?", 독도본부, 제18회 학술토론회, 2007.4.18.
64. "대일평화조약상 독도의 영유권과 uti possidetis 원칙", 한국외교협회,『외교』 제81호, 2007.5.
65. "국제법학자 41인의 '독도영유권과 신한일어업협정에 대한 우리의 견해'(2005. 4.5)에 대한 의견", 독도본부, 제19회 학술토론회, 2007.5.23.
66. "한일어업협정 폐기 후 이에 국제법상 대책방안 모색", 독도본부, 제20회 학술 토론회, 2007.6.20.
67. "한일어업협정 폐기 후 대안 협정 초안 주석", 독도본부, 제21회 학술토론회, 2007.7.18.
68. "한일어업협정 폐기 후 대안 협정 초안 주석(I)", 독도본부, 제22회 학술토론회, 2007.8.21.
69. "국제연합과 독도영유권", 국제문제연구원,『국제문제』제38권 제10호, 2007.10.
70. "독도연구의 회고와 전망", 동북아역사재단주최, 주제강연(2007.11.7, 아카데미 하우스).
71. "국제연합에 의한 한국독도영유권의 승인에 관한 연구", 외교협회,『외교』제85 호, 2005.4.
72. "대한민국국가지도집중 영토와 해양의 동측 경계의 오류", 독도조사연구학회, 2008년도 정기학술세미나(2008.6.28, 독도본부 강당).
73. "The Territorial Sovereignty over Dokdo in The Peace Treaty with Japan and the Principle of uti possidetis", *Korean Observation of Foreign Relations*, Vol.10, No. 1, August 2008.
74. 『독도 100문 100답집』, 서울: 우리영토, 2008.8.
75. "독도 연구의 회고와 전망", 동북아역사재단,『독도시민사회백서 2006-2007』, 2008.4.
76. "국제법상 일본의 독도영유권 주장에 대한 대일항의에 관한 연구", 영남대학교 독도연구소,『독도연구』제5호, 2008.12.
77. "일본의 기망행위에 의해 대일평화조약 제2조에서 누락된 독도의 영유권", 외 교통상부,『국제법 동향과 실무』제7권 제3.4호, 2008.12.
78. "패드라 브랑카 사건(2008) 판결과 독도영유권", 법률신문사,『법률신문』제 3714호, 2009.1.15.
79. "페드라 브랑카 사건과 중간수역 내의 독도"(상), 한국국제문화연구원,『국제문

제』 제40권 제3호, 2009.3.

80. "독도영유권문제와 국제법상묵인의 법적 효과", 한국외교협회, 『외교』 제89호, 2009.4.

81. "페드라 브랑카 사건과 중간수역 내의 독도"(하), 한국 국제문화연구원, 『국제 문제』 제40권 제4호, 2009.4.

82. 『독도영유권의 역사적·국제법적 근거』, 서울: 우리영토, 2009.6.

83. "독도의 실효적 지배강화 입법정책 검토", 동북아역사재단발표, 2009.6.5.

84. "독도의 실효적 지배강화 입법정책의 국제법상 검토", 법률신문사, 『법률신문』 제3757호, 2009.6.25.

85. "페드라 브랑카 사건(2008)의 판결취지와 독도영유권문제에 주는 시사점", 영 남대학교 독도연구소, 『독도연구』 제6호, 2009.6.

86. "한일 해양수색 및 구조훈련과 독도영유권", 법률신문사, 『법률신문』 제3778호, 2009.9.17.

87. "정부의 독도시책과 학자의 독도연구 성찰", 동북아역사재단 독도연구소 콜로 키움, 제천, 2009.10.15.

88. "다케시마 10포인트 대일평화조약 관련조항 제3항 비판", 한국해양수산개발원, 『독도연구저널』 제17권, 2009.가을.

89. "국제법상지도의 증명력", 독도보전협회, 서울역사박물관, 토론발표, 2009.10.11.

90. "간도영유권회복, 대책 시급", 자유총연맹, 『자유공론』 제7호, 2008.8.

91. "조중국경조약과 간도", 북한연구소, 『북한』 제441호, 2008.9.

92. "간도영유권 100년 시효실의 긍정적 수용제의"(상), 천지일보사, 『천지일보』 제 11호, 2009.11.18.

93. "안용복의 도일활동의 국제법싱; 효과에 관한 연구" 동북아역사재단 위촉연구, 2009.12.20.

94. "안용복의 도일활동과 국제법", 『독도저널』, (08-09) 2009.9.

95. "국제법상대한제국칙령 제41호에 의한 역사적 권원의 대체", 한국해양수산개 발원, 『독도연구저널』 제9권, 2010.3.

96. "독도영유권과 porum progatum", 외교협회, 『외교』 제94호, 2010.7.

97. "독도를 일본영토가 아닌 것으로 규정한 일본법령 연구", 동북아역사재단 독도 연구소, 『제6회 독도연구 골로키움』, 2010.7.6-8.

98. "한국의 대응전략은 어떻게 세울 것인가?", 한국독도연구원, 『한국독도 어떻게

지킬 것인가?』, 2010.6.17. 전쟁기념관.

99. "한일합방조약의 부존재와 독도영유권", 독도조사연구학회, 2010년 정기학술토론회의, 『독도영유권의 새로운 논리개발』, 2010.10.28, 서울역사박물관.

100. "한일기본조약 제2조의 해석", 법률신문 제3863호, 2010.8.12.

101. "일본총리부령 제24호와 대장성령 제4호에 의한 한국의 독도영토주권의 승인", 영남대 독도연구소, 『독도연구』 제9호, 2010.12.

102. "국제법상 한국의 독도영유권의 근거", 독도문화 심기운동본부, 『한민족의 구심점』, 서울: 독도문화심기운동본부, 2010.12.

103. "국제법상 신라이사부의 우산국 정복의 합법성에 관한 연구", 이사부학회, 『이사부와 동해』 제2호, 2010.12.

104. "국제법상독도영유권의 법적 근거", 『법률신문』 제3899호, 2010.12.28.

105. "한일합방조약 체결 100년, 성찰의 해", 『천지 일보』 제99호, 2010.12.29.

106. "국제법상 신라 이사부의 우산국 정복의 합법성에 관한 연구", 강원일보·강원도·삼척시, 『이사부총서』(Ⅲ), 2010.12.

107. "대한제국칙령 제41호에 의한 역사적 권원의 대체에 관한 연구", 독도조사연구학회, 『독도논총』 제5권 제1-2 통합호, 2010.12.

108. "한일합방조약의 부존재에 관한 연구", 법조협회, 『법조』 통권 제655호, 2011.4.

109. "대일민족소송 기각결정의 국제법상효과에 관한 연구", 대한변호사협회, 『인권과 정의』 제417호, 2011.5.

110. "국제법상 쇄환정책에 의한 독도영토주권의 포기여부 검토", 영남대학교 독도연구소, 『독도연구』 제10호, 2011.6.

111. "이사부의 우산국 부속에 의한 독도의 고유영토론 검토", 한국이사부학회, 『2011년 전국해양문화 학자대회』 주제발표, 2011.8.4.

112. "페드라 브랑카 사건판결과 중간수역 내에 위치한 독도의 법적 지위", 동북아역사재단 독도연구소, 『제17회 정기 독도연구 콜로키움』, 2011.8.4.

113. "통일 이후 한국의 국경문제와 조중국경조약의 처리문제", 법제처, 『2011년 남북법제연구 보고서』, 2011.8.

114. "독도영유권 강화사업의 필요성 검토", 법률신문사, 『법률신문』 제3639호, 2011.8.29.

115. "일본 자위대의 독도 상륙의 국제법상 문제점과 법적 대처방안", 한국독도연구원, 국회 독도 지킴이, 『한국독도 어떻게 지킬 것인가』, 국회도서관 회의실,

2011.10.4.

116. "독도의 역사적 연구의 기본방향", 세계국제법협회 한국본부 독도 조사연구학
회, 『독도의 영유권과 해양주권에 관한 심포리 임』, 코리아나 호텔, 2001.12.13.

117. "일본 자위대 독도 상륙시 국제법상 문제점과 법적 대처 방안", 해병대 전략
연구소, 『전략논단』 제14호, 2011.가을.

118. "국제법상 독도의용수비대의 법적 지위에 관한 연구", 대한적십자사인도법연
구소, 『인도법논총』 제31호, 2011.

119. "국제법상 지리적 접근성의 원칙과독도" 영남대 독도연구소, 『독도연구』 제11호,
2011.12.

120. "대마도 영유권 주장의 국제법적 근거는 무엇인가?", 독도연구원, 『대마도를
어떻게 찾을 것인가?』, 2012.9.18, 국회의원회관.

121. "국제법상 이어도의 법적 지위에 관한 기초적연구", 해양문화연구원, 『제3회
전국 해양문화학과 대회』, 2012.8.2~4, 여수세계박물관회의장.

122. "독도영유권의 중단권원의 회복에 관한 연구", 독도조사연구학회, 『독도논총』
제6권 제1호, 2012.

123. "사법적 판결의 사실상 법원성과 독도영유권의 역사적 권원의 대체", 영남대
독도연구소, 『독도연구』 제12호, 2012.6.

124. "독도의 배타적 경제수역", 해양문화연구언, 『제4회 전국해양문화학자대회』,
2013.8.22~24, 여수 리져트.

125. "대일평화조약 제2조의 해석과 Critical Date", 이사부학회, 『이사부와 동해』 제
6호, 2013.

126. "독도영유권 문제/분쟁에 대한 국제사법재판소의 강제적 관할권", 독도시민연
대, 『국제사법재판소의 강제적 관할권 어떻게 대항할 것인가?』, 독도시민연
대, 2013.10. 국회의원회관.

127. "시마네현 고시 제40호의 무효확인소송의 국제법상 효과에 관한 연구", 독도
연, 『소위 시마네현고시 제40호에 의한 독도편입의 허구성 검토 학술대회』,
독도연, 2013.12.01, 서울역사박물관.

128. "국제법상 독도의 영유권 강화사업의 법적 타당성 검토", 독도조사연구학회,
『독도논총』 제7권 제1호, 2013.11.

129. "맥아더라인의 독도영토주권에 미치는 법적 효과, 영남대 독도연구소, 『독도
연구』 제15호, 2013.12.

130. "국제법에서 본 한국의 독도영유권", 이사부학회, 『동해와 이사부』 제7호, 2014.

131. "한일어업협정 폐기 후 이에 대한 국제법상 대책방안 모색", 『동해와 이사부』 제8권, 2014.8.

132. "국제법상 국군에 대한 작전지휘권 환수에 따라 제기되는 법적 문제에 관한 연구", 『인도법논총』 제34호, 2014.12.

133. "일본자위대의 독도상륙작전의 전쟁법상 위법성과 한국의 독도방위능력의 강화방안", 『군사논단』 제82호, 2015.여름.

134. "국제법상 국제연합에 의한 한국의 독도영토주권 승인의 효과", 『국제법학회논총』 제60권 제1호, 2015.3.

135. "대일평화조약 제23조 (a)항에 규정된 울릉도에 독도의 포함여부 검토", 『독도연구』 제18호, 2015.6.

136. "대일평화조약 제19조 (b)항과 일본정부에 대한 한국의 독도영토주권의 승인", 독도조사연구학회, 2015.

137. 정기 학술토론회, 『국제법상 독도연구의 정책 및 연구의 당면 과제』, 2015.9.19, 동북아역사재단 대강당.

138. "콜프해협사건과 안보리에 의한 독도영유권분쟁의 평화적 해결", 『독도논총』 제8권 제1 · 2호, 2015.8.

139. "밴프리트 귀국보고서의 조약의 준비작업여부 및 후속적 관행여부 검토", 『독도연구』 제19호, 2015.12.

140. "국제법상작전통제권 환수에 따라 제기되는 법적제문제와 그에 대한 대책방안", 『입법과 정책』 제9권 제2호, 2015.12.

141. "대일평화조약 제21조와 제25조의 저촉의 해결", 독도조사연구학회, 2016년 학술회의, 동북아역사재단회의실, 2016.6.16.

142. "대일평화조약의 독립승인조항과 권리포기조항에 의한 한일합방조약의 유효승인", 『독도연구』 제20호, 2016.6.

143. "국제법상 태정관지령문의 법적 효력에 관한 연구", 『영토와 해양연구』 제11호, 2016.여름.

# 부 록

# 1. 태정관지령문 (1877.3.29)

明治十年三月廿日
別紙內務省伺日本海內竹嶋外一嶋地籍編纂之件
右ハ元禄五年朝鮮人入嶋以來旧政府該国ト往復之末遂
二本邦関係無之相聞候段申立候上ハ伺之趣御聞置左
之通御指令相成可然哉此段相伺候也
御指令按
伺之趣書面竹島外一嶋之義本邦関係無之義


별지 내무성 품의 일본해내 죽도외 일도지적 편찬지건
위는 원록 5년 조선인이 입학한 이래 구정부와 조선과의 왕복의 결과
마침내 본방은 관계가 없다는 것을 들어 상신한 품의의 취지를 듣고, 다음
과 같이 지령을 작성함이 가한지 이에 품의합니다.
지령안
품의한 취지의 죽도 외 일도의 건에 대하여 본방은 관계가 없다는 것을
명심할 것.

# 2. 항복문서 (1945.9.2)

We, acting by command of and in behalf of the Emperor of Japan, the Japanese Government and the Japanese Imperial General Headquarters, hereby accept the provisions set forth in the declaration issued by the heads of the Governments of the United States, China, and Great Britain on 26 July 1945 at Potsdam, and subsequently adhered to by the Union of Soviet Socialist Republics, which four powers are hereafter referred to as the Allied Powers.

We hereby proclaim the unconditional surrender to the Allied Powers of the Japanese Imperial General Headquarters and of all Japanese Armed Forces and all Armed Forces under Japanese control wherever situated.

We hereby command all Japanese forces wherever situated and the Japanese people to cease hostilities forthwith, to preserve and save from damage all ships, aircraft, and military and civil property, and to comply with all requirements which may be imposed by the Supreme Commander for the Allied Powers or by agencies of the Japanese Government at his direction.

We hereby command the Japanese Imperial General Headquarters to issue at once orders to the commanders of all Japanese forces and all forces under Japanese control wherever situated to surrender unconditionally themselves and all forces under their control.

We hereby command all civil, military, and naval officials to obey and enforce all proclamations, orders, and directives deemed by the Supreme Commander for the Allied Powers to be proper to effectuate this surrender and issued by him or under his authority; and we direct all such officials to remain at their posts and to continue to perform their non-combatant duties unless specifically relieved by him or under his authority.

We hereby undertake for the Emperor, the Japanese Government, and their successors to carry out the provisions of the Potsdam Declaration in good faith, and to issue whatever orders and take whatever action may be required by the Supreme Commander for the Allied Powers or by any other designated representative of the Allied Powers for the purpose of giving effect to that declaration.

We hereby command the Japanese Imperial Government and the Japanese Imperial General Headquarters at once to liberate all Allied Prisoners of War and civilian internees now under Japanese control and to provide for their protection, care, maintenance, and immediate transportation to places as directed.

The authority of the Emperor and the Japanese Government to rule the State shall be subject to the Supreme Commander for the Allied Powers, who will take such steps as he deems proper to effectuate these terms of surrender.

Signed at TOKYO BAY, JAPAN at 09.04 on the SECOND day of SEPTEMBER, 1945

Mamoru Shigemitsu

By Command and in behalf of the Emperor of Japan and the Japanese Government

Yoshijirō Umezu

By Command and in behalf of the Japanese Imperial General Headquarters

Accepted at TOKYO BAY, JAPAN at 09.08 on the SECOND day of SEPTEMBER, 1945, for the United States, Republic of China, United Kingdom and the Union of Soviet Socialist Republics, and in the interests of the other United Nations at war with Japan.

Douglas MacArthur

Supreme Commander for the Allied Powers

C.W. Nimitz

United States Representative

Hsu Yung-Ch'ang

Republic of China Representative

Bruce Fraser

United Kingdom Representative

Kuzma Derevyanko

Union of Soviet Socialist Republics Representative

Thomas Blamey

Commonwealth of Australia Representative

Lawrence Moore Cosgrave

Dominion of Canada Representative

Philippe Leclerc de Hauteclocque

Provisional Government of the French Republic Representative

C.E.L. Helfrich

Kingdom of the Netherlands Representative

Leonard M. Isitt

Dominion of New Zealand Representative

# 항복문서

일본 천황의 명령에 의해, 그리고 일본 천황을 위해 행동하는 우리 일본 정부 및 대본영은 이로써 1945년 7월 26일, 포츠담에서 미국, 중국 및 영국 정부수반들에 의해 발표된 뒤, 소련이 추가된 선언서에 규정된 조항들을 받아들인다. 이후 그 4개국은 연합국으로 명명된다.

우리는 이로써 연합국에게 일본 대본영과 모든 일본군 그리고 소재지와 관계없이 일본 통치 하의 모든 군대를 무조건 양도할 것을 선언한다.

우리는 이로써 소재지와 관계없이 모든 일본군과 일본국민들에게 적대행위들을 즉각 중지하고, 모든 선박, 항공기 그리고 군 재산 및 민간 재산의 피해를 복구하며, 연합국 최고사령관이나, 연합국 최고사령관의 지시를 받는 일본 정부 기관들이 부과할 모든 지시를 따를 것을 명령한다.

우리는 이로써 일본 대본영으로 하여금 즉각 모든 일본군 사령부 및 소재지에 관계없이 일본 통치 하의 모든 군 사령부에 다음과 같은 지시를 내리도록 명령한다. 모든 일본군 사령부 및 소재지에 관계없이 일본 통치 하의 모든 군 사령부는 자신은 물론 그 통제 하에 있는 모든 군에게 무조건 항복라고 지시한다.

우리는 이로써 모든 민간 관료들과, 군인 및 해군 장교들에게 연합국 최고사령관이 이 항복을 유효하게 하는 데 적절하다고 생각하여, 최고사령관이 발하거나, 그 권한의 위임을 받아 발하는 모든 포고령, 훈령 및 지시사항들을 준수하고 시행할 것을 명령한다. 그리고 우리는 모든 그러한 관리들에게 특별히 최고사령관이나, 그 권한의 위임을 받은 자에 의해 해임되지 않는 한, 자신의 자리에서 비전투적인 임무를 수행할 것을 명령한다.

우리는 이로써 천황과 일본정부 및 그 후계자들이 포츠담 선언의 조항들을 성실하게 이행하고, 연합국 최고사령관이나 또는 연합국에 의해 지명된 다른 대표자가 그 선언을 실행하기 위해 요구할 어떤 명령이나 어떤 조치를 취할 것을 천황·일본정부 및 그 후계자를 위하여 확약한다.

우리는 이로써 일본 정부와 일본 대본영에 현재 일본 통제 하에 있는 모든 연합국 전쟁포로들과 민간인 수용자들을 즉각 석방하는 동시에, 그들을 보호하고 보살피며, 부양하며, 지시된 장소로 지체없이 이송할 것을 명령한다.

일본을 통치하는 천황과 일본정부의 권한은 연합국 최고사령관에게 위임된다. 그는 항복 조건들을 유효화시키는 데 적절하다고 생각하는 조치들을 취하게 될 것이다.

# 3. 연합군최고사령부훈령 제677호 (1946.1.29)

GENERAL HEADQUARTERS

SUPREME COMMANDER FOR THE ALLIED POWERS

29 January 1946

AG 091 (29 Jan. 46)GS

(SCAPIN - 677)

MEMORANDUM FOR: IMPERIAL JAPANESE GOVERNMENT.

THROUGH : Central Liaison office, Tokyo.

SUBJECT : Governmental and Administrative Separation of Certain Outlying Areas from Japan.

1. The Imperial Japanese Government is directed to cease exercising, or attempting to exercise, governmental or administrative authority over any area outside of Japan, or over any government officials and employees or any other persons within such areas.

2. Except as authorized by this Headquarters, the Imperial Japanese Government will not communicate with government officials and employees or with any other persons outside of Japan for any purpose other than the routine operation of authorized shipping, communications and weather services.

3. For the purpose of this directive, Japan is defined to include the four main islands of Japan (Hokkaido, Honshu, Kyushu and Shinkoku) and the approximately 1,000 smaller adjacent islands, including the Tsushima Islands

and the Ryukyu (Nansei) Islands north of 30° North Latitude (excluding Kuchinoshima Island); and excluding (a) Utsuryo (Ullung) Island, Liancourt Rocks (Tako Island) and Quelpart (Saishu or Cheju) Island, (b) the Ryukyu (Nansei) Islands south of 30° North Latitude (including Kuchinoshima Island), the Izu, Nanpo, Bonin (Ogasawara) and Volcano (Kazan or Iwo) Island Groups, and all the other outlying Pacific Islands [including the Daito (Ohigashi or Oagari) Island Group, and Parece Vela (Okinotori), Marcus (Minami-tori) and Ganges (Nakano-tori) Islands], and (c) the Kurile (Chishima) Islands, the Habomai (Hapomaze) Island Group (including Suisho, Yuri, Akiyuri, Shibotsu and Taraku Islands) and Shikotan Island.

4. Further areas specifically excluded from the governmental and administrative jurisdiction of the Imperial Japanese Government are the following: (a) all Pacific Islands seized or occupied under mandate or otherwise by Japan since the beginning of the World War in 1914, (b) Manchuria, Formosa and the Pescadores, (c) Korea, and (d) Karafuto.

5. The definition of Japan contained in this directive shall also apply to all future directives, memoranda and orders from this Headquarters unless otherwise specified therein.

6. Nothing in this directive shall be construed as an indication of Allied policy relating to the ultimate determination of the minor islands referred to in Article 8 of the Potsdam Declaration.

7. The Imperial Japanese Government will prepare and submit to this Headquarters a report of all governmental agencies in Japan the functions of which pertain to areas outside a statement as defined in this directive. Such report will include a statement of the functions, organization and personnel of each of the agencies concerned.

8. All records of the agencies referred to in paragraph 7 above will be preserved and kept available for inspection by this Headquarters.

# 국제연합군최고사령부훈령 제677호


총사령부
연합국 최고사령부
1946년 1월 29일


AG 091 (1월 29일 46) GS
(SCAPIN - 677)


일본 제국에 대한 각서

경유 : 도쿄 중앙 연락 사무실
제목 : 일본에서의 일부 외곽 지역의 정부 및 행정 분리.

 1. 일본 국외의 모든 지역에 대해, 또 그 지역에 있는 정부 공무원, 고용원 및 기타 모든 사람에게, 정치적 또는 행정상의 권력을 행사하는 것 및 행사하려고 기획하는 것을 중지하도록 일본 제국 정부에 지령한다.
 2. 일본 제국 정부는 이미 허용되고 있는 선박의 운항, 통신, 기상 관계의 상식 작업을 제외하고 당 사령부로부터 승인되지 않은 한 일본 제국 밖의 정부 관리, 고용인 및 그 모든 사람 사이에 목적의 여하를 불문하고 통신을 할 수 없다.
 3. 이 지령의 목적에서 일본이라고 할 경우 다음의 정의에 의한다. 일본 범위에 포함되는 지역으로 일본 네 개의 주요 섬(홋카이도, 혼슈, 시코쿠, 규슈)과 쓰시마 섬, 북위 30도 이북의 류큐(남서) 제도(쿠치노섬 제외)를 포함한 약 1천개의 인접한 작은 도서. 일본 범위에서 제외되는 지역으로 (a) 울릉도, 리앙쿠르 록(다케시마), 제주도. (b) 북위 30도 이남의 류큐 (남

서) 열도 (쿠치노섬 포함), 이즈, 남방, 오가사와라, 이오토리 섬 및 다이토 제도 오키노토리 섬, 미나미 토리 섬, 나카노 도리 섬 등 다른 외곽 태평양 모든 제도. (c) 치시마 열도, 하보마이 군도(스이쇼, 유리토, 아키유리토, 다라쿠토 포함) 시코탄토.

4. 또한 일본 제국 정부의 정치적 행정 관할권에서 특히 제외할 수 있는 지역은 다음과 같다. (a) 1914년 세계대전 이후 일본이 위임 통치 및 기타 방법으로 탈취 또는 점령한 모든 태평양 섬. (b) 만주, 대만, 팽호 열도. (c) 조선 및 (d) 사할린.

5. 이 지령에 있는 일본의 정의는 특히 지정하는 경우를 제외하고, 앞으로 본 사령부에서 발생되는 모든 지령, 각서 또는 명령에 적용하게 된다.

6. 이 지령 중의 조항은 모두 포츠담 선언 제8조에 있는 작은 섬의 최종적 결정에 관한 연합국 측의 정책을 나타내는 것으로 해석해서는 안 된다.

7. 일본 제국 정부는 일본 국내 정부 기관에서, 이 지령의 정의에 의한 일본 외의 지역에 관한 기능을 가진 모든 것의 보고를 조정해서 당 지령부에 제출할 것을 요청한다. 이 보고는 관계 각 기관의 기능, 조직 및 직원들의 상태를 포함해야 한다.

8. 오른쪽 제7항에 언급된 기관에 대한 보고는 모두 유지하고 언제든지 본 사령부의 검열을 받을 수 있도록 하는 것을 요청하다.

# 4. 연합군최고사령부훈령 제1033호 (1946.6.22)

(전략)

b. Japanese vessels and crews shall not come within the area nearer than 12 miles of Takeshima situated at 37° 15' N., 131° 53' E., nor shall they have any access to the islands.

(이하 생략)

## 국제연합군최고사령부훈령 제1033호

b. 일본인의 선박 및 승무원은 금후 북위 37도 15분, 동경 131도 53분에 있는 리앙꾸르岩(獨島)의 12해리 이내에 접근하지 못하며 또한 同島에 어떠한 접근도 하지 못한다.

# 5. 국제연합총회의 결의 제195호(Ⅲ)
# (1948.12.12)

Resolution 195(Ⅲ) Adopted by the General Assembly on 12 December 1948

The General Assembly,

Having regard to its resolution 112 (Ⅱ) of 14 November 1947 concerning the problem of the independence of Korea,

Having considered the report 1] of the United Nations Temporary Commission on Korea (hereinafter referred to as the "Temporary Commission"), and the report 2] of the Interim Committee of the General Assembly regarding its consultation with the Temporary Commission,

Mindfal of the fact that, due to difficulties referred to in the report of the Temporary Commission, the objectives set forth in the resolution of 14 November 1947 have not been fully accomplished, and in particular the unification of Korea has not yet been achieved,

1. Approves the conclusions of the reports of the Temporary Commission;
2. Declares that there has been established a lawful government(The Government of the Republic of Korea) having effective control and jurisdiction over that part of Korea where the Temporary Commission was able to observe and consult and in which the great majority of the people of all Korea reside; that this Government is based on elections which were a valid expression of the free will of the electorate of that part of Korea and which were observed by the Temporary Commission;

and that this is the only such Government in Korea;

3. Recommends that the occupying Powers should withdraw their occupation forces from Korea as early as practicable;

4. Resolves that, as a means to the full accomplishment of the objectives set forth in the resolution of 14 November 1947, a Commission on Korea consisting of Australia, China, El Salvador, France, India, the Philippines and Syria, shall be established to continue the work of the Temporary Commission and carry out the provisions of the present resolution, having in mind the status of the Government of Korea as herein defined, and in particular to;

(a) Lend its good offices to bring about the unification of Korea and the integration of all Korean security forces in accordance with the principles laid down by the General Assembly in the resolution of 14 November 1947;

(b) Seek to facilitate the removal of barriers to economic, social and other friendly intercourse caused by the division of Korea;

(c) Be available for observation and consultation in the further development of representative government based on the freely expressed will of the people;

(d) Observe the actual withdrawal of the occupying forces and verify the fact of withdrawal when such has occurred; and for this purpose, if it so desires, request the assistance of military experts of the two occupying Powers;

5. Decides that the Commission;

(a) Shall, within thirty days of the adoption of the present resolution, proceed to Korea, where it shall maintain its seat;

(b) Shall be regarded as having superseded the Temporary Commission established by the resolution of 14 November 1947;

(c) Is authorized to travel, consult and observe throughout Korea;

(d) Shall determine its own procedures;

(e) May consult with the Interim Committee with respect to the discharge of its duties in the light of developments, and within the terms of the present resolution;

(f) Shall render a report to the next regular session of the General Assembly and to any prior special session which might be called to consider the subject-matter of the present resolution, and shall render such interim reports as it may deem appropriate to the Secretary-General for distribution to Members;

6. Requests that the Secretary-General shall provide the Commission with adequate staff and facilities, including technical advisers as required; and authorizes the Secretary-General to pay the expenses and per diem of a representative and an alternate from each of the States members of the Commission;

7. Calls upon the Member States concerned, the Government of the Republic of Korea, and all Koreans to afford every assistance and facility to the Commission in the fulfilment of its responsibilities;

8. Calls upon Member States to refrain from any acts derogatory to the results achieved and to be achieved by the United Nations in bringing about the complete independence and unity of Korea;

9. Recommends that Member States and other nations, in establishing their relations with the Government of the Republic of Korea, take into consideration the facts set out in paragraph 2 of the present resolution.

Adopted at 186th Plenary Meeting,

12 December 1948

# 국제연합총회의 결의 제195호

총회는,

한국 독립 문제에 관한 1947년 11월 14일자 총회 결의 제112호(Ⅱ)를 고려하며,

유엔 임시 한국위원단(이하'임시위원단'이라고 칭함)의 보고서 및 임시위원단과의 협의에 관한 소총회의 보고서를 참작하고,

임시위원단의 보고서에서 언급된 모든 난점으로 인하여 1947년 11월 14일자 총회 결의에 규정된 목표가 완전히 달성되지 않았고 특히 한국 통일이 아직 성취되지 않았다는 사실에 유의하여,

1. 임시위원단 보고서의 모든 결론을 승인하고,
2. 임시위원단이 감시와 협의를 할 수 있었으며 한국 국민의 절대 다수가 거주하고 있는 한국 지역에 대한 유효한 지배권과 관할권을 가진 합법 정부(대한민국 정부)가 수립되었다는 것과 동 정부는 동 지역 선거인들의 자유 의지의 정당한 표현이고 임시위원단에 의하여 감시된 선거에 기초를 둔 것이 라는 것과 또한 대한민국 정부는 한국 내의 유일한 정부임을 선언하며,
3. 점령국들은 가능한 한 조기에 한국으로부터 그들의 점령군을 철수해야 함을 권고하고,
4. 1947년 11월 14일자 총회 결의에 명시된 목표를 완전히 달성하는 방법으로 호주, 중국, 엘살바도르, 프랑스, 인도, 필리핀 및 시리아로 구성되는 한국위원단을 설치하여 임시위원단의 사업을 계속하고, 본 결의에서 명시된 한국정부의 지위에 유의하여 본 결의의 모든 규정을 수행케 할 것을 결의하며, 특히 다음 사항을 결의한다.
   a. 1947년 11월 14일자 결의에서 총회가 설정한 제 원칙에 의거하여 한국의 통일과 전 한국 안보병력의 통합을 실현하도록 주선하며,
   b. 한국의 분단으로 인하여 발생한 경제적, 사회적 및 기타의 우호적 교류에 대한 장해의 제거가 용이하도록 모색하며,

    c. 국민의 자유로이 표현된 의사에 기초한 대의정치가 금후 가일층 발전하도록 함에 있어 감시와 협의로 임할 것이며,

    d. 점령국의 실제 철수를 감시하고 철수가 이행되었을 때 동 철수의 사실을 확인하며, 그리고 이 목적을 위하여 필요하다면 양 점령국 전문가의 협조를 요청한다.

5. 동 한국위원단은,

    a. 본 결의가 채택된 날로부터 30일 이내에 한국으로 向發하여 그 본부를 설치할 것이며,

    b. 1947년 11월 14일 결의에 의하여 설치된 임시위원단을 대치한 것으로 간주되며,

    c. 한국 전역을 여행하며 협의하고 감시할 권한이 있으며,

    d. 자체의 사무 절차를 정하며,

    e. 사태의 진전에 따라 또한 본 결의 조항의 범위 내에서 동 위원단 임무 수행에 관하여 소총회와 협의할 수 있으며,

    f. 차기 정기총회 및 본 결의의 주제를 토의하기 위하여 정기총회 이전에 소집될지도 모르는 특별총회에 보고서를 제출하며, 또한 필요하다고 생각되는 경우에는 회원국에 배포할 목적으로 사무총장에게 중간보고서를 제출할 것이며,

6. 필요한 기술고문을 포함한 적절한 직원과 제반 편의를 제공할 것을 사무총장에게 요청하고, 위원단의 각 회원국 대표 1명과 교체대표 1명에게 경비와 수당을 지급할 권한을 사무총장에게 부여하며,

7. 관계 회원국, 대한민국 정부 및 전 한국 국민에게 동 위원단의 책임 완수에 필요한 모든 원조와 편의를 제공할 것을 요청하며,

8. 한국의 완전한 독립과 통일을 실현하는 데 있어서 유엔이 달성하였거나 앞으로 달성할 모든 결과를 훼손하는 여하한 행동도 삼갈 것을 회원 제국에 요청하며,

9. 각 회원국과 그 밖의 국가는 대한민국 정부와의 관계를 수립함에 있어 본 결의 제2항에 표시된 모든 사실을 고려할 것을 권고한다.

# 6. 맥아더 라인 확장 반대 국회의 결의 (1949.6.13)

## 1. 국회의 대정부 결의

1949년 6월 13일 국회는 연합군최고사령부가 점차적으로 맥아더 라인을 확장해 나아가는데 반대하여 한병규 외 8 의원이 발의한 "맥아더선 확장 반대 결의"를 만장일치로 채택했다. 동 결의안의 내용은 다음과 같다.

주문
1. 맥아더선 확장 반대를 결의함.
1. 위 결의를 정부로부터 맥아더 사령부에 강력히 항의할 것.

이유
…맥아더 장군이 전후 그들의 해양침략을 봉쇄하기 위하여 일본국민의 해양활동권으로 맥아더선을 확정한 것은 실로 인류평화의 수호를 위하여 일본의 침략적 준동을 제압하는 현명한 시책으로 우리는 심심한 경의를 표하는 것이다.
…만약 이 맥아더선이 확장 내지 철폐를 용허할 진대 정치적으로는 과거 일제 침략의 재판이 될 것이며 경제적으로는 밀수출입을 조장하여 국내식량의 수출과 일본상품의 유입으로 자급자족을 도모하는 한국경제의 파탄을 이루게 될 것이다.[1]

## 2. 미 국무성과 상원외교위원회에 대한 요청 결의

국회는 1949년 6월 13일 "맥아더 라인 확장 반대 결의"를 채택함과 동시에 "미 국무성과 상원외교위원회에 대한 요청 결의"를 채택했다. 동 결의는 8개항

---

1) 국회, 『국회회의록』 제3회, 제16호, p.349.

으로 구성되어 있으며 제8항은 다음과 같이 기술되어 있다.

　　…맥아더선 조치 주장은 절실히 통감하며 이상의 사실을 귀하에게 제시하
여 대일평화조약안 작성에 크게 참고가 될 것을 기망하는 바입니다.[2]

---

2) 지철근, 전주6, pp.100-104.

# 7. 전 일본영토처리 합의서 (1949.12.19)

AGREEMENT RESPECTING THE DISPOSITION OF FORMER JAPANESE
TERRITORIES*

The Allied and Associated Powers party to the treaty of peace concluded
with Japan on, 1950, dispose of the territories renounced in their favor by
Japan in thaat Treaty in the following manner;

Article 1

The Allied and Associated Powers agree that the following territories shall
be returned in full sovereignty to China; The island of Taiwan(Formosa) and
adjacent minor islands, including Agincourt (Hoka Sho), Crag (Menka Sho),
Pinnacle (Kahei Sho), Samasana(Kasho To), Botel Tobago (Koto Sho), Little
Botel Tabago(Shokoto Sho), Vele Reti Rocks(Shichisei Seki), and Lambay
(Ryukyu Sho); together with the Pescadores Islands (Hoko Shoto); and all
other islands to which Japan had acquired title within a line beginning at a
point in 26° N. latitude, 121° E. longitude, and proceeding due east to 122°
30' E. longitude;
   thence due south to 21° 30' N. latitude;
   thence due west through the Bashi Channel to 119° E. longitude;
   thence due north to a point 1n 24° N. latitude;
   thence northeasterly to the point of beginning.
   This line is indicated on the map attached to the present Agreement.

## Article 2

The Allied and Associated Powers agree that the island of Sakhalin (Karafuto) south of 50° N. latitude, and adjacent islands, including Totamoshiri (Kaiba To, or Moneron), and Robben Island (Tyuleniy Ostrov, or Kaihyo To), / shall be transferred to the Union of Soviet Socialist Republics in full sovereignty.

## Article 3

The Allied and Associated Powers agree that there shall be transferred in full sovereignty to the Republic of Korea all rights and titles to the Korean mainland territory and all offshore Korean islands, including Quelpart(Saishu To), the Nan How group(San To, or Komun Do) which forms Port Hamilton (Tonaikai), Dagelet Island(Utsuryo To, or Matsu Shima), Liancourt Rocks (Takesina), and all other islands and islets to which Japan had acquired title lying outside ··· and to the east of the meridian 124° 15' E. longitude, north of the parallel 33° N. latitude, and west of a line from the seaward terminus of the boundary approximately three nautical miles from the mouth of the Tumen River to a point 1n 37° 30' N. latitude, 132° 40' E. longitude.

The line is indicated on the map attached to the present Agreement.

## Article 4

The Allied and Associated Powers undertake to support an application by the United States for the placing of the Bonin Islands(Ogasawara Gunto) including Rosario Island (Nishino Shima), the Volcano Islands(Kazan Retto), Parece Vela(Douglas Reef), and Marcus Island(Minamitori Shima) under trusteeship in accordance with Arcticle 77, 79, and 83 of the Charter of the United Nations, the trusteeship agreement to designate the islands as a strategic area and to provide that the United States shall be the administering authority.

\* US Department of State, "Agreement respecting the Disposition of Former Japanese Territories:Decenber 19, 1949"

# 전 일본영토처리 합의서

1950년 … 에 일본과 체결된 평화조약의 당사국인 연합국은 다음과 같은 방식으로 동 조약에서 일본에 의해 포기된 영토를 처분한다.

제3조

연합국은, 한국의 본토와, 제주도, 거문도, 울릉도, 독도를 포함한, 한국의 모든 해안도서들에 대한 모든 권리와 권원을, 대한민국에게 전권으로 부여한다는데 동의한다…

# 8. 국제연합안전보장이사회 결의 (S/1501) (1950.6.25)

9. SECURITY COUNCIL RESOLUTION CALLING FOR
IMMEDIATE CESSATION OF HOSTILITIES (JUNE 25, 1950)

The Security Council,

Recalling the finding of the General Assembly in its resolution of 21 October 1949 that the Government of the Republic of Korea is a lawfully established government "having effective control and jurisdiction over that part of Korea where thr United Nations Temporary Commission on Korea was able to observe and consult and in which the great majority of the people of Korea reside; and that this Government is based on elections which were a valid expression of the free will of the electorate of that part of Korea and which were observed by the Temporary Commission; and that this is the only such Government in Korea";

Mindful of the concern expressed by the General Assembly in its resolutions of 12 December 1948 and 21 October 1949 of the consequences which might follow unless Member States refrained from acts derogatory to the results sought th be achieved by the United Nations Commission on Korea in its report menaces the safely and well being of the Republic of Korea and of the people of Korea and might lead to open military conflict there;

Noting with grave concern the armed arrack upon the Republic of Korea by forces from North Korea,

  Determines that this action constitutes a breach of the peace,

  I. Calls for the immediate cessation of hostilities; and calls upon the authorities of North Korea to withdraw forthwith their armed forces to the thirty-eighth parallel;

  II. Requests the United Nations Commission on Korea

  (a) To communicate its fully considered recommendations on the situation with the least possible delay;

  (b) To observe the withdrawal of the North Korean forces to the thirty-eighth parallel; and

  (c) To keep the Security Counsil informed on the execution of this resolution;

  III. Calls upon all Members to render every assistance to United Nations in the execution of the resolution and to refrain from giving assistance to the North Korea authorities.

  ※ UN, *Y.B.U.N.*, 1950, P.222.

## 국제연합안전보장이사회 결의 (S/1501)

적대행위의 중대에 관한 국제연합안전보장이사회의 결의 (1950.6.25)*

안전보장이사회는

대한민국 정부는 국제연합 임시 한국위원단이 감시할 수 있고 협의할 수 있으며 대다수의 한국민이 거주하고 있는 한국지역에 대하여 유효한 통치권과 관할권을 가지고 있는 합법적으로 설치된 정부이며, 동 정부는 한국의 존귀지역의 유권자들의 자유사의 유효한 표현이며 또한 임시위원단이 감시한 총 선거에 근거를 두고 있으며, 동 정부가 한국에서 유일한 그와 같은 정부이다라고 한 1949년 10월 21일 결의에 의한 총회의 결정을 상기하고,

총회가 1948년 12월 12일 및 1949년 10월 21일의 결의로서 한국의 완전 독립과 통일을 실현하기 위하여 국제연합이 성취하고자 노력한 업적을 손 상케하는 행위를 회원국들이 삼가하지 않는 경우 발생할지도 모르는 중대 한 결과에 대하여 표명한 관심과 국제연합 한국위원단이 그 보고에서 설 명한 사태가 대한민국과 한국국민의 안전과 안녕을 위협하고, 또한 그 곳 에서 공공연한 군사적 충돌을 초래할 것이라고 표현된 관심에 유의하며, 중대한 관심을 갖고 북한군의 대한민국에 대한 무력공격을 주시하며, 이 행동은 평화의 파괴임을 결의한다.

1. 적대행위의 즉각적 중지를 요구하며,
   북한 당국에게 38도선까지 그들의 군대를 즉시 철수할 것을 요구한다.
2. 국제연합 한국위원단은
   (a) 최단시일 내에 사태에 관한 완전한 건의를 제출하며
   (b) 북한군대의 38선까지의 철수를 감시하고
   (c) 본 결의의 집행에 관하여 안전보장이사회에 보고할 것을 요구한다.
3. 모든 회원국들은 본 결의 집행을 위하여 국제연합에 대하여 모든 원 조를 제공하며 북한당국에 대한 원조를 제공하는 일이 없도록 요구 한다.

*외무부, 「한국통일문제, 1943~60」 (서울: 외무부, 1961), p.77.

# 9. 독도사격장 사용중단조치 공문 (1953.1.20)

HEADQUARTERS

KOREAN COMMUNICATION ZONE

OFFICE OF THE COMMANDING GENERAL

APO234

20 January 1953

Dear Mr. Minister

In response to your note verbale of 10 November 1952, addressed to the Embassy of the United States of America, the commanding- in-chief, United Nations Command, has authorized me to inform you that he has directed all commanders concernes to take necessary action to immediately discontinue the use of Liancourt Rocks(Okoto Island) as a bombing range.

I am pleased to report that the order of the Commanding-in-chief is now in effect.

With highest esteem, I am

Sincerely yours,

(signed) : Thomas W. Herren
Major General, United States
Army Commanding

# 10. 대장성령 제4호 (1951.2.13)

旧令による共済組合等からの年金受給者のための特別措置法第四条第三項の規定に基く附属の島を定める省令

(昭和二十六年二月十三日大蔵省令第四号)

最終改正：昭和四三年六月二六日大蔵省令第三七号

旧令による共済組合等からの年金受給者のための特別措置法第四条第三項の規定に基く附属の島を定める省令を次のように定める。

旧令による共済組合等からの年金受給者のための特別措置法 （昭和二十五年法律第二百五十六号）第四条第三項 に規定する附属の島は, 左に掲げる島以外の島をいう。

一　千島列島, 歯舞列島 （水晶島, 勇留島, 秋勇留島, 志発島及び多楽島を含む.）及び色丹島

二　鬱陵島, 竹の島及び済州島

　附 則
この省令は, 公布の日から施行し, 昭和二十六年一月一日から適用する。

　附 則 昭和四三年六月二六日大蔵省令第三七号)
この省令は, 南方諸島及びその他の諸島に関する日本国とアメリカ合衆国との間の協定の効力発生の日から施行する。

# 대장성령 제4호

개정전의 법령에 의한 공제 조합등으로부터의 연금 수급자를 위한특별 조치법 제4조 제3항의 규정에 따르는 부속의 섬을 정하는 성령
(쇼와 26년 2월 13일 대장성령 제4호)

최종 개정 : 1968년 6월26일 대장성령 제37호

개정전의 법령에 의한 공제 조합 등으로부터의 연금 수급자를 위한특별 조치법 제4조 제3항의 규정에 따르는 부속의 섬을 정하는 성령을 다음과 같이 정한다.

개정전의 법령에 의한 공제 조합 등으로부터의 연금 수급자를 위한특별 조치법 (쇼와 25년 법률 제2백 56호) 제4조 제3항에 규정하는 부속의 섬은, 왼쪽으로 내거는 섬 이외의 섬을 말한다.

1. 천섬열도, 하보마이 열도(스이쇼섬, 유리토, 아키유리토, 시보츠섬 및 다라쿠섬을 포함한다.) 및 시코탄섬
2 울릉도, 타케시마 및 제주도

부칙
이 성령은, 공포의 날로부터 시행해, 쇼와 26년 1월 1일로부터 적용한다.

부칙 (1968년 6월26일 대장성령 제37호)
이 성령은, 남방 제도 및 그 외의 제도에 관한 일본과 아메리카 합중국 과의 사이의 협정의 효력 발생의 날로부터 시행한다.

# 11. 총리부령 제24호 (1951.6.6)

朝鮮総督府交通局共済組合の本邦内にある財産の整理に関する政令の
施行に関する総理府令
　(昭和二十六年六月六日総理府令第二十四号)

最終改正：昭和三五年七月八日大蔵省令第四三号

　朝鮮総督府交通局共済組合の本邦内にある財産の整理に関する政令
(昭和二十六年政令第四十号) を実施するため，朝鮮総督府交通局共済組
合の本邦内にある財産の整理に関する政令の施行に関する総理府令を次の
ように定める。

　第一条 この府令において，「政令第二百九十一号」，「特殊整理人」，「整理
計画書」，「決定整理計画書」，「組合」及び「組合員」とは，それぞれ朝鮮総督
府交通局共済組合の本邦内にある財産の整理に関する政令 (昭和二十六年
政令第四十号。以下「令」という。) に規定する政令第二百九十一号，　特殊
整理人，整理計画書，決定整理計画書，組合及び組合員をいう。

　第二条　令第十四条の規定に基き，政令第二百九十一号第二条第一項第
二号の規定を準用する場合においては，附属の島しよとは，左に掲げる島
しよ以外の島しよをいう。
　一　千島列島，歯舞群島(水晶，勇留，秋勇留，志発及び多楽島を含む。)
及び色丹島
　二　小笠原諸島及び硫黄列島

三　鬱陵島, 竹の島及び済州島

四　北緯三十度以南の南西諸島(琉球列島を除く。)

五　大東諸島, 沖の鳥島, 南鳥島及び中の鳥島


　第三条　令第十四条の規定に基き, 政令第二百九十一号第四条第一項但書の規定を準用する場合においては, 整理財産に属する資産を所持し, 又は管理する人は, 土地工作物使用令(昭和二十年勅令第六百三十六号) 第二条の規定により, 主務大臣又は都道府県知事が連合国最高司令官の要求を充足するため当該資産に係る土地又は工作物を使用している場合には, その資産を特殊整理人に引き渡すことを要しない。


　第四条　令第十四条の規定に基き, 政令第二百九十一号第十六条第一項の規定を準用する場合においては, 財産目録, 貸借対照表, 収支計算書及び債務等支払一覧表の様式は, それぞれ別表第一から第四までに定めるところによる。


　第五条　令第六条の規定による整理計画書には, 左に掲げる事項に関して定めをしなければならない。

一　特殊整理人の住所及び氏名

二　債務の弁済については゛左に掲げる事項


　令第七条に掲げる順位により, 債権者の住所, 氏名又は名称及び組合との関係, 債務の種類, 金額及び最低支払子定金額並びに弁済, 相殺その他の方法により債務を免がれる額並びに支払の時期及び方法

三　資産の処分については, 左に掲げる事項

イ　資産の種類, 帳簿価額, 処分見込価額(最高価額及び最低価格) 及び時価並びに処分予定時期及び方法

ロ　やむを得ない事由により資産の処分ができない場合には, その資産

の種類, 帳簿価額及びその事由

　四　残余財産の分配については, 令第九条の規定による残余財産の分配を受ける者の氏名, 当該残余財産の分配の基準となる掛金の額及び組合員であつた期間並びにその者に対する分配予定額

　五　令第十四条の規定に基づき準用する政令第二百九十一号第十二条第二項の規定により, 特殊整理人が大蔵大臣の承認を得て行なう職務に関する事項


　第六条　令第十四条の規定に基き, 政令第二百九十一号第十八条第二項の規定を準用する場合においては, 利害関係人が整理計画書に定める事項について異議の申立をする場合には, 左に掲げる事項を記載した異議申立書を大蔵大臣に提出しなければならない。

　一　異議申立者の住所及び氏名又は名称

　二　異議の申立をする者が令第七条第一項第三号又は第四号に掲げる組合の給付債務の支払を受ける者である場合には, 当該給付債務に係る組合の組合員が組合員でなくなつた時における掛金の額並びに当該組合員が組合の組合員であつた期間,　異議の申立をする者が債権者である場合には, 特殊整理人の選任の日において有する債権の額及び異議の申立をする者がこれ等以外の利害関係人である場合には, 組合との関係

　三　異議申立の要旨

　四　その他参考となる事項


　第七条　令第十四条の規定に基き, 政令第二百九十一号第二十一条第一項の規定を準用する場合において, 特殊整理人が決定整理計画書の変更の認可を受けようとするときは, 変更の事由を生じた日から二週間内に, 左に掲げる事項を記載した決定整理計画変更認可申請書を大蔵大臣に提出しなければならない,

　一　特殊整理人の住所及び氏名

二　決定整理計画中変更しようとする事項

三　変更を必要とする事由

四　整理計画書の認可の年月日

五　その他参考となる事項


第八条　令第七条第一項第三号に規定する組合の給付を受ける権利を有するものとは，左に掲げる者をいう。

一　昭和二十年八月十五日現在において，組合の公傷年金，廃疾年金，退職年金，遺族年金又は遺族扶助料の給付を受けていた者

二　昭和二十年八月十五日現在において，組合の組合員であつた者

三　昭和二十年八月十四日以前に組合を脱退し，且つ組合の給付を受ける権利を有するにかかわらず，組合から給付の支払を受けていない者

2　前項第二号及び第三号において，組合員であつた期間が十五年以内の者に支給する退職一時金の額に付ては，朝鮮総督府交通局共済組合規則（大正十四年朝鮮総督府令第四十号）第七十二条の規定にかかわらず，期間が一年をこえる者に対しては，給料の四十日分に相当する金額とし一年を増すごとに給料の四十日分に相当する金額を加算する。組合員であつた期間が一年以内の者に対しては，給料の二十日分に相当する金額を支給する。

3　前項の規定により支払うべき退職一時金が，五十円に満たないときは，その金額を支払わないものとし，五十円以上百円未満のときは，百円支払うものとする。


第九条　令第八条第一項の規定による年金の一時金換算は，別表第五によるものとする。同表に掲げられた年齢は，特殊整理人選任の時における年齢をいう。

2　令第八条第一項に規定する一時金の支払に当つては，国庫出納金等端数計算法(昭和二十五年法律第六十一号)　第二条の規定を準用する。

第十条　令第十四条の規定に基き，政令第二百九十一号第二十七条の規定を準用する場合においては，貸借対照表及び収支計算書の様式は，別表第六及び第七に定めるところによる。

2　令第十四条の規定に基き，政令第二百九十一号第二十七条の規定を準用する場合においては，貸借対照表及び収支計算書に添付する決定整理計画の実行状況及びまだ整理を完了していない事項についての整理見込を記載する書類には，左に掲げる事項を記載しなければならない。

一　特殊整理人の住所及び氏名

二　決定整理計画書に定められた事項ごとに実行の進捗の概況及びまだ整理を完了していない事項についての整理見込

三　その他参考となる事項

第十一条　令第十四条の規定に基き，政令第二百九十一号第三十一条第一項の規定を準用する場合においては，特殊整理人が大蔵大臣の承認を受けようとする整理完結報告書には，左に掲げる事項を記載しなければならない。

一　特殊整理人の住所及び氏名

二　決定整理計画書に定められた事項ごとに整理を完了した時期

三　その他参考となる事項

第十二条　令第十条第一項及び第二項の規定により，特殊整理人がする公告は，左に掲げる日刊新聞紙のうち一以上に掲げてするものとする。

一　日本経済新聞

二　産業経済新聞

三　朝日新聞

四　毎日新聞

五　読売新聞

第十三条　令及びこの府令の規定により，大蔵大臣に提出する申請書，報告書その他の書類は二通作成しなければならない。

　附 則
この府令は，公布の日から施行し，昭和二十六年三月六日から適用する。


　附 則 (昭和三五年七月八日大蔵省令第四三号)
この省令は，公布の日から施行する。


# 조선 총독부 교통국 공제 조합의 본방내에 있는 재산의 정리에 관한 정령의 시행에 관한 총리부령

(쇼와 26년 6월6일 총리부령제2십4호)

최종 개정 : 1960년 7월8일 대장성령 제4삼호


조선 총독부 교통국 공제 조합의 본방내에 있는 재산의 정리에 관한 정령(쇼와 26년 정령 제 40호)을 실시하기 위해(때문에), 조선 총독부 교통국 공제 조합의 본방내에 있는 재산의 정리에 관한 정령의 시행에 관한 총리부령을 다음과 같이 정한다.

제1조 이 부령에 대하고, 「정령 제2백 91호」, 「특수 정리인」, 「정리 계획서」, 「결정 정리 계획서」, 「조합」 및 「조합원」이란, 각각 조선 총독부 교통국 공제 조합의 본방내에 있는 재산의 정리에 관한 정령(쇼와 26년 정령 제40호. 이하 「령」이라고 한다.)에 규정하는 정령 제2백 91호, 특수 정리인, 정리 계획서, 결정 정리 계획서, 조합 및 조합원을 말한다.

제2조령 제14조의 규정에 따라, 정령 제2백 91호 제2조 제1항 제2호의 규정을 준용하는 경우에 대해서는, 부속의 섬 해란, 왼쪽으로 내거는 섬 해 이외의 섬 해를 말한다.

1 천섬열도, 하보마이 군도(수정, 용류, 추용류, 시보츠 및 다라쿠섬을 포함한다.) 및 시코탄섬

2 오가사와라제도 및 이오우 열도

3 울릉도, 타케시마 및 제주도

4 북위 30번 이남의 난세이제도(류큐 열도를 제외하다.)

5 오아가리쇼토, 바다의 도리도, 마나미토리시마 및 안의 도리도

제3조령 제쥬우시죠의 규정에 따라, 정령 제2백 91호 제4조 제1항 단서의 규정을 준용하는 경우에 대해서는, 정리 재산에 속하는 자산을 소지해, 또는 관리하는 사람은, 토지 공작물 사용령(쇼와 20년 칙령 제6백 36호) 제2조의 규정에 의해, 주무 대신 또는 도도부현 지사가 연합국 최고 사령관의 요구를 충족하기 위한(해) 해당 자산과 관련되는 토지 또는 공작물을 사용하고 있는 경우에는, 그 자산을 특수 정리인에 인도하는 것을 필요로 하지 않는다.

제4조령 제쥬우시죠의 규정에 따라, 정령 제2백 91호 제 16조제1항의 규정을 준용하는 경우에 대해서는, 재산목록, 대차대조표, 수지 계산서 및 채무등 지불 일람표의 양식은, 각각 별표 제일부터 제4까지 정하는데 밤.

제5조령 제6조의 규정에 의한 정리 계획서에는, 왼쪽으로 내거는 사항에 관해서 규정을 해야 한다.

1 특수 정리인의 주소 및 이름

2 채무의 변제에 대해서는, 왼쪽으로 내거는 사항

령 제7조로 내거는 순위에 의해, 채권자의 주소, 이름 또는 명칭 및 조

합과의 관계, 채무의 종류, 금액 및 최저 지불 예정 금액 및 변제, 상쇄 그
외의 방법에 의해 채무를 면액 및 지불의 시기 및 방법

3 자산의 처분에 대해서는, 왼쪽으로 내거는 사항

이 자산의 종류, 장부 가격, 처분 예상 가액(최고 가액 및 최저가격) 및
시가 및 처분 예정 시기 및 방법

로 어쩔 수 없는 사유에 의해 자산의 처분을 할 수 없는 경우에는, 그
자산의 종류, 장부 가격 및 그 사유

4 잔여 재산의 분배에 대해서는, 령제9조의 규정에 의한 잔여 재산의 분
배를 받는 사람의 이름, 해당 잔여 재산의 분배의 기준이 되는 부금의 액
수 및 조합원기간 및 그 사람에 대한 분배 예정액

5령 제쥬우시죠의 규정에 근거해 준용하는 정령 제2백 91호 제 12조제2
항의 규정에 의해, 특수 정리인이 대장 대신의 승인을 얻어 행하는 직무에
관한 사항

제6조령 제쥬우시죠의 규정에 따라, 정령 제2백 91호 제쥬우하치죠 제2
항의 규정을 준용하는 경우에 대해서는, 이해관계인이 정리 계획서에 정
하는 사항에 대해 이의의 제기를 하는 경우에는, 왼쪽으로 내거는 사항을
기재한 이의제기서를 대장 대신에게 제출해야 한다.

1 이의제기자의 주소 및 이름 또는 명칭

2 이의의 제기를 하는 사람이 령제7조제1항 제 3 호 또는 제4호로 내거
는 조합의 급부 채무의 지불을 받는 사람인 경우에는, 해당 급부 채무와
관련되는 조합의 조합원이 조합원이 아니고 시에 있어서의 부금의 액수
및 해당 조합원이 조합의 조합원기간, 이의의 제기를 하는 사람이 채권자
인 경우에는, 특수 정리인의 선임의 날에 대해 가지는 채권의 액수 및 이
의의 제기를 하는 사람이 이것등 이외의 이해관계인인 경우에는, 조합과
의 관계

3 이의제기의 요지

4 그 외 참고가 되는 사항

제7조령 제쥬우시죠의 규정에 따라, 정령 제2백 91호 제2십일조제1항의 규정을 준용하는 경우에 대하고, 특수 정리인이 결정 정리 계획서의 변경의 인가를 받으려고 할 때는, 변경의 사유를 일으킨 날로부터 2주간내에, 왼쪽으로 내거는 사항을 기재한 결정 정리 계획 변경 인가 신청서를 대장 대신에게 제출해야 한다.

1 특수 정리인의 주소 및 이름

2 결정 정리 계획중 변경하려고 하는 사항

3 변경을 필요로 하는 사유

4 정리 계획서의 인가의 연월일

5 그 외 참고가 되는 사항

제8조령 제7조제1항 제 3 호에 규정하는 조합의 급부를 받을 권리를 가지는 것이란, 왼쪽으로 내거는 사람을 말한다.

1 쇼와 20년 8월 15일 현재에 있고, 조합의 공상 연금, 폐질 연금, 퇴직 연금, 유족연금 또는 유족 부조료의 급부를 받고 있던 사람

2 쇼와 20년 8월 15일 현재에 있고, 조합의 조합원자

산쇼오화 20년 8월 14일 이전에 조합을 탈퇴해, 한편 조합의 급부를 받을 권리를 가지는 것에 관계없이, 조합으로부터 급부의 지불을 받지 않은 사람

2 전항 제2호 및 제 3 호에 대하고, 조합원기간이 15년 이내의 사람으로 지급하는 퇴직 일시금의 액수에 첨부라고는, 조선 총독부 교통국 공제 조합 규칙(타이쇼 14년 조선 총독부령 제 40호) 제7십2조의 규정에 관계없이, 기간이 한해를 넘기는 사람에 대해서는, 급료의 시토카분에 상당하는 금액으로 해, 일 년을 늘릴 때 마다 급료의 시토카분에 상당하는 금액을 가산한다. 조합원기간이 일 년 이내의 사람에 대해서는, 급료의 20일분에 상당하는 금액을 지급한다.

3 전항의 규정에 의해 지불해야 할 퇴직 일시금이, 50엔에 못 미칠 때는, 그 금액을 지불하지 않은 것으로 해, 50엔 이상 100엔 미만 때는, 100

엔 지불하는 것으로 한다.

제9조령 제8조제1항의 규정에 의한 연금의 일시금 환산은, 별표 제 5 에 의하는 것으로 한다. 동표로 내걸 수 있었던 연령은, 특수 정리 인선임때에 있어서의 연령을 말한다.

2 령제8조제1항에 규정하는 일시금의 지불에 당연줄은, 국고 출납금등 끝수 계산법(쇼와 25년 법률 제6십1호) 제2조의 규정을 준용한다.

제10조령 제쥬우시죠의 규정에 따라, 정령 제2백 91호 제2 쥬우시치죠의 규정을 준용하는 경우에 대해서는, 대차대조표 및 수지 계산서의 양식은, 별표 제6 및 제7에 정하는데 밤.

2 령 제쥬우시죠의 규정에 따라, 정령 제2백 91호 제2 쥬우시치죠의 규정을 준용하는 경우에 대해서는, 대차대조표 및 수지 계산서에 첨부하는 결정 정리 계획의 실행 상황 및 아직 정리를 완료하고 있지 않는 사항에 대한 정리 예상을 기재하는 서류에는, 왼쪽으로 내거는 사항을 기재해야 한다.

1 특수 정리인의 주소 및 이름

2 결정 정리 계획서에 정해진 사항 마다 실행의 진척의 개황 및 아직 정리를 완료하고 있지 않는 사항에 대한 정리 예상

3 그 외 참고가 되는 사항

제11조령 제쥬우시죠의 규정에 따라, 정령 제2백 91호 제3십일조제1항의 규정을 준용하는 경우에 대해서는, 특수 정리인이 대장 대신의 승인을 받으려고 하는 정리 완결 보고서에는, 왼쪽으로 내거는 사항을 기재해야 한다.

1 특수 정리인의 주소 및 이름

2 결정 정리 계획서에 정해진 사항 마다 정리를 완료했던 시기

3 그 외 참고가 되는 사항

제12조령 제10조제1항 및 제2항의 규정에 의해, 특수 정리인이 하는 공고는, 왼쪽으로 내거는 일간 신문지 중 1이상으로 내걸고 하는 것으로 한다.

1 하루본경제 신문
2 산업 경제 신문
3 아사히 신문
4 마이니치 신문
5 요미우리 신문

제13 조령 및 이 부령의 규정에 의해, 대장 대신에게 제출하는 신청서, 보고서 그 외의 서류는 2통 작성해야 한다.

부칙
이 부령은, 공포의 날로부터 시행해, 쇼와 26년 3월6일부터 적용한다.

부칙 (1960년 7월8일 대장성령 제4삼호)
이 성령은, 공포의 날로부터 시행한다.

(이하 생략)

# 12. 대일평화조약 (1951.9.8)

TREATY OF PEACE WITH JAPAN

WHEREAS the Allied Powers and Japan are resolved that henceforth their relations shall be those of nations which, as sovereign equals, cooperate in friendly association to promote their common welfare and to maintain international peace and security, and are therefore desirous of concluding a Treaty of Peace which will settle questions still outstanding as a result of the existence of a state of war between them;

WHEREAS Japan for its part declares its intention to apply for membership in the United Nations and in all circumstances to conform to the principles of the Charter of the United Nations; to strive to realize the objectives of the Universal Declaration of Human Rights; to seek to create within Japan conditions of stability and well-being as defined in Articles 55 and 56 of the Charter of the United Nations and already initiated by post-surrender Japanese legislation; and in public and private trade and commerce to conform to internationally accepted fair practices;

WHEREAS the Allied Powers welcome the intentions of Japan set out in the foregoing paragraph;

THE ALLIED POWERS AND JAPAN have therefore determined to conclude the present Treaty of Peace, and have accordingly appointed the undersigned

Plenipotentiaries, who, after presentation of their full powers, found in good and due form, have agreed on the following provisions:

## CHAPTER I : PEACE

Article 1

(a) The state of war between Japan and each of the Allied Powers is terminated as from the date on which the present Treaty comes into force between Japan and the Allied Power concerned as provided for in Article 23.

(b) The Allied Powers recognize the full sovereignty of the Japanese people over Japan and its territorial waters.

## CHAPTER II : TERRITORY

Article 2

(a) Japan recognizing the independence of Korea, renounces all right, title and claim to Korea, including the islands of Quelpart, Port Hamilton and Dagelet.

(b) Japan renounces all right, title and claim to Formosa and the Pescadores.

(c) Japan renounces all right, title and claim to the Kurile Islands, and to that portion of Sakhalin and the islands adjacent to it over which Japan acquired sovereignty as a consequence of the Treaty of Portsmouth of 5 September 1905.

(d) Japan renounces all right, title and claim in connection with the League of Nations Mandate System, and accepts the action of the United Nations Security Council of 2 April 1947, extending the trusteeship system to the

Pacific Islands formerly under mandate to Japan.

(e) Japan renounces all claim to any right or title to or interest in connection with any part of the Antarctic area, whether deriving from the activities of Japanese nationals or otherwise.

(f) Japan renounces all right, title and claim to the Spratly Islands and to the Paracel Islands.

Article 3

Japan will concur in any proposal of the United States to the United Nations to place under its trusteeship system, with the United States as the sole administering authority, Nansei Shoto south of 29deg. north latitude (including the Ryukyu Islands and the Daito Islands), Nanpo Shoto south of Sofu Gan (including the Bonin Islands, Rosario Island and the Volcano Islands) and Parece Vela and Marcus Island. Pending the making of such a proposal and affirmative action thereon, the United States will have the right to exercise all and any powers of administration, legislation and jurisdiction over the territory and inhabitants of these islands, including their territorial waters.

Article 4

(a) Subject to the provisions of paragraph (b) of this Article, the disposition of property of Japan and of its nationals in the areas referred to in Article 2, and their claims, including debts, against the authorities presently administering such areas and the residents (including juridical persons) thereof, and the disposition in Japan of property of such authorities and residents, and of claims, including debts, of such authorities and residents against Japan and its nationals, shall be the subject of special arrangements between Japan and such authorities. The property of any of the Allied Powers or its nationals in the areas referred to in Article 2 shall, insofar as this has not already been done, be returned by the administering authority in the condition in which it now exists. (The term nationals whenever used in the present Treaty includes juridical persons.)

(b) Japan recognizes the validity of dispositions of property of Japan and Japanese nationals made by or pursuant to directives of the United States Military Government in any of the areas referred to in Articles 2 and 3.

(c) Japanese owned submarine cables connection Japan with territory removed from Japanese control pursuant to the present Treaty shall be equally divided, Japan retaining the Japanese terminal and adjoining half of the cable, and the detached territory the remainder of the cable and connecting terminal facilities.

## CHAPTER Ⅲ: SECURITY

Article 5

(a) Japan accepts the obligations set forth in Article 2 of the Charter of the United Nations, and in particular the obligations

(i) to settle its international disputes by peaceful means in such a manner that international peace and security, and justice, are not endangered;

(ii) to refrain in its international relations from the threat or use of force against the territorial integrity or political independence of any State or in any other manner inconsistent with the Purposes of the United Nations;

(iii) to give the United Nations every assistance in any action it takes in accordance with the Charter and to refrain from giving assistance to any State against which the United Nations may take preventive or enforcement action.

(b) The Allied Powers confirm that they will be guided by the principles of Article 2 of the Charter of the United Nations in their relations with Japan.

(c) The Allied Powers for their part recognize that Japan as a sovereign nation possesses the inherent right of individual or collective self-defense referred to in Article 51 of the Charter of the United Nations and that Japan may voluntarily enter into collective security arrangements.

Article 6

(a) All occupation forces of the Allied Powers shall be withdrawn from Japan as soon as possible after the coming into force of the present Treaty, and in any case not later than 90 days thereafter. Nothing in this provision shall, however, prevent the stationing or retention of foreign armed forces in Japanese territory under or in consequence of any bilateral or multilateral agreements which have been or may be made between one or more of the Allied Powers, on the one hand, and Japan on the other.

(b) The provisions of Article 9 of the Potsdam Proclamation of 26 July 1945, dealing with the return of Japanese military forces to their homes, to the extent not already completed, will be carried out.

(c) All Japanese property for which compensation has not already been paid, which was supplied for the use of the occupation forces and which remains in the possession of those forces at the time of the coming into force of the present Treaty, shall be returned to the Japanese Government within the same 90 days unless other arrangements are made by mutual agreement.

## CHAPTER Ⅳ: POLITICAL AND ECONOMIC CLAUSES

Article 7

(a) Each of the Allied Powers, within one year after the present Treaty has come into force between it and Japan, will notify Japan which of its prewar bilateral treaties or conventions with Japan it wishes to continue in force or revive, and any treaties or conventions so notified shall continue in force or by revived subject only to such amendments as may be necessary to ensure conformity with the present Treaty. The treaties and conventions so notified shall be considered as having been continued in force or revived three months after the date of notification and shall be registered with the Secretariat of the United Nations. All such treaties and conventions as to which Japan is not so notified shall be regarded as abrogated.

(b) Any notification made under paragraph (a) of this Article may except from the operation or revival of a treaty or convention any territory for the international relations of which the notifying Power is responsible, until three months after the date on which notice is given to Japan that such exception shall cease to apply.

Article 8

(a) Japan will recognize the full force of all treaties now or hereafter concluded by the Allied Powers for terminating the state of war initiated on 1 September 1939, as well as any other arrangements by the Allied Powers for or in connection with the restoration of peace. Japan also accepts the arrangements made for terminating the former League of Nations and Permanent Court of International Justice.

(b) Japan renounces all such rights and interests as it may derive from being a signatory power of the Conventions of St. Germain-en-Laye of 10 September 1919, and the Straits Agreement of Montreux of 20 July 1936, and from Article 16 of the Treaty of Peace with Turkey signed at Lausanne on 24 July 1923.

(c) Japan renounces all rights, title and interests acquired under, and is discharged from all obligations resulting from, the Agreement between Germany and the Creditor Powers of 20 January 1930 and its Annexes, including the Trust Agreement, dated 17 May 1930, the Convention of 20 January 1930, respecting the Bank for International Settlements; and the Statutes of the Bank for International Settlements. Japan will notify to the Ministry of Foreign Affairs in Paris within six months of the first coming into force of the present Treaty its renunciation of the rights, title and interests referred to in this paragraph.

Article 9

Japan will enter promptly into negotiations with the Allied Powers so desiring for the conclusion of bilateral and multilateral agreements providing for the regulation or limitation of fishing and the conservation and development of fisheries on the high seas.

Article 10

Japan renounces all special rights and interests in China, including all benefits and privileges resulting from the provisions of the final Protocol signed at Peking on 7 September 1901, and all annexes, notes and documents supplementary thereto, and agrees to the abrogation in respect to Japan of the said protocol, annexes, notes and documents.

Article 11

Japan accepts the judgments of the International Military Tribunal for the Far East and of other Allied War Crimes Courts both within and outside Japan, and will carry out the sentences imposed thereby upon Japanese nationals imprisoned in Japan. The power to grant clemency, to reduce sentences and to parole with respect to such prisoners may not be exercised except on the decision of the Government or Governments which imposed the sentence in each instance, and on recommendation of Japan. In the case of persons sentenced by the International Military Tribunal for the Far East, such power may not be exercised except on the decision of a majority of the Governments represented on the Tribunal, and on the recommendation of Japan.

Article 12

(a) Japan declares its readiness promptly to enter into negotiations for the conclusion with each of the Allied Powers of treaties or agreements to place their trading, maritime and other commercial relations on a stable and friendly basis.

(b) Pending the conclusion of the relevant treaty or agreement, Japan will, during a period of four years from the first coming into force of the present Treaty

　(1) accord to each of the Allied Powers, its nationals, products and vessels

　　(i) most-favoured-nation treatment with respect to customs duties, charges, restrictions and other regulations on or in connection with the importation and exportation of goods;

　　(ii) national treatment with respect to shipping, navigation and imported goods, and with respect to natural and juridical persons and their interests - such treatment to include all matters pertaining to the levying and collection of taxes, access to the courts, the making and performance of contracts, rights to property (tangible and intangible), participating in juridical entities constituted under Japanese law, and generally the conduct of all kinds of business and professional activities;

　(2) ensure that external purchases and sales of Japanese state trading enterprises shall be based solely on commercial considerations.

(c) In respect to any matter, however, Japan shall be obliged to accord to an Allied Power national treatment, or most-favored-nation treatment, only to the extent that the Allied Power concerned accords Japan national treatment or most-favored-nation treatment, as the case may be, in respect of the same matter. The reciprocity envisaged in the foregoing sentence shall be determined, in the case of products, vessels and juridical entities of, and persons domiciled in, any non-metropolitan territory of an Allied Power, and in the case of juridical entities of, and persons domiciled in, any state or province of an Allied Power having a federal government, by reference to the treatment accorded to Japan in such territory, state or province.

(d) In the application of this Article, a discriminatory measure shall not be considered to derogate from the grant of national or most-favored-nation treatment, as the case may be, if such measure is based on an exception customarily provided for in the commercial treaties of the party applying it, or on the need to safeguard that party's external financial position or balance of payments (except in respect to shiping and navigation), or on the need to maintain its essential security interests, and provided such measure is proportionate to the circumstances and not applied in an arbitrary or unreasonable manner.

(e) Japan's obligations under this Article shall not be affected by the exercise of any Allied rights under Article 14 of the present Treaty; nor shall the provisions of this Article be understood as limiting the undertakings assumed by Japan by virtue of Article 15 of the Treaty.

Article 13

(a) Japan will enter into negotiations with any of the Allied Powers, promptly upon the request of such Power or Powers, for the conclusion of bilateral or multilateral agreements relating to international civil air transport.

(b) Pending the conclusion of such agreement or agreements, Japan will, during a period of four years from the first coming into force of the present Treaty, extend to such Power treatment not less favorable with respect to air-traffic rights and privileges than those exercised by any such Powers at the date of such coming into force, and will accord complete equality of opportunity in respect to the operation and development of air services.

(c) Pending its becoming a party to the Convention on International Civil Aviation in accordance with Article 93 thereof, Japan will give effect to the provisions of that Convention applicable to the international navigation of aircraft, and will give effect to the standards, practices and procedures adopted as annexes to the Convention in accordance with the terms of the Convention.

## CHAPTER V : CLAIMS AND PROPERTY

Article 14

(a) It is recognized that Japan should pay reparations to the Allied Powers for the damage and suffering caused by it during the war. Nevertheless it is also recognized that the resources of Japan are not presently sufficient, if it is to maintain a viable economy, to make complete reparation for all such damage and suffering and at the same time meet its other obligations.

Therefore,

1. Japan will promptly enter into negotiations with Allied Powers so desiring, whose present territories were occupied by Japanese forces and damaged by Japan, with a view to assisting to compensate those countries for the cost of repairing the damage done, by making available the services of

the Japanese people in production, salvaging and other work for the Allied Powers in question. Such arrangements shall avoid the imposition of additional liabilities on other Allied Powers, and, where the manufacturing of raw materials is called for, they shall be supplied by the Allied Powers in question, so as not to throw any foreign exchange burden upon Japan.

2. (I) Subject to the provisions of subparagraph (II) below, each of the Allied Powers shall have the right to seize, retain, liquidate or otherwise dispose of all property, rights and interests of

(a) Japan and Japanese nationals,

(b) persons acting for or on behalf of Japan or Japanese nationals, and

(c) entities owned or controlled by Japan or Japanese nationals,

which on the first coming into force of the present Treaty were subject to its jurisdiction. The property, rights and interests specified in this subparagraph shall include those now blocked, vested or in the possession or under the control of enemy property authorities of Allied Powers, which belong to, or were held or managed on behalf of, any of the persons or entities mentioned in (a), (b) or (c) above at the time such assets came under the controls of such authorities.

(II) The following shall be excepted from the right specified in subparagraph (I) above:

(i) property of Japanese natural persons who during the war resided with the permission of the Government concerned in the territory of one of the Allied Powers, other than territory occupied by Japan, except property subjected to restrictions during the war and not released from such restrictions as of the date of the first coming into force of the present Treaty;

(ii) all real property, furniture and fixtures owned by the Government of Japan and used for diplomatic or consular purposes, and all personal furniture and furnishings and other private property not of an investment nature which was normally necessary for the carrying out of diplomatic and consular functions, owned by Japanese diplomatic and consular personnel;

(iii) property belonging to religious bodies or private charitable institutions and used exclusively for religious or charitable purposes;

(iv) property, rights and interests which have come within its jurisdiction in consequence of the resumption of trade and financial relations subsequent to 2 September 1945, between the country concerned and Japan, except such as have resulted from transactions contrary to the laws of the Allied Power concerned;

(v) obligations of Japan or Japanese nationals, any right, title or interest in tangible property located in Japan, interests in enterprises organized under the laws of Japan, or any paper evidence thereof; provided that this exception shall only apply to obligations of Japan and its nationals expressed in Japanese currency.

(III) Property referred to in exceptions (i) through (v) above shall be returned subject to reasonable expenses for its preservation and administration. If any such property has been liquidated the proceeds shall be returned instead.

(IV) The right to seize, retain, liquidate or otherwise dispose of property as provided in subparagraph (I) above shall be exercised in accordance with the laws of the Allied Power concerned, and the owner shall have only such rights as may be given him by those laws.

(V) The Allied Powers agree to deal with Japanese trademarks and literary and artistic property rights on a basis as favorable to Japan as circumstances ruling in each country will permit.

(b) Except as otherwise provided in the present Treaty, the Allied Powers waive all reparations claims of the Allied Powers, other claims of the Allied Powers and their nationals arising out of any actions taken by Japan and its nationals in the course of the prosecution of the war, and claims of the Allied Powers for direct military costs of occupation.

Article 15

(a) Upon application made within nine months of the coming into force of the present Treaty between Japan and the Allied Power concerned, Japan will, within six months of the date of such application, return the property, tangible and intangible, and all rights or interests of any kind in Japan of each Allied Power and its nationals which was within Japan at any time between 7 December 1941 and 2 September 1945, unless the owner has freely disposed thereof without duress or fraud. Such property shall be returned free of all encumbrances and charges to which it may have become subject because of the war, and without any charges for its return. Property whose return is not applied for by or on behalf of the owner or by his Government within the prescribed period may be disposed of by the Japanese Government as it may determine. In cases where such property was within Japan on 7 December 1941, and cannot be returned or has suffered injury or damage as a result of the war, compensation will be made on terms not less favorable than the terms provided in the draft Allied Powers Property Compensation Law approved by the Japanese Cabinet on 13 July 1951.

(b) With respect to industrial property rights impaired during the war, Japan will continue to accord to the Allied Powers and their nationals benefits no less than those heretofore accorded by Cabinet Orders No. 309 effective 1 September 1949, No. 12 effective 28 January 1950, and No. 9 effective 1 February 1950, all as now amended, provided such nationals have applied for such benefits within the time limits prescribed therein.

(c) (i) Japan acknowledges that the literary and artistic property rights which existed in Japan on 6 December 1941, in respect to the published and unpublished works of the Allied Powers and their nationals have continued in force since that date, and recognizes those rights which have arisen, or but for the war would have arisen, in Japan since that date, by the operation of any conventions and agreements to which Japan was a party on that date, irrespective of whether or not such conventions or agreements were abrogated or suspended upon or since the outbreak of war by the domestic law of Japan or of the Allied Power concerned.

(ii) Without the need for application by the proprietor of the right and without the payment of any fee or compliance with any other formality, the period from 7 December 1941 until the coming into force of the present Treaty between Japan and the Allied Power concerned shall be excluded from the running of the normal term of such rights; and such period, with an additional period of six months, shall be excluded from the time within which a literary work must be translated into Japanese in order to obtain translating rights in Japan.

Article 16

As an expression of its desire to indemnify those members of the armed forces of the Allied Powers who suffered undue hardships while prisoners of war of Japan, Japan will transfer its assets and those of its nationals in countries which were neutral during the war, or which were at war with any of the Allied Powers, or, at its option, the equivalent of such assets, to the International Committee of the Red Cross which shall liquidate such assets and distribute the resultant fund to appropriate national agencies, for the benefit of former prisoners of war and their families on such basis as it may determine to be equitable. The categories of assets described in Article 14(a)2(II)(ii) through (v) of the present Treaty shall be excepted from transfer, as well as assets of Japanese natural persons not residents of Japan on the first coming into force of the Treaty. It is equally understood that the transfer provision of this Article has no application to the 19,770 shares in the Bank for International Settlements presently owned by Japanese financial institutions.

Article 17

(a) Upon the request of any of the Allied Powers, the Japanese Government shall review and revise in conformity with international law any decision or order of the Japanese Prize Courts in cases involving ownership rights of nationals of that Allied Power and shall supply copies of all documents comprising the records of these cases, including the decisions taken and orders issued. In any case in which such review or revision shows that restoration is due, the provisions of Article 15 shall apply to the property concerned.

(b) The Japanese Government shall take the necessary measures to enable nationals of any of the Allied Powers at any time within one year from the coming into force of the present Treaty between Japan and the Allied Power concerned to submit to the appropriate Japanese authorities for review any judgment given by a Japanese court between 7 December 1941 and such coming into force, in any proceedings in which any such national was unable to make adequate presentation of his case either as plaintiff or defendant. The Japanese Government shall provide that, where the national has suffered injury by reason of any such judgment, he shall be restored in the position in which he was before the judgment was given or shall be afforded such relief as may be just and equitable in the circumstances.

Article 18

(a) It is recognized that the intervention of the state of war has not affected the obligation to pay pecuniary debts arising out of obligations and contracts (including those in respect of bonds) which existed and rights which were acquired before the existence of a state of war, and which are due by the Government or nationals of Japan to the Government or nationals of one of the Allied Powers, or are due by the Government or nationals of one of the Allied Powers to the Government or nationals of Japan. The intervention of a state of war shall equally not be regarded as affecting the obligation to consider on their merits claims for loss or damage to property or for personal injury or death which arose before the existence of a state of war, and which may be presented or re-presented by the Government of one of the Allied Powers to the Government of Japan, or by the Government of Japan to any of the Governments of the Allied Powers. The provisions of this paragraph are without prejudice to the rights conferred by Article 14.

(b) Japan affirms its liability for the prewar external debt of the Japanese State and for debts of corporate bodies subsequently declared to be liabilities of the Japanese State, and expresses its intention to enter into negotiations at an early date with its creditors with respect to the resumption of payments on those debts; to encourage negotiations in respect to other prewar claims and obligations; and to facilitate the transfer of sums accordingly.

Article 19

(a) Japan waives all claims of Japan and its nationals against the Allied Powers and their nationals arising out of the war or out of actions taken because of the existence of a state of war, and waives all claims arising from the presence, operations or actions of forces or authorities of any of the Allied Powers in Japanese territory prior to the coming into force of the present Treaty.

(b) The foregoing waiver includes any claims arising out of actions taken by any of the Allied Powers with respect to Japanese ships between 1 September 1939 and the coming into force of the present Treaty, as well as any claims and debts arising in respect to Japanese prisoners of war and civilian internees in the hands of the Allied Powers, but does not include Japanese claims specifically recognized in the laws of any Allied Power enacted since 2 September 1945.

(c) Subject to reciprocal renunciation, the Japanese Government also renounces all claims (including debts) against Germany and German nationals on behalf of the Japanese Government and Japanese nationals, including intergovernmental claims and claims for loss or damage sustained during the war, but excepting (a) claims in respect of contracts entered into and rights acquired before 1 September 1939, and (b) claims arising out of trade and financial relations between Japan and Germany after 2 September 1945. Such renunciation shall not prejudice actions taken in accordance with Articles 16 and 20 of the present Treaty.

(d) Japan recognizes the validity of all acts and omissions done during the period of occupation under or in consequence of directives of the occupation authorities or authorized by Japanese law at that time, and will take no action subjecting Allied nationals to civil or criminal liability arising out of such acts or omissions.

Article 20

Japan will take all necessary measures to ensure such disposition of German assets in Japan as has been or may be determined by those powers entitled under the Protocol of the proceedings of the Berlin Conference of 1945 to dispose of those assets, and pending the final disposition of such assets will be responsible for the conservation and administration thereof.

Article 21

Notwithstanding the provisions of Article 25 of the present Treaty, China shall be entitled to the benefits of Articles 10 and 14(a)2; and Korea to the benefits of Articles 2, 4, 9 and 12 of the present Treaty.

## CHAPTER Ⅵ: SETTLEMENT OF DISPUTES

Article 22

If in the opinion of any Party to the present Treaty there has arisen a dispute concerning the interpretation or execution of the Treaty, which is not settled by reference to a special claims tribunal or by other agreed means, the dispute shall, at the request of any party thereto, be referred for decision to the International Court of Justice. Japan and those Allied Powers which are not already parties to the Statute of the International Court of Justice will deposit with the Registrar of the Court, at the time of their respective ratifications of the present Treaty, and in conformity with the resolution of the United Nations Security Council, dated 15 October 1946, a general declaration accepting the jurisdiction, without special agreement, of the Court generally in respect to all disputes of the character referred to in this Article.

## CHAPTER Ⅶ: FINAL CLAUSES

Article 23

(a) The present Treaty shall be ratified by the States which sign it, including Japan, and will come into force for all the States which have then ratified it, when instruments of ratification have been deposited by Japan and by a majority, including the United States of America as the principal occupying Power, of the following States, namely Australia, Canada, Ceylon, France, Indonesia, the Kingdom of the Netherlands, New Zealand, Pakistan, the Republic of the Philippines, the United Kingdom of Great Britain and Northern Ireland, and the United States of America. The present Treaty shall come into force of each State which subsequently ratifies it, on the date of the deposit of its instrument of ratification.

(b) If the Treaty has not come into force within nine months after the date of the deposit of Japan's ratification, any State which has ratified it may bring the Treaty into force between itself and Japan by a notification to that effect given to the Governments of Japan and the United States of America not later than three years after the date of deposit of Japan's ratification.

Article 24

All instruments of ratification shall be deposited with the Government of the United States of America which will notify all the signatory States of each such deposit, of the date of the coming into force of the Treaty under paragraph (a) of Article 23, and of any notifications made under paragraph (b) of Article 23.

Article 25

For the purposes of the present Treaty the Allied Powers shall be the States at war with Japan, or any State which previously formed a part of the territory of a State named in Article 23, provided that in each case the State concerned has signed and ratified the Treaty. Subject to the provisions of Article 21, the present Treaty shall not confer any rights, titles or benefits on any State which is not an Allied Power as herein defined; nor shall any right, title or interest of Japan be deemed to be diminished or prejudiced by any provision of the Treaty in favour of a State which is not an Allied Power as so defined.

Article 26

Japan will be prepared to conclude with any State which signed or adhered to the United Nations Declaration of 1 January 1942, and which is at war with Japan, or with any State which previously formed a part of the territory of a State named in Article 23, which is not a signatory of the present Treaty, a bilateral Treaty of Peace on the same or substantially the same terms as are provided for in the present Treaty, but this obligation on the part of Japan will expire three years after the first coming into force of the present Treaty. Should Japan make a peace settlement or war claims settlement with any State granting that State greater advantages than those provided by the present Treaty, those same advantages shall be extended to the parties to the present Treaty.

Article 27

The present Treaty shall be deposited in the archives of the Government of the United States of America which shall furnish each signatory State with a certified copy thereof.

IN FAITH WHEREOF the undersigned Plenipotentiaries have signed the present Treaty.

DONE at the city of San Francisco this eighth day of September 1951, in the English, French, and Spanish languages, all being equally authentic, and in the Japanese language.

For Argentina:
Hipólito J. PAZ

For Australia:
Percy C. SPENDER

For Belgium:
Paul VAN ZEELAND SILVERCRUYS

For Bolivia:
Luis GUACHALLA

For Brazil:
Carlos MARTINS
A. DE MELLO-FRANCO

For Cambodia:
PHLENG

For Canada:
Lester B. PEARSON
R.W. MAYHEW

For Ceylon:
J.R. JAYEWARDENE
G.C.S. COREA
R.G. SENANAYAKE

For Chile:
F. NIETO DEL RÍO

For Colombia:
Cipríano RESTREPO JARAMILLO

Sebastián OSPINA

For Costa Rica:
J. Rafael OREAMUNO
V. VARGAS
Luis DOBLES SÁNCHEZ

For Cuba:
O. GANS
L. MACHADO
Joaquín MEYER

For the Dominican Republic:
V. ORDÓÑEZ
Luis F. THOMEN

For Ecuador:
A. QUEVEDO
R.G. VALENZUELA

For Egypt:
Kamil A. RAHIM

For El Salvador:
Héctor DAVID CASTRO
Luis RIVAS PALACIOS

For Ethiopia:
Men YAYEJIJRAD

For France:
SCHUMANN

H. BONNET
Paul-Émile NAGGIAR

For Greece:
A.G. POLITIS

For Guatemala:
E. CASTILLO A.
A.M. ORELLANA
J. MENDOZA

For Haiti:
Jacques N. LÉGER
Gust. LARAQUE

For Honduras:
J.E. VALENZUELA
Roberto GÁLVEZ B.
Raúl ALVARADO T.

For Indonesia:
Ahmad SUBARDJO

For Iran:
A.G. ARDALAN

For Iraq:
A.I. BAKR

For Laos:
SAVANG

For Lebanon:
Charles MALIK

For Liberia:
Gabriel L. DENNIS
James ANDERSON
Raymond HORACE
J. Rudolf GRIMES

For the Grand Duchy of Luxembourg:
Hugues LE GALLAIS

For Mexico:
Rafael DE LA COLINA
Gustavo DÍAZ ORDAZ
A.P. GASGA

For the Netherlands:
D.U. STIKKER
J.H. VAN ROIJEN

For New Zealand:
C. BERENDSEN

For Nicaragua:
G. SEVILLA SACASA
Gustavo MANZANARES

For Norway:
Wilhelm Munthe MORGENSTERNE

For Pakistan:
ZAFRULLAH KHAN

For Panama:
Ignacio MOLINO
José A. REMON
Alfredo ALEMÁN
J. CORDOVEZ

For Peru:
Luis Oscar BOETTNER

For the Republic of the Philippines:
Carlos P. RÓMULO
J.M. ELIZALDE
Vicente FRANCISCO
Diosdado MACAPAGAL
Emiliano T. TIRONA
V.G. SINCO

For Saudi Arabia:
Asad AL-FAQIH

For Syria:
F. EL-KHOURI

For Turkey:
Feridun C. ERKIN

For the Union of South Africa:
G.P. JOOSTE

For the United Kingdom of Great Britain and Northern Ireland:
Herbert MORRISON
Kenneth YOUNGER
Oliver FRANKS

For the United States of America:
Dean ACHESON
John Foster DULLES
Alexander WILEY
John J. SPARKMAN

For Uruguay:
José A. MORA

For Venezuela:
Antonio M. ARAUJO
R. GALLEGOS M.

For Viet-Nam:
T.V. HUU
T. VINH
D. THANH
BUU KINH

For Japan:
Shigeru YOSHIDA
Hayato IKEDA
Gizo TOMABECHI
Niro HOSHIJIMA
Muneyoshi TOKUGAWA
Hisato ICHIMADA

# 대일평화조약

연합국과 일본은 앞으로의 관계는 동등한 주권국가로서 그들의 공동 복지를 증진시키고, 국제 평화 및 안보를 유지하기 위해 우호적으로 협력하는 관계가 될 것이라고 결의하거니와, 그들 간에 전쟁 상태가 지속됨으로써 여전히 미해결 중인 여러 문제들을 해결할 평화조약을 체결하기를 바라는 까닭에 일본은 유엔에 가입하여, 어떤 상황 하에서도 유엔 헌장의 원칙들을 준수하고, 세계인권선언의 취지를 실현하기 위해 힘을 쓰고, 일본 내에서 유엔 헌장 55조 및 56조에 규정된, 그리고 일본이 항복한 이후 이미 일본의 입법에 의해 시작된 안정과 복지에 관한 조건들을 조성하기 위해 노력하며, 공적 및 사적 무역 및 통상에서 국제적으로 인정된 공정한 관행들을 준수할 의향이 있으므로, 연합국들이 위에서 언급된 일본의 의향을 환영하므로, 연합국들과 일본은 현재 평화조약을 체결하기로 결정하며, 그에 따라 서명자인 전권대사들을 임명했다. 그들은 자신들의 전권 위임장을 제시하여, 그것이 적절하고 타당하다는 것이 확인된 후 다음 조항들에 동의했다.

## 제1장 평화

제1조

(a) 일본과 각 연합국들과의 전쟁 상태는 제23조에 규정된 바와 같이, 일본과 관련된 연합국 사이에서 현 조약이 시행되는 날부터 중지된다.

(b) 연합국들은 일본과 그 영해에 대한 일본 국민들의 완전한 주권을 인정한다.

## 제2장 영토

### 제2조

(a) 일본은 한국의 독립을 인정하고, 제주도, 거문도 및 울릉도를 비롯한 한국에 대한 모든 권리와 소유권 및 청구권을 포기한다.

(b) 일본은 타이완과 펑후제도에 대한 모든 권리와 소유권 및 청구권을 포기한다.

(c) 일본은 쿠릴 열도에 대한, 그리고 일본이 1905년 9월 5일의 포츠머스조약에 의해 주권을 획득한 사할린의 일부와 그것에 인접한 도서에 대한 모든 권리와 소유권 및 청구권을 포기한다.

(d) 일본은 국제연맹의 위임통치제도와 관련된 모든 권리와 소유권 및 청구권을 포기하고, 신탁통치를 이전에 일본의 위임통치권 하에 있었던 태평양 제도에 이르기까지 확대하는 1947년 4월 2일의 유엔안전보장이사회의 조치를 수용한다.

(e) 일본은 일본 국민의 활동으로부터 비롯된 건이건, 아니면 그 밖의 활동으로부터 비롯된 건이건 간에, 남극 지역의 어떤 부분관 관련된 어떤 권리나, 소유권 또는 이익에 대한 모든 권리를 포기한다.

(f) 일본은 남사군도와 서사군도에 대한 모든 권리와 소유권 및 청구권을 포기한다.

### 제3조

일본은 [남서제도와 대동제도를 비롯한] 북위 29도 남쪽의 남서제도와 (보닌제도, Rosario섬 및 화산열도를 비롯한) 소후칸 남쪽의 남방제도, 그리고 오키노토리 섬과 미나미토리 섬을 유일한 통치 당국인 미국의 신탁통치 하에 두려는 미국이 유엔에 제시한 어떤 제안도 동의한다. 그러한 제안과 그에 대한 긍정적인 조치가 있을 때까지 미국은 그 영해를 포함한 그 섬들의 영토와 주민들에 대한 모든 행정, 입법, 사법권을 행사할 권리를 가지게 될 것이다.

제4조

(a) 이 조항의 (b)의 규정에 따라, 일본의 부동산 및 제2조에 언급된 지역의 일본 국민들의 부동산의 처분 문제와, 현재 그 지역들을 통치하고 있는 당국자들과 그곳의 (법인을 비롯한) 주민들에 대한 (채무를 비롯한) 그들의 청구권들, 그리고 그러한 당국자들과 주민들의 부동산의 처분과 일본과 그 국민들에 대한 그러한 당국자들과 주민들의 채무를 비롯한 청구권들의 처분은 이본과 그 당국자들 간에 특별한 협의의 대상이 된다. 그리고, 일본에 있는, 그 당국이나 거류민의 재산의 처분과, 일본과 일본국민을 상대로 하는 그 당국과 거류민의 청구권(부채를 포함한)의 처분은 일본과 그 당국간의 별도 협정의 주제가 될 것이다. 제2조에서 언급된 지역에서의 어떤 연합국이나 그 국민의 재산은, 현재까지 반환되지 않았다면, 현존하는 그 상태로 행정당국에 의해 반환될 것이다.

(b) 일본은 제2조와 제3조에 언급된 지역에 있는 일본과 일본국민 재산에 대해, 미군정청 지침이나 이에 준해서 제정된 처분권의 적법성을 인정한다.

(c) 본 조약에 의해서 일본의 지배에서 벗어난 지역과 일본을 연결하는, 일본소유의 해저 케이블은 균등하게 분할될 것이다. 일본은 일본측 터미널과 그에 접하는 절반의 케이블을 갖고, 분리된 지역은 나머지 케이블과 터미널 시설을 갖는다.

## 제3장 보장

제5조

(a) 일본은 유엔헌장 제2조에서 설명한 의무를 수락한다. 특별히 다음과 같은 의무이다.

( i ) 국제평화와 안전, 정의가 위협받지 않는 평화적인 방법으로 국제적 논쟁을 해결해야 할 의무

(ii) 일본의 국제적인 관계에서, 어떤 나라의 영토보전이나 정치적인

독립을 해하건, 어떤 식으로든 유엔의 목적에 상반되는 위협이나 군사력의 행사를 금하는(자제하는) 의무

(iii) 유엔이 헌장에 따라 하는 활동이라면 어떤 것이든 유엔을 지원하고, 유엔이 예방적이거나 제재하는 활동을 하는 어떤 나라도 지원하지 말아야 할 의무

(b) 연합국은, 그들과 일본과의 관계는 유엔헌장 제2조의 원칙에 의거해서 정해질 것임을 확인한다.

(c) 일본은 주권국가로서, 유엔헌장 제51조에 언급된 개별적 혹은 집단적 고유자위권을 소유하며 자발적으로 집단안보 조약에 가입할 수 있음을 연합국 입장에서 인정한다.

제6조

(a) 본 조약이 시행되고 난 후 가능한 빠른 시일 내에, 그리고 어떤 경우라도 시행후 90일 이전에, 연합국의 모든 점령군은 일본에서 철수할 것이다. 그러나, 이 조항의 어떤 내용도, 1개 혹은 그 이상의 연합국을 일방으로 하고 일본을 다른 일방으로 해서 체결되었거나 체결될 상호간, 혹은 다자간협정에 의해서 외국군을 일본영토 내에 주둔시키거나 유지하는 것을 막을 수는 없다.

(b) 일본군의 귀환과 관련한, 1945년 7월 26일 포츠담 선언 제9조의 조항은, 아직 (귀환이) 완료되지 않은 범위에서는, 실행될 것이다.

(c) 그 보상비가 아직 지급되지 않았으며, 점령군의 사용을 위해 제공되어, 본 조약이 시행되는 시점까지 점령군이 소유하고 있는 일본의 모든 부동산은 상호 합의에 의해 다른 약정이 만들어지지 않는 한, 90일 이내에 일본정부에 반환된다.

## 제4장 정치적 및 경제적 조항들

### 제7조

(a) 각 연합국은 본 조약이 시행된 지 1년 안에 이본에게 전쟁 전에 체결된 일본과의 양자간 조약이나, 협약에 대해, 그것을 계속 유지 또는 부활시킬 의사가 있는지를 통지한다. 그와 같이 통지된 어떤 조약이나 협약은 본 조약의 이행에 필요할 수 있는 것과 같은 그러한 변경사항들을 준수하기만 한다면, 계속 유지되거나, 부활된다. 그와 같이 통지된 조약 및 협약은 통지된지 3개월 후에 계속 효력을 발생하거나, 재개되며, 국제연합 사무국에 등록된다. 일본에게 그와 같이 통지되지 않은 모든 조약들과 협약들은 폐기된 것으로 간주된다.

(b) 이 조의 (a)항에 의해 실시되는 모든 통지는 어떤 조약이나 협약을 실행하거나, 재개하면서 통지하는 나라가 책임이 있는 국제관계를 위해 어떤 영토를 제외시킬 수 있다. 일본에게 그러한 통지를 한 날로부터 3개월 뒤에는 그러한 예외는 중단될 것이다.

### 제8조

(a) 일본은 연합국에 의한 또는 평화 회복과 관련한 다른 협정들 뿐 아니라, 1939년 9월 1일에 시작된 전쟁 상태를 종료하기 위해 현재 또는 앞으로 연합국에 의해 체결되는 모든 조약들의 완전한 효력을 인정한다. 일본은 또한 종전의 국제연맹과 상설 국제사법재판소를 폐지하기 위해 행해진 협약들을 수용한다.

(b) 일본은 1919년 9월 10일의 생 제르메넝 라이 협약과 1936년 7월 20일의 몽트뢰 조약의 서명국 신분으로부터 유래될 수 있는, 그리고 1923년 7월 24일 로잔에서 터키와 체결한 평화조약 제16조에 의해 발생될 수 있는 모든 권리와 이익들을 포기한다.

(c) 일본은 1930년 1월 20일에 독일과 채권국들 간에 체결한 협정과, 1930년 5월 17일자 신탁협정을 비롯한 그 부속 협정들인 1930년 1월 20일

의 국제결재은행에 관한 조약 및 국제결재은행의 정관들에 의해 획득한 모든 권리와 소유권 및 이익들을 포기하는 동시에, 그러한 협정 등으로부터 비롯되는 모든 의무로부터 해방된다. 일본은 본 조약이 최초로 효력을 발생한 뒤 6개월 이내에 이 항과 관련된 권리와 소유권 및 이익들의 포기를 프랑스 외무성에 통지한다.

제9조

일본은 공해상의 어업의 규제나 제한, 그리고 어업의 보존 및 발전을 규정하는 양자간 및 다자간 협정을 체결하기를 바라는 연합국들과 즉각 협상을 시작한다.

제10조

일본은 1901년 9월 7일에 베이징에서 서명된 최종 의정서의 규정들로부터 발생되는 모든 이익과 특권을 비롯하여, 중국에 대한 모든 특별한 권리와 이익을 포기한다. 그리고 모든 조항들과 문안 그리고 보충 서류들은 이로써, 이른바 요령, 조항, 문구, 서류들을 폐기하기로 일본과 합의한다.

제11조

일본은 일본 안팎의 극동 및 기타국가 연합의 전범 재판소의 국제 군사재판 판결을 수용하고 이로써 일본내 일본인에게 선고된 형량을 수행한다. 형량감경이나 가석방 같은 관용은 정부로부터 또는 사안별로 형량을 선고한 연합정부의 결정이 있을 경우 또는 일본심사결과가 있을 경우 이외에는 적용하지 않는다.

극동지역에 대한 국제 군사재판에서 선고받은 피고인 경우 재판소를 대표하는 정부 구성원이나 이본심사결과상 과반수의 결정이 있을 경우 이외에는 적용하지 않는다.

제12조

(a) 일본은 안정적이고 호혜적 관계를 바탕으로 한 거래와 해상무역을 위하여 연합국과 조약을 맺거나 협상결과를 이끌어 내기 위하여 신속한 협정에 임할 준비가 되어있음을 선언한다.

(b) 관련 조약이나 협정상 합의사항 보류시 현행 협정사항이 효력을 얻는 초년도부터 4년 기간 동안 일본은,

(1) 연합군의 권력과 구성국가들, 생산물자와 선박들을 수용한다.

(ⅰ) 최혜국 협정을 수용하여 관세율 적용과 부과, 제한사항 그리고 기타 물자수출입과 연관해서는 관련규정을 따른다.

(ⅱ) 해운, 항해 및 수입상품에 대한 내국민 대우와, 자연인, 법인 및 그들의 이익에 대한 내국민 대우. 다시 말해 그러한 대우는 세금의 부과 및 징수, 재판을 받는 것, 계약의 체결 및 이행, (유, 무형) 재산권, 일본법에 따라 구성된 자치단체에의 참여 및 일반적으로 모든 종류의 사업활동 및 직업활동의 수행에 관한 모든 사항들을 포함한다.

(2) 일본 공기업들의 대외적인 매매는 오로지 상업적 고려만을 기준으로 하고 있다는 것을 보장한다.

(c) 하지만, 어떤 문제에 대해 일본은 관련된 연합국이 같은 문제에 대해 일본에게 경우에 따라 내국민 대우나, 최혜국 대우를 주는 범위 내에서만, 그 연합국에게 내국민 대우나, 최혜국 대우를 주어야 한다.

앞에서 말한 상호주의는 연합국의 어떤 비수도권 지역의 생산품, 선박 및 자치단체, 그리고 그 지역에 거주하는 사람들의 경우에, 그리고 연방정부를 가지고 있는 어떤 연합국의 준, 지방의 자치단체와 그 주나 지방에 거주하는 사람들의 경우에, 그러한 지역이나, 주 또는 지방에서 일본에게 제공하는 대우를 참조하여 결정된다.

(d) 이 조를 적용함에 있어서, 차별적 조치는 그것을 적용하는 당사국의 통상조약에서 통상적으로 규정하고 있는 예외에 근거를 둔 것이라면, 또는 그 당사국의 대외적 재정 상태나, (해운 및 항해에 관한 부분을 제외한) 국제수지를 보호해야 할 필ㄹ요에 근거를 둔 것이라면, 또는 긴요한 안보

상의 이익을 유지해야할 필요성에 건거를 둔 것이라면, 그리고 그러한 조치가 주변상황과 조화를 이루면서, 자의적이거나, 비합리적으로 적용되지 않는다면, 경우에 따라서 내국민 대우나 최혜국 대우를 허용하는 것과 상충하는 것으로 간주되지는 않는다.

(e) 이 조에 의한 일본의 의무는 본 조약의 제14조에 의한 연합국의 어떤 권리 행사에 의해서도 영향을 받지 않는다. 아울러 이 조의 규정들은 본 조약의 제15조에 따라 일본이 감수해야 할 약속들을 제한하는 것으로 해석되어서는 안 된다.

제13조

(a) 일본은 국제 민간항공운송에 관한 양자간, 또는 다자간 협정을 체결하자는 어떤 연합국의 요구가 있을 때에는 즉시 해당 연합국들과 협상을 시작한다.

(b) 일본은 그러한 협정들이 체결될 때까지, 본 조약이 최초로 발효된 때부터 4년간, 항공 교통권에 대헤 그 효력이 발생하는 날에 어떤 해당 연합국이 행사하는 것에 못지않은 대우를 해당 연합국에 제공하는 한편, 항공업무의 운영 및 개발에 관한 완전한 기회균등을 제공한다.

(c) 일본은 국제민간항공조약 제93조에 따라 동 조약의 당사국이 될 때까지, 항공기의 국제 운항에 적용할 수 있는 동 조약의 규정들을 준수하는 동시에, 동 조약의 규정에 따라 동 조약의 부속서로 채택된 표준과 관행 및 절차들을 준수한다.


## 제5장 청구권과 재산

제14조

(a) 일본이 전쟁 중 일본에 의해 발생된 피해와 고통에 대해 연합국에 배상을 해야 한다는 것은 주지의 사실이다. 그럼에도 불구하고, 일본이 생

존 가능한 경제를 유지하면서, 그러한 모든 피해와 고통에 대한 완전한 배
상을 하는 동시에, 다른 의무들을 이행하기에는 일본의 자원이 현재 충분
하지 않다는 것 또한 익히 알고 있는 사실이다.

따라서,

1. 일본은 즉각 현재의 영토가 일본군에 의해 점령당한, 그리고 일본에
의해 피해를 입은 연합국들에게 그들의 생산, 복구 및 다른 작업에 일본의
역무를 제공하는 등, 피해 복구비용의 보상을 지원하기 위한 협상을 시작
한다. 그러한 협상은 다른 연합국들에게 추가적인 부담을 부과하지 않아
야 한다. 그리고 원자재의 제조가 필요하게 되는 경우, 일본에게 어떤 외
환 부담이 돌아가지 않도록 원자재는 해당 연합국들이 공급한다.

2. (Ⅰ), 아래 (Ⅱ)호의 규정에 따라, 각 연합국은 본 조약의 최초의 효력
발생 시에 각 연합국의 관할 하에 있는 다음의 모든 재산과 권리 및 이익
을 압수하거나, 보유하건, 또는 처분할 권리를 가진다.

(a) 일본 및 일본 국민,

(b) 일본 또는 일본 국민의 대리자 또는 대행자,

(c) 일본 또는 일본 국민이 소유하건, 지배하는 단체,

이 (Ⅰ)호에서 명시하는 재산, 권리 및 이익은 현재 동결되었거나, 귀속
되었거나, 연합국 적산관리 당국이 소유하건, 관리하고 있는 것들을 포함
하는데, 그것들은 앞의 (a)나, (b) 또는 (c)에 언급된 사람이나, 단체에 속하
거나, 그들을 대신해서 보유했거나, 관리했던 것들인 동시에 그러한 당국
의 관리 하에 있던 것들이었다.

(Ⅱ) 다음은 위의 (Ⅰ)호에 명기된 권리로부터 제외된다.

(ⅰ) 전쟁 중, 일본이 점령한 영토가 아닌, 어떤 연합국의 영토에 해당
정부의 허가를 얻어 거주한 일본의 자연인 재산. 다만, 전쟁 중에 제한 조
치를 받고서, 본 조약이 최초로 효력을 방생하는 날에 그러한 제한 조치로
부터 해제되지 않은 재산은 제외한다.

(ⅱ) 일본정부 소유로 외교 및 영사 목적으로 사용한 모든 부동산과 가
구 및 비품, 그리고 일본의 대사관 및 영사관 직원들이 소유한 것으로 통

상적으로 대사관 및 영사관 업무를 수행하는데 필요한 모든 개인용 가구
와 용구 및 투자 목적이 아닌 다른 개인 재산

(iii) 종교단체나, 민간 자선단체에 속하는 재산으로 종교적 또는 자선적
목적으로만 사용한 재산

(iv) 관련 국가와 일본 간에 1945년 9월 2일 이후에 재개된 무역 및 금융
관계에 의해 일본이 관할하게 된 재산과 권리 및 이익. 다만 관련 연합국
의 법에 위반되는 거래로부터 발생한 것은 제외된다.

(v) 일본 또는 일본 국민의 채무, 일본에 소재하는 유형 재산에 관한
권리나, 소유권 또는 이익, 일본의 법률에 따라 조직된 기업에 과난 이익
또는 그것들에 대한 증서, 다만, 이 예외는, 일본의 통화로 표시된 일본 및
일본 국민의 채무에게만 적용한다.

(III) 앞에서 언급된 예외 (i)로부터 (v)까지의 재산은 그 보존 및 관리
를 위한 합리적인 비용의 지불을 조건으로 반환된다. 그러한 재산이 청산
되었다면, 그 재산을 반환하는 대신에 그 매각대금을 반환한다.

(IV) 앞에 나온 (I)호에 규정된 일본 재산을 압류하고, 유지하고, 청산
하거나, 그 외 어떠한 방법으로 처분할 권리는 해당 연합국의 법률에 따라
행사되며, 그 소유자는 그러한 법률에 의해 본인에게 주어질 권리만을 가
진다.

(V) 연합국은 일본의 상표권과 문학 및 예술 재산권을 각국의 일반적 사정
이 허용하는 한, 일본에 유리하게 취급하는 것에 동의한다.

(b) 연합국은 본 조약에 특별한 규정이 있는 경우를 제외하고, 연합국의
모든 배상 청구권과 전쟁 수행과정에서 일본 및 그 국민이 자행한 어떤
행동으로부터 발생된 연합국 및 그 국민의 다른 청구권, 그리고 점령에 따
른 직접적인 군사적 비용에 관한 연합국의 청구권을 포기한다.

제15조

(a) 본 조약이 일본과 해당 연합국 간에 효력이 발생된 지 9개월 이내에 신청이 있을 경우, 일본은 그 신청일로부터 6개월 이내에, 1941년 12월 7일부터 1945년 9월 2일까지 일본에 있던 각 연합국과 그 국민의 유형 및 무형 재산과, 종류의 여하를 불문한 모든 권리 또는 이익을 반환한다. 다만, 그 소유주가 강박이나, 사기를 당하지 않고 자유로이 처분한 것은 제외한다. 그러한 재산은 전쟁으로 말미암아 부과될 수 있는 모든 부담금 및 과금을 지불하지 않는 동시에, 그 반환을 위한 어떤 과금도 지불하지 않고서 반환된다. 소유자나 그 소유자를 대신하여, 또는 그 소유자의 정부가 소장기간 내에 반환을 신청하지 않는 재산은 일본정부가 임의로 처분할 수 있다. 그러한 재산이 1941년 12월 7일에 일본 내에 존재하고 있었으나, 반환될 수 없거나, 전쟁의 결과로 손상이나 피해를 입은 경우, 1951년 7월 13일에 일본 내각에서 승인된 연합국 재산보상법안이 정하는 조건보다 불리하지 않는 조건으로 보상된다.

(b) 전쟁 중에 침해된 공업 재산권에 대해서, 일본은 현재 모두 수정되었지만, 1949년 9월 1일 시행 각령 제309호, 1950년 1월 28일 시행 각령 제12호 및 1950년 2월 1일 시행 각령 제9호에 의해 지금까지 주어진 것보다 불리하지 않는 이익을 계속해서 연합국 및 그 국민에게 제공한다. 다만, 그 연합국의 국민들이 각령에 정해진 기한까지 그러한 이익을 제공해주도록 신청한 경우에만 그러하다.

(c) ( i ) 1941년 12월 6일에 일본에 존재했던, 출판여부를 불문하고, 연합국과그 국민들의 작품들에 대해서, 문학과 예술의 지적재산권이 그 날짜 이후로 계속해서 유효했음을 인정하고, 전쟁의 발발로 인해서 일본 국내법이나 관련 연합국의 법률에 의해서 어떤 회의나 협정이 폐기 혹은 중지 되었거나 상관없이, 그 날짜에 일본이 한 쪽 당사자였던 그런 회의나 협정의 시행으로, 그 날짜 이후로 일본에서 발생했거나, 전쟁이 없었다면 발생했을 권리를 승인한다.

( ii ) 그 권리의 소유자 신청할 필요도 없이, 또 어떤 수수료의 지불이나

다른 어떤 형식에 구애됨이 없이, 1941년 12월 7일부터, 일본과 관련 연합국 간의 본 협정이 시행되는 날까지의 기간은 그런 권리의 정상적인 사용기간에서 제외될 것이다. 그리고 그 기간은, 추가 6개월의 기간을 더해서, 일본에서 번역판권을 얻기 위해서 일본어로 번역되어야 한다고 정해진 시간에서 제외될 것이다.

### 제16조

일본의 전쟁포로로서 부당하게 고통을 겪은 연합국 군인들을 배상하는 한 가지 방식으로, 일본은 전쟁기간 동안 중립국이었던 나라나, 연합국과 같이 참전했던 나라에 있는 연합국과 그 국민의 재산, 혹은 선택사항으로 그것과 동등한 가치를, 국제적십자 위원회에 이전해 줄 것이고, 국제적십자위원회는 그 재산을 청산해서 적절한 국재 기관에 협력기금을 분배하게 될 것이다. 공정하다고 판단될 수 있는 논리로, 과거 전쟁포로와 그 가족들의 권익을 위해서.(앞문장의 일부분) 본 협정의 제14조(a)2(Ⅱ)(ⅱ)부터 (Ⅴ)까지에 규정된 범위의 재산은, 본 협정이 시행되는 첫 날, 일본에 거주하지 않는 일본국민들의 재산과 마찬가지로 이전대상에서 제외될 것이다. 이 항의 이전조항은 현재 일본 재정기관이 보유한 국제결재은행의 주식 19,770주에 대해서는 적용되지 않는다는 것도 동시에 양해한다.

### 제17조

(a) 어떤 연합국이든지 요청하면, 연합국 국민의 소유권과 관련된 사건에서, 일본정부는 국제법에 따라서 일본 상벌위원회의 결정이나 명령을 재검토하거나 수정해야 하고, 결정이나 명령을 포함해서, 이런 사건들의 기록을 포함한 모든 문서의 사본을 제공해야 한다. 원상복구가 옳다는 재검토나 수정이 나온 사건에서는, 제15조의 조항이 관련 소유권에 적용되어야 할 것이다.

(b) 일본정부는 필요한 조치를 취해서, 일본과 관련 연합국 간의 본 협정이 시행되는 첫날로부터 일 년 이내에 언제라도, 어떤 연합국 국민이든

지 1941년 12월 7일과 시행되는 날 사이에 일본법정으로부터 받은 어떤 판결에 대해서도, 일본 관계당국에 재심을 신청할 수 있도록 해야 하며, 이것은 그 국민이 원고나 피고로서 적절한 제청을 할 수 있는 어떤 소추에서라도 적용되어야 한다. 일본정부는 해당 국민이 그러한 어떤 재판에 의해 손해를 입었을 경우에는, 그 사람을 그 재판을 하기 전의 상태로 원상복구 시켜주도록 하거나, 그 사람이 공정하고 정당한 구제를 받을 수 있도록 조치해야 한다.

제18조
(a) 전쟁상태의 개입은, (채권에 관한 것을 포함한)기존의 의무 및 계약으로부터 금전상의 채무를 상환할 의무, 그리고 전쟁상태 이전에 취득된 권리로서, 일본정부나 그 국민들이 연합국의 한 나라의 정부나 그 국민들에게 또는 연합국의 한 나라의 정부나 그 국민들이 일본정부나 그 국민들에게 주어야 하는 권리에 영향을 미치지 않는다는 것을 인정한다. 그와 마찬가지로 전쟁상태의 개입은 전쟁상태 이전에 발생한 것으로, 연합국의 한 나라의 정부가 일본정부에 대해, 또는 일본정부가 연합국의 한나라의 정부에 대해 제기하건, 재제기할 수 있는 재산의 멸실이나, 손해 또는 개인적 상해나, 사망으로 인한 청구권을 검토할 의무에 영향을 미치는 것으로 간주되지 않는다. 이 항의 규정은 제41조에 의해 부여되는 권리를 침해하지 않는다.
(b) 일본은 일본의 전쟁 전의 대외채무에 관한 책임과, 뒤에 일본의 책임이라고 선언된 단체들의 채무에 관한 책임을 질 것을 천명하면서, 빠른 시일 내에 그러한 채무의 지불 재개에 대해 채권자들과 협상을 시작하고, 전쟁 전의 다른 청구권들과 의무들에 대한 협상을 촉진하며, 그에 따라 상환을 용이하게 하겠다는 의향을 표명한다.

제19조
(a) 일본은 전쟁으로부터 발생했건, 전쟁상태의 존재로 말미암아 취해

진 조치들로부터 발생한 연합국들과 그 국민들에 대한 일본 및 일본 국민들의 모든 청구권을 포기하는 한편, 본 조약이 발효되기 전에 일본영토 내에서 연합국 군대나 당국의 존재, 직무수행 또는 행동들로부터 생긴 모든 청구권을 포기한다.

(b) 앞에서 언급한 포기에는 1939년 9월 1일부터 본 조약의 효력발생시까지의 사이에 일본의 선박에 관해서 연합국이 취한 조치로부터 생긴 청구권은 물론 연합국의 수중에 있는 일본전쟁포로와 민간인 피억류자에 관해서 생긴 모든 청구권 및 채권이 포함된다. 다만, 1945년 9월 2일 이후 어떤 연합국이 제정한 법률로 특별히 인정된 일본인의 청구권은 포함되지 않는다.

(c) 일본정부는 또한 상호포기를 조건으로 정부간의 청구권 및 전쟁 중에 입은 멸실 또는 손해에 관한 청구권을 포함한 독일과 독일 국민에 대한 (채권을 포함한) 모든 청구권을 일본정부와 일본국민을 위해서 포기한다. 다만, (a)1939녀 9월 1일 이전에 체결된 계약 및 취득된 권리에 관한 청구권과, (b)1945년 9월 2일 후에 일본과 독일 간의 무역 및 금융의 관계로부터 생긴 청구권은 제외한다. 그러한 포기는 본 조약 제16조 및 제20조에 따라 취해진 조치들에 저촉되지 않는다.

(d) 일본은 점령기간 동안, 점령당국의 지시에 따라 또는 그 지시의 결과로 행해졌거나 당시의 일본법에 의해 인정된 모든 작위 또는 부작위 행위의 효력을 인정하며, 연합국 국민들에게 그러한 작위 또는 부작위 행위로부터 발생하는 민사 또는 형사책임을 묻는 어떤 조치도 취하지 않는다.

제20조

일본은 1945년 베를린 회의의 협약의정서에 따라 일본 내의 독일재산을 처분할 권리를 가지게 되는 제국이 그러한 재산의 처분을 결정하거나 결정할 수 있도록 보장하기 위한 필요한 모든 조치를 취한다. 그리고 그러한 재산이 최종적으로 처분될 때까지 그 보존 및 관리에 대한 책임을 진다.

제21조

중국은 본 조약 제25조의 규정에 관계없이, 제10조 및 제14조(a)2의 이익을 받을 권리를 가지며, 한국은 본 조약의 제2조, 제4조, 제9조 및 제12조의 이익을 받을 권리를 가진다.

## 제6장 분쟁의 해결

제22조

본 조약의 어떤 당사국이 볼 때, 특별청구권재판소나 다른 합의된 방법으로 해결되지 않는 본 조약의 해석 또는 실행에 관한 분쟁이 발생한 경우, 그러한 분쟁은 어떤 분쟁 당사국의 요청에 의해 그러한 분쟁에 대한 결정을 얻기 위해 국제사법재판소로 회부된다. 일본과, 아직 구제사법재판소 규정상의 당사국이 아닌 연합국은 각각 본 조약을 비준할 때, 그리고 1946년 10월 15일의 국제연합안전보장이사회의 결의에 따라, 특별한 합의 없이, 이 조항에서 말하는 모든 분쟁에 대한 국제사법재판소의 전반적인 관할권을 수락하는 일반선언서를 동 재판소 서기에 기탁한다.

## 제7장 최종조항

제23조

(a) 본 조약은 일본을 포함하여 본 조약에 서명하는 나라에 의해 비준된다. 본 좆약은 비준서가 일본에 의해, 그리고 호주, 캐나다, 실론, 프랑스, 인도네시아, 네덜란드, 뉴질랜드, 필리핀, 영국과 북아일랜드, 미국 중, 가장 중요한 점령국인 미국을 포함한 과반수에 의해 기탁되었을 대, 그것을 비준한 모든 나라들에게 효력을 발한다.

(b)일본이 비준서를 기탁한 후 9개월 이내에 본 조약이 발효되지 않는

다면, 본 조약을 비준한 나라는 모두 일본이 비준서를 기탁한 후 3년 이내에 일본정부 및 미국정부에 그러한 취지를 통고함으로써 자국과 일본 사이에 본 조약을 발효시키게 할 수 있다.

제24조

모든 비준서는 미국정부에 기탁해야 한다. 미국정부는 제23조(a)에 의거한 본 조약의 효력발생일과 제23조(b)에 따라 행해지는 어떤 통고를 모든 서명국에 통지한다.

제25조

본 조약의 적용상, 연합국이란 일본과 전쟁하고 있던 나라들이나, 이전 제23조에 명명된 나라의 영토의 일부를 이루고 있었던 어떤 나라를 말한다. 다만, 각 경우 관련된 나라가 본 조약에 서명하여, 본 조약을 비준하는 것으로 조건으로 한다. 본 조약은 제21조의 규정에 따라 여기에 정의된 연합국이 아닌 나라에 대해서는 어떠한 권리나, 소유권 또는 이익도 주지 않는다. 아울러 본 조약의 어떠한 규정에 의해 앞에서 정의된 연합국이 아닌 나라를 위해 일본의 어떠한 권리나, 소유권 또는 이익이 제한되건, 훼손되지 않는다.

제26조

일본은 1942년 1월 1일 국제연합선언문에 서명하건, 동의하는 어떤 국가와, 일본과 전쟁상태에 있는 어떤 국가, 또는 이전에 본 조약의 서명국이 아닌 제23조에 명명된 어떤 국가의 영토의 일부를 이루고 있던 어떤 나라와 본 조약에 규정된 것과 동일하거나, 실질적으로 동일한 조건으로 양자 간의 평화조약을 체결할 준비를 해야 한다. 다만, 이러한 일본의 의무는 본 조약이 최초로 발효된 지 3년 뒤에 소멸된다. 일본이 조약이 체결할 준비를 해야 한다. 다만, 이러한 의무는 본 조약이 최초로 발효된 지 3년 뒤에 소멸된다. 일본이 본 조약이 제공하는 것보다 더 많은 이익을 주는

어떤 국가와 평화적인 해결을 하건, 전쟁청구권을 처리할 경우, 그러한 이
익은 본 조약의 당사국들에게도 적용되어야 한다.


제27조
본 조약은 미국정부의 기록보관소에 저장된다. 미국정부는 인증된 등본
을 각서명국에 교부한다.
이상으로 서명의 전권대표는 본 조약에 서명했다.
1951년 9월 8일, 샌프란시스코시에서 동일한 자격의 정문인 영어, 프랑
스어 및 스페인어로, 그리고 일본어로 작성되었다.

# 13. 한일기본관계조약 (1965.6.22)

Japan and the Republic of Korea,

Considering the historical background of relationship between their peoples and their mutual desire for good neighborliness and for the normalization of their relations on the basis of the principle of mutual respect for sovereignty;

Recognizing the importance of their close cooperation in conformity with the principles of the Charter of the United Nations to the promotion of their mutual welfare and common interests and to the maintenance of international peace and security; and

Recalling the relevant provisions of the Treaty of Peace with Japan signed at the city of San Francisco on September 8, 1951 and the Resolution 195 (III) adopted by the United Nations General Assembly on December 12, 1948;

Have resolved to conclude the present Treaty on Basic Relations and have accordingly appointed as their Plenipotentiaries,

Japan:

Etsusaburo Shiina,

Minister for Foreign Affairs of Japan

Shinichi Takasugi

The Republic of Korea:

Tong Won Lee,

Minister of Foreign Affairs of the Republic of Korea

Dong Jo Kim,

Ambassador Extraordinary and Plenipotentiary of the Republic of Korea

Who, having communicated to each other their full powers found to be in good and due form, have agreed upon the following articles:

Article I

Diplomatic and consular relations shall be established between the High Contracting Parties. The High Contracting Parties shall exchange diplomatic envoys with the Ambassadorial rank without delay. The High Contracting Parties will also establish consulates at locations to be agreed upon by the two Governments.

Article II

It is confirmed that all treaties or agreements concluded between the Empire of Japan and the Empire of Korea on or before August 22, 1910 are already null and void.

Article III

It is confirmed that the Government of the Republic of Korea is the only lawful Government in Korea as specified in the Resolution 195 (III) of the United Nations General Assembly.

Article IV

(a) The High Contracting Parties will be guided by the principles of the Charter of the United Nations in their mutual relations.

(b) The High Contracting Parties will cooperate in conformity with the principles of the Charter of the United Nations in promoting their mutual welfare and common interests.

Article V

The High Contracting Parties will enter into negotiations at the earliest practicable date for the conclusion of treaties or agreements to place their trading, maritime and other commercial relations on a stable and friendly basis.

Article VI

The High Contracting Parties will enter into negotiations at the earliest practicable date for the conclusion of an agreement relating to civil air transport.

Article VII

The present Treaty shall be ratified. The instruments of ratification shall be exchanged at Seoul as soon as possible. The present Treaty shall enter into force as from the date on which the instruments of ratification are exchanged.

IN WITNESS WHEREOF, the respective Plenipotentiaries have signed the present Treaty and have affixed thereto their seals.

DONE in duplicate at Tokyo, this twenty-second day of June of the year one thousand nine hundred and sixty-five in the Japanese, Korean, and English languages, each text being equally authentic. In case of any divergence of interpretation, the English text shall prevail.

FOR JAPAN: Etsusaburo Shiina, Shinichi Takasugi

FOR THE REPUBLIC OF KOREA: Tong Won Lee, Dong Jo Kim

# 대한민국과 일본국간의 기본관계에 관한 조약

대한민국과 일본국은,

양국 국민관계의 역사적 배경과, 선린관계와 주권상호존중의 원칙에 입각한 양국 관계의 정상화에 대한 상호 희망을 고려하며, 양국의 상호 복지와 공통 이익을 증진하고 국제평화와 안전을 유지하는데 있어서 양국이 국제연합 헌장의 원칙에 합당하게 긴밀히 협력함이 중요하다는 것을 인정하며, 또한 1951.9.8 샌프란시스코시에서 서명된 일본국과의 평화조약의 관계규정과 1948.12.12 국제연합 총회에서 채택된 결의 제195호(Ⅲ)을 상기하며, 본 기본관계에 관한 조약을 체결하기로 결정하여, 이에 다음과 같이 양국간의 전권위원을 임명하였다.

대한민국
대한민국 외무부장관    이동원
대한민국 특명전권대사 김동조
일본국
일본국 외무대신 시이나 에쓰사부로(椎名悅三郎))
다카스끼 신이치(高杉晋一)

이들 전권위원은 그들의 전권위임장을 상호 제시하고 그것이 상호 타당하다고 인정한 후 다음의 제 조항에 합의하였다.

제1조
양 체약 당사국간에 외교 및 영사관계를 수립한다. 양 체약 당사국은 대사급 외교사절을 지체없이 교환한다. 양 체약 당사국은 또한 양국 정부에 의하여 합의되는 장소에 영사관을 설치한다.

제2조

1910년 8월 22일 및 그 이전에 대한제국과 대일본제국간에 체결된 모든 조약 및 협정이 이미 무효임을 확인한다.

제3조

대한민국 정부가 국제연합 총회의 결정 제195호(Ⅲ)에 명시된 바와 같이 한반도에 있어서의 유일한 합법정부임을 확인한다.

제4조

(가) 양 체약 당사국은 양국 상호간의 관계에 있어서 국제연합 헌장의 원칙을 지침으로 한다.

(나) 양 체약 당사국은 양국의 상호의 복지와 공통의 이익을 증진함에 있어서 국제연합 헌장의 원칙에 합당하게 협력한다.

제5조

양 체약 당사국은 양국의 무역, 해운 및 기타 통상상의 관계를 안정되고 우호적인 기초 위에 두기 위하여 조약 또는 협정을 체결하기 위한 교섭을 실행 가능한 한 조속히 시작한다.

제6조

양 체약 당사국은 민간항공 운수에 관한 협정을 체결하기 위하여 실행 가능한 한 조속히 교섭을 시작한다.

제7조

본 조약은 비준되어야 한다. 비준서는 가능한 한 조속히 서울에서 교환한다.

본 조약은 비준서가 교환된 날로부터 효력을 발생한다.

이상의 증거로써 각 전권위원은 본 조약에 서명 날인한다.

1965년 6월 22일 동경에서 동등히 정본인 한국어, 일본어 및 영어로 2통을 작성하였다. 해석에 상위가 있을 경우에는 영어본에 따른다.

대한민국을 위하여 이동원, 김동조
일본국을 위하여 椎名悅三郎, 高杉晋一

# 14. 조약법에 관한 비엔나협약 (1969.5.23)
# VIENNA CONVENTION ON THE LAW OF TREATIES SIGNED AT VIENNA 23 May 1969

ENTRY INTO FORCE: 27 January 1980

The States Parties to the present Convention Considering the fundamental role of treaties in the history of international relations, Recognizing the ever-increasing importance of treaties as a source of international law and as a means of developing peaceful co-operation among nations, whatever their constitutional and social systems, Noting that the principles of free consent and of good faith and the pacta sunt servanda rule are universally recognized, Affirming that disputes concerning treaties, like other international disputes, should be settled by peaceful means and in conformity with the principles of justice and international law, Recalling the determination of the peoples of the United Nations to establish conditions under which justice and respect for the obligations arising from treaties can be maintained, Having in mind the principles of international law embodied in the Charter of the United Nations, such as the principles of the equal rights and self-determination of peoples, of the sovereign equality and independence of all States, of non-interference in the domestic affairs of States, of the prohibition of the threat or use of force and of universal respect for, and observance of, human rights and fundamental freedoms for all, Believing that the codification and progressive development of the law of treaties achieved in the present Convention will promote the purposes of the United Nations set forth in the Charter, namely, the maintenance of international peace and security, the development of friendly relations and the achievement of co-operation among nations, Affirming that the rules of customary international law will continue to govern questions not regulated by the provisions of the present Convention, Have agreed as follows:

# PART I. INTRODUCTION

Article 1. Scope of the present Convention
The present Convention applies to treaties between States.

Article 2. Use of terms
1. For the purposes of the present Convention:
   (a) 'treaty' means an international agreement concluded between States in written form and governed by international law, whether embodied in a single instrument or in two or more related instruments and whatever its particular designation;
   (b) 'ratification', 'acceptance', 'approval' and 'accession' mean in each case the international act so named whereby a State establishes on the international plane its consent to be bound by a treaty;
   (c) 'full powers' means a document emanating from the competent authority of a State designating a person or persons to represent the State for negotiating, adopting or authenticating the text of a treaty, for expressing the consent of the State to be bound by a treaty, or for accomplishing any other act with respect to a treaty;
   (d) 'reservation' means a unilateral statement, however phrased or named, made by a State, when signing, ratifying, accepting, approving or acceding to a treaty, whereby it purports to exclude or to modify the legal effect of certain provisions of the treaty in their application to that State;
   (e) 'negotiating State' means a State which took part in the drawing up and adoption of the text of the treaty;

(f) 'contracting State' means a State which has consented to be bound by the treaty, whether or not the treaty has entered into force;

(g) 'party' means a State which has consented to be bound by the treaty and for which the treaty is in force;

(h) 'third State' means a State not a party to the treaty;

(i) 'international organization' means an intergovernmental organization.

2. The provisions of paragraph 1 regarding the use of terms in the present Convention are without prejudice to the use of those terms or to the meanings which may be given to them in the internal law of any State.

Article 3. International agreements not within the scope of the present Convention

The fact that the present Convention does not apply to international agreements concluded between States and other subjects of international law or between such other subjects of international law, or to international agreements not in written form, shall not affect:

(a) the legal force of such agreements;

(b) the application to them of any of the rules set forth in the present Convention to which they would be subject under international law independently of the Convention;

(c) the application of the Convention to the relations of States as between themselves under international agreements to which other subjects of international law are also parties.

Article 4. Non-retroactivity of the present Convention

Without prejudice to the application of any rules set forth in the present Convention to which treaties would be subject under international law independently of the Convention, the Convention applies only to treaties which are concluded by States after the entry into force of the present Convention with regard to such States.

Article 5. Treaties constituting international organizations and treaties adopted within
an international organization
The present Convention applies to any treaty which is the constituent instrument
of an international organization and to any treaty adopted within an international
organization without prejudice to any relevant rules of the organization.

# PART II. CONCLUSION AND ENTRY INTO FORCE OF TREATIES

## SECTION 1. CONCLUSION OF TREATIES

Article 6. Capacity of States to conclude treaties
Every State possesses capacity to conclude treaties.

Article 7. Full powers
1. A person is considered as representing a State for the purpose of adopting or
authenticating the text of a treaty or for the purpose of expressing the consent
of the State to be bound by a treaty if:
(a) he produces appropriate full powers; or
(b) it appears from the practice of the States concerned or from other circumstances
that their intention was to consider that person as representing the State for
such purposes and to dispense with full powers.
2. In virtue of their functions and without having to produce full powers, the
following are considered as representing their State:
(a) Heads of State, Heads of Government and Ministers for Foreign Affairs, for the
purpose of performing all acts relating to the conclusion of a treaty;
(b) heads of diplomatic missions, for the purpose of adopting the text of a treaty
between the accrediting State and the State to which they are accredited;
(c) representatives accredited by States to an international conference or to an

international organization or one of its organs, for the purpose of adopting the text of a treaty in that conference, organization or organ.

Article 8. Subsequent confirmation of an act performed without authorization

An act relating to the conclusion of a treaty performed by a person who cannot be considered under article 7 as authorized to represent a State for that purpose is without legal effect unless afterwards confirmed by that State.

Article 9. Adoption of the text

1. The adoption of the text of a treaty takes place by the consent of all the States participating in its drawing up except as provided in paragraph 2.
2. The adoption of the text of a treaty at an international conference takes place by the vote of two-thirds of the States present and voting, unless by the same majority they shall decide to apply a different rule.

Article 10. Authentication of the text

The text of a treaty is established as authentic and definitive:

   (a) by such procedure as may be provided for in the text or agreed upon by the States participating in its drawing up; or
   (b) failing such procedure, by the signature, signature ad referendum or initialling by the representatives of those States of the text of the treaty or of the Final Act of a conference incorporating the text.

Article 11. Means of expressing consent to be bound by a treaty

The consent of a State to be bound by a treaty may be expressed by signature, exchange of instruments constituting a treaty, ratification, acceptance, approval or accession, or by any other means if so agreed.

Article 12. Consent to be bound by a treaty expressed by signature

1. The consent of a State to be bound by a treaty is expressed by the signature

of its representative when:

(a) the treaty provides that signature shall have that effect;

(b) it is otherwise established that the negotiating States were agreed that signature should have that effect; or

(c) the intention of the State to give that effect to the signature appears from the full powers of its representative or was expressed during the negotiation.

2. For the purposes of paragraph 1:

(a) the initialling of a text constitutes a signature of the treaty when it is established that the negotiating States so agreed;

(b) the signature ad referendum of a treaty by a representative, if confirmed by his State, constitutes a full signature of the treaty.

Article 13. Consent to be bound by a treaty expressed by an exchange of instruments constituting a treaty

The consent of States to be bound by a treaty constituted by instruments exchanged between them is expressed by that exchange when:

(a) the instruments provide that their exchange shall have that effect; or

(b) it is otherwise established that those States were agreed that the exchange of instruments should have that effect

Article 14. Consent to be bound by a treaty expressed by ratification, acceptance or approval

1. The consent of a State to be bound by a treaty is expressed by ratification when:

(a) the treaty provides for such consent to be expressed by means of ratification;

(b) it is otherwise established that the negotiating States were agreed that ratification should be required;

(c) the representative of the State has signed the treaty subject to ratification; or

(d) the intention of the State to sign the treaty subject to ratification appears from the full powers of its representative or was expressed during the negotiation.

2. The consent of a State to be bound by a treaty is expressed by acceptance or

approval under conditions similar to those which apply to ratification.

Article 15. Consent to be bound by a treaty expressed by accession
The consent of a State to be bound by a treaty is expressed by accession when:
  (a) the treaty provides that such consent may be expressed by that State by means
      of accession;
  (b) it is otherwise established that the negotiating States were agreed that such
      consent may be expressed by that State by means of accession; or
  (c) all the parties have subsequently agreed that such consent may be expressed
      by that State by means of accession.

Article 16. Exchange or deposit of instruments of ratification, acceptance, approval
            or accession
Unless the treaty otherwise provides, instruments of ratification, acceptance, approval
or accession establish the consent of a State to be bound by a treaty upon:
  (a) their exchange between the contracting States;
  (b) their deposit with the depositary; or
  (c) their notification to the contracting States or to the depositary, if 50 agreed.

Article 17. Consent to be bound by part of a treaty and choice of differing provisions
1. Without prejudice to articles 19 to 23, the consent of a State to be bound by
   part of a treaty is effective only if the treaty so permits or the other contracting
   States so agree.
2. The consent of a State to be bound by a treaty which permits a choice between
   differing provisions is effective only if it is made clear to which of the provisions
   the consent relates.

Article 18. Obligation not to defeat the object and purpose of a treaty prior to its
            entry into force
A State is obliged to refrain from acts which would defeat the object and purpose

of a treaty when:

    (a) it has signed the treaty or has exchanged instruments constituting the treaty subject to ratification, acceptance or approval, until it shall have made its intention clear not to become a party to the treaty; or

    (b) it has expressed its consent to be bound by the treaty, pending the entry into force of the treaty and provided that such entry into force is not unduly delayed.

## SECTION 2. RESERVATIONS

Article 19. Formulation of reservations

A State may, when signing, ratifying, accepting, approving or acceding to a treaty, formulate a reservation unless:

    (a) the reservation is prohibited by the treaty;

    (b) the treaty provides that only specified reservations, which do not include the reservation in question, may be made; or

    (c) in cases not falling under sub-paragraphs (a) and (b), the reservation is incompatible with the object and purpose of the treaty.

Article 20. Acceptance of and objection to reservations

1. A reservation expressly authorized by a treaty does not require any subsequent acceptance by the other contracting States unless the treaty so provides.

2. When it appears from the limited number of the negotiating States and the object and purpose of a treaty that the application of the treaty in its entirety between all the parties is an essential condition of the consent of each one to be bound by the treaty, a reservation requires acceptance by all the parties.

3. When a treaty is a constituent instrument of an international organization and unless it otherwise provides, a reservation requires the acceptance of the competent organ of that organization.

4. In cases not falling under the preceding paragraphs and unless the treaty otherwise

provides:

(a) acceptance by another contracting State of a reservation constitutes the reserving State a party to the treaty in relation to that other State if or when the treaty is in force for those States;

(b) an objection by another contracting State to a reservation does not preclude the entry into force of the treaty as between the objecting and reserving States unless a contrary intention is definitely expressed by the objecting State;

(c) an act expressing a State's consent to be bound by the treaty and containing a reservation is effective as soon as at least one other contracting State has accepted the reservation.

5. For the purposes of paragraphs 2 and 4 and unless the treaty otherwise provides, a reservation is considered to have been accepted by a State if it shall have raised no objection to the reservation by the end of a period of twelve months after it was notified of the reservation or by the date on which it expressed its consent to be bound by the treaty, whichever is later.

Article 21. Legal effects of reservations and of objections to reservations

1. A reservation established with regard to another party in accordance with articles 19, 20 and 23:

(a) modifies for the reserving State in its relations with that other party the provisions of the treaty to which the reservation relates to the extent of the reservation; and

(b) modifies those provisions to the same extent for that other party in its relations with the reserving State.

2. The reservation does not modify the provisions of the treaty for the other parties to the treaty inter se.

3. When a State objecting to a reservation has not opposed the entry into force of the treaty between itself and the reserving State, the provisions to which the reservation relates do not apply as between the two States to the extent of the reservation.

Article 22. Withdrawal of reservations and of objections to reservations

1. Unless the treaty otherwise provides, a reservation may be withdrawn at any time and the consent of a State which has accepted the reservation is not required for its withdrawal.

2. Unless the treaty otherwise provides, an objection to a reservation may be withdrawn at any time.

3. Unless the treaty otherwise provides, or it is otherwise agreed:
   (a) the withdrawal of a reservation becomes operative in relation to another contracting State only when notice of it has been received by that State;
   (b) the withdrawal of an objection to a reservation becomes operative only when notice of it has been received by the State which formulated the reservation.

Article 23. Procedure regarding reservations

1. A reservation, an express acceptance of a reservation and an objection to a reservation must be formulated in writing and communicated to the contracting States and other States entitled to become parties to the treaty.

2. If formulated when signing the treaty subject to ratification, acceptance or approval, a reservation must be formally confirmed by the reserving State when expressing its consent to be bound by the treaty. In such a case the reservation shall be considered as having been made on the date of its confirmation.

3. An express acceptance of, or an objection to, a reservation made previously to confirmation of the reservation does not itself require confirmation.

4. The withdrawal of a reservation or of an objection to a reservation must be formulated in writing.

## SECTION 3. ENTRY INTO FORCE AND PROVISIONAL APPLICATION OF TREATIES

Article 24. Entry into force

1. A treaty enters into force in such manner and upon such date as it may provide or as the negotiating States may agree.

2. Failing any such provision or agreement, a treaty enters into force as soon as consent to be bound by the treaty has been established for all the negotiating States.

3. When the consent of a State to be bound by a treaty is established on a date after the treaty has come into force, the treaty enters into force for that State on that date, unless the treaty otherwise provides.

4. The provisions of a treaty regulating the authentication of its text, the establishment of the consent of States to be bound by the treaty, the manner or date of its entry into force, reservations, the functions of the depositary and other matters arising necessarily before the entry into force of the treaty apply from the time of the adoption of its text.

Article 25. Provisional application

1. A treaty or a part of a treaty is applied provisionally pending its entry into force if:
   (a) the treaty itself so provides; or
   (b) the negotiating States have in some other manner so agreed.

2. Unless the treaty otherwise provides or the negotiating States have otherwise agreed, the provisional application of a treaty or a part of a treaty with respect to a State shall be terminated if that State notifies the other States between which the treaty is being applied provisionally of its intention not to become a party to the treaty.

# PART III. OBSERVANCE, APPLICATION AND INTERPRETATION OF TREATIES

## SECTION 1. OBSERVANCE OF TREATIES

Article 26. Pacta sunt servanda

Every treaty in force is binding upon the parties to it and must be performed by them in good faith.

Article 27. Internal law and observance of treaties

A party may not invoke the provisions of its internal law as justification for its failure to perform a treaty. This rule is without prejudice to article 46.

## SECTION 2. APPLICATION OF TREATIES

Article 28. Non-retroactivity of treaties

Unless a different intention appears from the treaty or is otherwise established, its provisions do not bind a party in relation to any act or fact which took place or any situation which ceased to exist before the date of the entry into force of the treaty with respect to that party.

Article 29. Territorial scope of treaties

Unless a different intention appears from the treaty or is otherwise established, a treaty is binding upon each party in respect of its entire territory.

Article 30. Application of successive treaties relating to the same subject-matter

1. Subject to Article 103 of the Charter of the United Nations, the rights and obligations of States parties to successive treaties relating to the same subject-matter shall be determined in accordance with the following paragraphs.

2. When a treaty specifies that it is subject to, or that it is not to be considered as incompatible with, an earlier or later treaty, the provisions of that other treaty prevail.

3. When all the parties to the earlier treaty are parties also to the later treaty but the earlier treaty is not terminated or suspended in operation under article 59, the earlier treaty applies only to the extent that its provisions are compatible with those of the latter treaty.

4. When the parties to the later treaty do not include all the parties to the earlier one:

(a) as between States parties to both treaties the same rule applies as in paragraph 3;

(b) as between a State party to both treaties and a State party to only one of the treaties, the treaty to which both States are parties governs their mutual rights and obligations.

5. Paragraph 4 is without prejudice to article 41, or to any question of the termination or suspension of the operation of a treaty under article 60 or to any question of responsibility which may arise for a State from the conclusion or application of a treaty, the provisions of which are incompatible with its obligations towards another State under another treaty.

## SECTION 3. INTERPRETATION OF TREATIES

Article 31. General rule of interpretation

1. A treaty shall be interpreted in good faith in accordance with the ordinary meaning to be given to the terms of the treaty in their context and in the light of its object and purpose.

2. The context for the purpose of the interpretation of a treaty shall comprise, in addition to the text, including its preamble and annexes:

(a) any agreement relating to the treaty which was made between all the parties in connexion with the conclusion of the treaty;

(b) any instrument which was made by one or more parties in connexion with the conclusion of the treaty and accepted by the other parties as an instrument related to the treaty.

3. There shall be taken into account, together with the context:

(a) any subsequent agreement between the parties regarding the interpretation of the treaty or the application of its provisions;

(b) any subsequent practice in the application of the treaty which establishes the agreement of the parties regarding its interpretation;

(c) any relevant rules of international law applicable in the relations between the parties.

4. A special meaning shall be given to a term if it is established that the parties so intended.

Article 32. Supplementary means of interpretation

Recourse may be had to supplementary means of interpretation, including the preparatory work of the treaty and the circumstances of its conclusion, in order to confirm the meaning resulting from the application of article 31, or to determine the meaning when the interpretation according to article 31:

(a) leaves the meaning ambiguous or obscure; or

(b) leads to a result which is manifestly absurd or unreasonable.

Article 33. Interpretation of treaties authenticated in two or more languages

1. When a treaty has been authenticated in two or more languages, the text is equally authoritative in each language, unless the treaty provides or the parties agree that, in case of divergence, a particular text shall prevail.

2. A version of the treaty in a language other than one of those in which the text was authenticated shall be considered an authentic text only if the treaty so provides or the parties so agree.

3. The terms of the treaty are presumed to have the same meaning in each authentic text.

4. Except where a particular text prevails in accordance with paragraph 1, when a comparison of the authentic texts discloses a difference of meaning which the application of articles 31 and 32 does not remove, the meaning which best reconciles the texts, having regard to the object and purpose of the treaty, shall be adopted.

## SECTION 4. TREATIES AND THIRD STATES

Article 34. General rule regarding third States

A treaty does not create either obligations or rights for a third State without its consent.

Article 35. Treaties providing for obligations for third States

An obligation arises for a third State from a provision of a treaty if the parties to the treaty intend the provision to be the means of establishing the obligation and the third State expressly accepts that obligation in writing.

Article 36. Treaties providing for rights for third States

1. A right arises for a third State from a provision of a treaty if the parties to the treaty intend the provision to accord that right either to the third State, or to a group of States to which it belongs, or to all States, and the third State assents thereto. Its assent shall be presumed so long as the contrary is not indicated, unless the treaty otherwise provides.

2. A State exercising a right in accordance with paragraph 1 shall comply with the conditions for its exercise provided for in the treaty or established in conformity with the treaty.

Article 37. Revocation or modification of obligations or rights of third States

1. When an obligation has arisen for a third State in conformity with article 35, the obligation may be revoked or modified only with the consent of the parties to the treaty and of the third State, unless it is established that they had otherwise agreed.

2. When a right has arisen for a third State in conformity with article 36, the right may not be revoked or modified by the parties if it is established that the right was intended not to be revocable or subject to modification without the consent of the third State.

Article 38. Rules in a treaty becoming binding on third States through international custom

Nothing in articles 34 to 37 precludes a rule set forth in a treaty from becoming binding upon a third State as a customary rule of international law, recognized as such.

# PART IV. AMENDMENT AND MODIFICATION OF TREATIES

Article 39. General rule regarding the amendment of treaties

A treaty may be amended by agreement between the parties. The rules laid down in Part II apply to such an agreement except in so far as the treaty may otherwise provide.

Article 40. Amendment of multilateral treaties

1. Unless the treaty otherwise provides, the amendment of multilateral treaties shall be governed by the following paragraphs.
2. Any proposal to amend a multilateral treaty as between all the parties must be notified to all the contracting States, each one of which shall have the right to take part in:
   (a) the decision as to the action to be taken in regard to such proposal;
   (b) the negotiation and conclusion of any agreement for the amendment of the treaty.
3. Every State entitled to become a party to the treaty shall also be entitled to become a party to the treaty as amended.
4. The amending agreement does not bind any State already a party to the treaty which does not become a party to the amending agreement; article 30, paragraph 4(b), applies in relation to such State.
5. Any State which becomes a party to the treaty after the entry into force of the amending agreement shall, failing an expression of a different intention by that State:
   (a) be considered as a party to the treaty as amended; and
   (b) be considered as a party to the unamended treaty in relation to any party to the treaty not bound by the amending agreement.

Article 41. Agreements to modify multilateral treaties between certain of the parties only

1. Two or more of the parties to a multilateral treaty may conclude an agreement to modify the treaty as between themselves alone if:
   (a) the possibility of such a modification is provided for by the treaty; or
   (b) the modification in question is not prohibited by the treaty and:
      (i) does not affect the enjoyment by the other parties of their rights under the treaty or the performance of their obligations;
      (ii) does not relate to a provision, derogation from which is incompatible with the effective execution of the object and purpose of the treaty as a whole.
2. Unless in a case falling under paragraph 1(a) the treaty otherwise provides, the parties in question shall notify the other parties of their intention to conclude the agreement and of the modification to the treaty for which it provides.


# PART V. INVALIDITY, TERMINATION AND SUSPENSION OF THE OPERATION OF TREATIES

## SECTION 1. GENERAL PROVISIONS

Article 42. Validity and continuance in force of treaties

1. The validity of a treaty or of the consent of a State to be bound by a treaty may be impeached only through the application of the present Convention.
2. The termination of a treaty, its denunciation or the withdrawal of a party, may take place only as a result of the application of the provisions of the treaty or of the present Convention. The same rule applies to suspension of the operation of a treaty.

Article 43. Obligations imposed by international law independently of a treaty
The invalidity, termination or denunciation of a treaty, the withdrawal of a party from

it, or the suspension of its operation, as a result of the application of the present Convention or of the provisions of the treaty, shall not in any way impair the duty of any State to fulfil any obligation embodied in the treaty to which it would be subject under international law independently of the treaty.

Article 44. Separability of treaty provisions

1. A right of a party, provided for in a treaty or arising under article 56, to denounce, withdraw from or suspend the operation of the treaty may be exercised only with respect to the whole treaty unless the treaty otherwise provides or the parties otherwise agree.

2. A ground for invalidating, terminating, withdrawing from or suspending the operation of a treaty recognized in the present Convention may be invoked only with respect to the whole treaty except as provided in the following paragraphs or in article 60.

3. If the ground relates solely to particular clauses, it may be invoked only with respect to those clauses where:

    (a) the said clauses are separable from the remainder of the treaty with regard to their application;

    (b) it appears from the treaty or is otherwise established that acceptance of those clauses was not an essential basis of the consent of the other party or parties to be bound by the treaty as a whole; and

    (c) continued performance of the remainder of the treaty would not be unjust.

4. In cases falling under articles 49 and 50 the State entitled to invoke the fraud or corruption may do so with respect either to the whole treaty or, subject to paragraph 3, to the particular clauses alone.

5. In cases falling under articles 51, 52 and 53, no separation of the provisions of the treaty is permitted.

Article 45. Loss of a right to invoke a ground for invalidating, terminating, withdrawing from or suspending the operation of a treaty

A State may no longer invoke a ground for invalidating, terminating, withdrawing from or suspending the operation of a treaty under articles 46 to 50 or articles 60 and 62 if, after becoming aware of the facts:

(a) it shall have expressly agreed that the treaty is valid or remains in force or continues in operation, as the case may be; or

(b) it must by reason of its conduct be considered as having acquiesced in the validity of the treaty or in its maintenance in force or in operation, as the case may be.

## SECTION 2. INVALIDITY OF TREATIES

Article 46. Provisions of internal law regarding competence to conclude treaties

1. A State may not invoke the fact that its consent to be bound by a treaty has been expressed in violation of a provision of its internal law regarding competence to conclude treaties as invalidating its consent unless that violation was manifest and concerned a rule of its internal law of fundamental importance.

2. A violation is manifest if it would be objectively evident to any State conducting itself in the matter in accordance with normal practice and in good faith.

Article 47. Specific restrictions on authority to express the consent of a State

If the authority of a representative to express the consent of a State to be bound by a particular treaty has been made subject to a specific restriction, his omission to observe that restriction may not be invoked as invalidating the consent expressed by him unless the restriction was notified to the other negotiating States prior to his expressing such consent.

Article 48. Error

1. A State may invoke an error in a treaty as invalidating its consent to be bound by the treaty if the error relates to a fact or situation which was assumed by that State to exist at the time when the treaty was concluded and formed an

essential basis of its consent to be bound by the treaty.

2. Paragraph 1 shall not apply if the State in question contributed by its own conduct to the error or if the circumstances were such as to put that State on notice of a possible error.

3. An error relating only to the wording of the text of a treaty does not affect its validity; article 79 then applies.

## Article 49. Fraud

If a State has been induced to conclude a treaty by the fraudulent conduct of another negotiating State, the State may invoke the fraud as invalidating its consent to be bound by the treaty.

## Article 50. Corruption of a representative of a State

If the expression of a State's consent to be bound by a treaty has been procured through the corruption of its representative directly or indirectly by another negotiating State, the State may invoke such corruption as invalidating its consent to be bound by the treaty.

## Article 51. Coercion of a representative of a State

The expression of a State's consent to be bound by a treaty which has been procured by the coercion of its representative through acts or threats directed against him shall be without any legal effect.

## Article 52. Coercion of a State by the threat or use of force

A treaty is void if its conclusion has been procured by the threat or use of force in violation of the principles of international law embodied in the Charter of the United Nations.

## Article 53. Treaties conflicting with a peremptory norm of general international law (jus cogens)

A treaty is void if, at the time of its conclusion, it conflicts with a peremptory norm of general international law. For the purposes of the present Convention, a peremptory norm of general international law is a norm accepted and recognized by the international community of States as a whole as a norm from which no derogation is permitted and which can be modified only by a subsequent norm of general international law having the same character.

## SECTION 3. TERMINATION AND SUSPENSION OF THE OPERATION OF TREATIES

Article 54. Termination of or withdrawal from a treaty under its provisions or by consent of the parties

The termination of a treaty or the withdrawal of a party may take place:

  (a) in conformity with the provisions of the treaty; or

  (b) at any time by consent of all the parties after consultation with the other contracting States.

Article 55. Reduction of the parties to a multilateral treaty below the number necessary for its entry into force

Unless the treaty otherwise provides, a multilateral treaty does not terminate by reason only of the fact that the number of the parties falls below the number necessary for its entry into force.

Article 56. Denunciation of or withdrawal from a treaty containing no provision regarding termination, denunciation or withdrawal

1. A treaty which contains no provision regarding its termination and which does not provide for denunciation or withdrawal is not subject to denunciation or withdrawal unless:

  (a) it is established that the parties intended to admit the possibility of denunciation or withdrawal; or

  (b) a right of denunciation or withdrawal may be implied by the nature of the treaty.

2. A party shall give not less than twelve months' notice of its intention to denounce or withdraw from a treaty under paragraph 1.

Article 57. Suspension of the operation of a treaty under its provisions or by consent of the parties

The operation of a treaty in regard to all the parties or to a particular party may be suspended:

(a) in conformity with the provisions of the treaty; or

(b) at any time by consent of all the parties after consultation with the other contracting States.

Article 58. Suspension of the operation of a multilateral treaty by agreement between certain of the parties only

1. Two or more parties to a multilateral treaty may conclude an agreement to suspend the operation of provisions of the treaty, temporarily and as between themselves alone, if:

(a) the possibility of such a suspension is provided for by the treaty; or

(b) the suspension in question is not prohibited by the treaty and:

(i) does not affect the enjoyment by the other parties of their rights under the treaty or the performance of their obligations;

(ii) is not incompatible with the object and purpose of the treaty.

2. Unless in a case falling under paragraph 1(a) the treaty otherwise provides, the parties in question shall notify the other parties of their intention to conclude the agreement and of those provisions of the treaty the operation of which they intend to suspend.

Article 59. Termination or suspension of the operation of a treaty implied by conclusion of a later treaty

1. A treaty shall be considered as terminated if all the parties to it conclude a later

treaty relating to the same subject-matter and:

(a) it appears from the later treaty or is otherwise established that the parties intended that the matter should be governed by that treaty; or

(b) the provisions of the later treaty are so far incompatible with those of the earlier one that the two treaties are not capable of being applied at the same time.

2. The earlier treaty shall be considered as only suspended in operation if it appears from the later treaty or is otherwise established that such was the intention of the parties.

Article 60. Termination or suspension of the operation of a treaty as a consequence of its breach

1. A material breach of a bilateral treaty by one of the parties entitles the other to invoke the breach as a ground for terminating the treaty or suspending its operation in whole or in part.

2. A material breach of a multilateral treaty by one of the parties entitles:

(a) the other parties by unanimous agreement to suspend the operation of the treaty in whole or in part or to terminate it either:

(i) in the relations between themselves and the defaulting State, or

(ii) as between all the parties;

(b) a party specially affected by the breach to invoke it as a ground for suspending the operation of the treaty in whole or in part in the relations between itself and the defaulting State;

(c) any party other than the defaulting State to invoke the breach as a ground for suspending the operation of the treaty in whole or in part with respect to itself if the treaty is of such a character that a material breach of its provisions by one party radically changes the position of every party with respect to the further performance of its obligations under the treaty.

3. A material breach of a treaty, for the purposes of this article, consists in:

(a) a repudiation of the treaty not sanctioned by the present Convention; or

(b) the violation of a provision essential to the accomplishment of the object or purpose of the treaty.

4. The foregoing paragraphs are without prejudice to any provision in the treaty applicable in the event of a breach.

5. Paragraphs 1 to 3 do not apply to provisions relating to the protection of the human person contained in treaties of a humanitarian character, in particular to provisions prohibiting any form of reprisals against persons protected by such treaties.

Article 61. Supervening impossibility of performance

1. A party may invoke the impossibility of performing a treaty as a ground for terminating or withdrawing from it if the impossibility results from the permanent disappearance or destruction of an object indispensable for the execution of the treaty. If the impossibility is temporary, it may be invoked only as a ground for suspending the operation of the treaty.

2. Impossibility of performance may not be invoked by a party as a ground for terminating, withdrawing from or suspending the operation of a treaty if the impossibility is the result of a breach by that party either of an obligation under the treaty or of any other international obligation owed to any other party to the treaty.

Article 62. Fundamental change of circumstances

1. A fundamental change of circumstances which has occurred with regard to those existing at the time of the conclusion of a treaty, and which was not foreseen by the parties, may not be invoked as a ground for terminating or withdrawing from the treaty unless:

(a) the existence of those circumstances constituted an essential basis of the consent of the parties to be bound by the treaty; and

(b) the effect of the change is radically to transform the extent of obligations still to be performed under the treaty.

2. A fundamental change of circumstances may not be invoked as a ground for terminating or withdrawing from a treaty:

   (a) if the treaty establishes a boundary; or

   (b) if the fundamental change is the result of a breach by the party invoking it either of an obligation under the treaty or of any other international obligation owed to any other party to the treaty.

3. If, under the foregoing paragraphs, a party may invoke a fundamental change of circumstances as a ground for terminating or withdrawing from a treaty it may also invoke the change as a ground for suspending the operation of the treaty.

Article 63. Severance of diplomatic or consular relations

The severance of diplomatic or consular relations between parties to a treaty does not affect the legal relations established between them by the treaty except in so far as the existence of diplomatic or consular relations is indispensable for the application of the treaty.

Article 64. Emergence of a new peremptory norm of general international law(jus cogens)

If a new peremptory norm of general international law emerges, any existing treaty which is in conflict with that norm becomes void and terminates.

## SECTION 4. PROCEDURE

Article 65. Procedure to be followed with respect to invalidity, termination, withdrawal from or suspension of the operation of a treaty

1. A party which, under the provisions of the present Convention, invokes either a defect in its consent to be bound by a treaty or a ground for impeaching the validity of a treaty, terminating it, withdrawing from it or suspending its operation, must notify the other parties of its claim. The notification shall indicate the measure proposed to be taken with respect to the treaty and the reasons therefor.

2. If, after the expiry of a period which, except in cases of special urgency, shall

not be less than three months after the receipt of the notification, no party has raised any objection, the party making the notification may carry out in the manner provided in article 67 the measure which it has proposed.

3. If, however, objection has been raised by any other party, the parties shall seek a solution through the means indicated in article 33 of the Charter of the United Nations.

4. Nothing in the foregoing paragraphs shall affect the rights or obligations of the parties under any provisions in force binding the parties with regard to the settlement of disputes.

5. Without prejudice to article 45, the fact that a State has not previously made the notification prescribed in paragraph 1 shall not prevent it from making such notification in answer to another party claiming performance of the treaty or alleging its violation.

Article 66. Procedures for judicial settlement, arbitration and conciliation

If, under paragraph 3 of article 65, no solution has been reached within a period of 12 months following the date on which the objection was raised, the following procedures shall be followed:

(a) any one of the parties to a dispute concerning the application or the interpretation of articles 53 or 64 may, by a written application, submit it to the International Court of Justice for a decision unless the parties by common consent agree to submit the dispute to arbitration;

(b) any one of the parties to a dispute concerning the application or the interpretation of any of the other articles in Part V of the present Convention may set in motion the procedure specified in the Annexe to the Convention by submitting a request to that effect to the Secretary-General of the United Nations.

Article 67. Instruments for declaring invalid, terminating, withdrawing from or suspending the operation of a treaty

1. The notification provided for under article 65 paragraph 1 must be made in

writing.

2. Any act declaring invalid, terminating, withdrawing from or suspending the operation of a treaty pursuant to the provisions of the treaty or of paragraphs 2 or 3 of article 65 shall be carried out through an instrument communicated to the other parties. If the instrument is not signed by the Head of State, Head of Government or Minister for Foreign Affairs, the representative of the State communicating it may be called upon to produce full powers.

Article 68. Revocation of notifications and instruments provided for in articles 65 and 67

A notification or instrument provided for in articles 65 or 67 may be revoked at any time before it takes effect.

## SECTION 5. CONSEQUENCES OF THE INVALIDITY, TERMINATION OR SUSPENSION OF THE OPERATION OF A TREATY

Article 69. Consequences of the invalidity of a treaty

1. A treaty the invalidity of which is established under the present Convention is void. The provisions of a void treaty have no legal force.
2. If acts have nevertheless been performed in reliance on such a treaty:
   (a) each party may require any other party to establish as far as possible in their mutual relations the position that would have existed if the acts had not been performed;
   (b) acts performed in good faith before the invalidity was invoked are not rendered unlawful by reason only of the invalidity of the treaty.
3. In cases falling under articles 49, 50, 51 or 52, paragraph 2 does not apply with respect to the party to which the fraud, the act of corruption or the coercion is imputable.
4. In the case of the invalidity of a particular State's consent to be bound by a multilateral treaty, the foregoing rules apply in the relations between that State

and the parties to the treaty.

Article 70. Consequences of the termination of a treaty

1. Unless the treaty otherwise provides or the parties otherwise agree, the termination
   of a treaty under its provisions or in accordance with the present Convention:
   (a) releases the parties from any obligation further to perform the treaty;
   (b) does not affect any right, obligation or legal situation of the parties created
       through the execution of the treaty prior to its termination.
2. If a State denounces or withdraws from a multilateral treaty, paragraph 1 applies
   in the relations between that State and each of the other parties to the treaty
   from the date when such denunciation or withdrawal takes effect.

Article 71. Consequences of the invalidity of a treaty which conflicts with a peremptory
           norm of general international law

1. In the case of a treaty which is void under article 53 the parties shall:
   (a) eliminate as far as possible the consequences of any act performed in reliance
       on any provision which conflicts with the peremptory norm of general
       international law; and
   (b) bring their mutual relations into conformity with the peremptory norm of
       general international law.
2. In the case of a treaty which becomes void and terminates under article 64, the
   termination of the treaty:
   (a) releases the parties from any obligation further to perform the treaty;
   (b) does not affect any right, obligation or legal situation of the parties created
       through the execution of the treaty prior to its termination; provided that
       those rights, obligations or situations may thereafter be maintained only to
       the extent that their maintenance is not in itself in conflict with the new
       peremptory norm of general international law.

Article 72. Consequences of the suspension of the operation of a treaty

1. Unless the treaty otherwise provides or the parties otherwise agree, the suspension of the operation of a treaty under its provisions or in accordance with the present Convention:
   (a) releases the parties between which the operation of the treaty is suspended from the obligation to perform the treaty in their mutual relations during the period of the suspension;
   (b) does not otherwise affect the legal relations between the parties established by the treaty.
2. During the period of the suspension the parties shall refrain from acts tending to obstruct the resumption of the operation of the treaty.

## PART VI. MISCELLANEOUS PROVISIONS

Article 73. Cases of State succession, State responsibility and outbreak of hostilities

The provisions of the present Convention shall not prejudge any question that may arise in regard to a treaty from a succession of States or from the international responsibility of a State or from the outbreak of hostilities between States.

Article 74. Diplomatic and consular relations and the conclusion of treaties

The severance or absence of diplomatic or consular relations between two or more States does not prevent the conclusion of treaties between those States. The conclusion of a treaty does not in itself affect the situation in regard to diplomatic or consular relations.

Article 75. Case of an aggressor State

The provisions of the present Convention are without prejudice to any obligation in relation to a treaty which may arise for an aggressor State in consequence of measures taken in conformity with the Charter of the United Nations with reference to that State's aggression.

# PART VII. DEPOSITARIES, NOTIFICATIONS, CORRECTIONS AND REGISTRATION

Article 76. Depositaries of treaties

1. The designation of the depositary of a treaty may be made by the negotiating States, either in the treaty itself or in some other manner. The depositary may be one or more States, an international organization or the chief administrative officer of the organization.

2. The functions of the depositary of a treaty are international in character and the depositary is under an obligation to act impartially in their performance. In particular, the fact that a treaty has not entered into force between certain of the parties or that a difference has appeared between a State and a depositary with regard to the performance of the latter's functions shall not affect that obligation.

Article 77. Functions of depositaries

1. The functions of a depositary, unless otherwise provided in the treaty or agreed by the contracting States, comprise in particular:

   (a) keeping custody of the original text of the treaty and of any full powers delivered to the depositary;

   (b) preparing certified copies of the original text and preparing any further text of the treaty in such additional languages as may be required by the treaty and transmitting them to the parties and to the States entitled to become parties to the treaty;

   (c) receiving any signatures to the treaty and receiving and keeping custody of any instruments, notifications and communications relating to it;

   (d) examining whether the signature or any instrument, notification or communication relating to the treaty is in due and proper form and, if need be, bringing the matter to the attention of the State in question;

   (e) informing the parties and the States entitled to become parties to the treaty of acts, notifications and communications relating to the treaty;

(f) informing the States entitled to become parties to the treaty when the number of signatures or of instruments of ratification, acceptance, approval or accession required for the entry into force of the treaty has been received or deposited;

(g) registering the treaty with the Secretariat of the United Nations;

(h) performing the functions specified in other provisions of the present Convention.

2. In the event of any difference appearing between a State and the depositary as to the performance of the latter's functions, the depositary shall bring the question to the attention of the signatory States and the contracting States or, where appropriate, of the competent organ of the international organization concerned.

Article 78. Notifications and communications

Except as the treaty or the present Convention otherwise provide, any notification or communication to be made by any State under the present Convention shall:

(a) if there is no depositary, be transmitted direct to the States for which it is intended, or if there is a depositary, to the latter;

(b) be considered as having been made by the State in question only upon its receipt by the State to which it was transmitted or, as the case may be, upon its receipt by the depositary;

(c) if transmitted to a depositary, be considered as received by the State for which it was intended only when the latter State has been informed by the depositary in accordance with article 77, paragraph 1 (e).

Article 79. Correction of errors in texts or in certified copies of treaties

1. Where, after the authentication of the text of a treaty, the signatory States and the contracting States are agreed that it contains an error, the error shall, unless they decide upon some other means of correction, be corrected:

(a) by having the appropriate correction made in the text and causing the correction to be initialled by duly authorized representatives;

(b) by executing or exchanging an instrument or instruments setting out the correction which it has been agreed to make; or

(c) by executing a corrected text of the whole treaty by the same procedure as in the case of the original text.

2. Where the treaty is one for which there is a depositary, the latter shall notify the signatory States and the contracting States of the error and of the proposal to correct it and shall specify an appropriate time-limit within which objection to the proposed correction may be raised. If, on the expiry of the time-limit:

(a) no objection has been raised, the depositary shall make and initial the correction in the text and shall execute a procŠs-verbal of the rectification of the text and communicate a copy of it to the parties and to the States entitled to become parties to the treaty;

(b) an objection has been raised, the depositary shall communicate the objection to the signatory States and to the contracting States.

3. The rules in paragraphs 1 and 2 apply also where the text has been authenticated in two or more languages and it appears that there is a lack of concordance which the signatory States and the contracting States agree should be corrected.

4. The corrected text replaces the defective text ab initio, unless the signatory States and the contracting States otherwise decide.

5. The correction of the text of a treaty that has been registered shall be notified to the Secretariat of the United Nations.

6. Where an error is discovered in a certified copy of a treaty, the depositary shall execute a procŠs-verbal specifying the rectification and communicate a copy of it to the signatory States and to the contracting Slates.

Article 80. Registration and publication of treaties

1. Treaties shall, after their entry into force, be transmitted to the Secretariat of the United Nations for registration or filing and recording, as the case may be, and for publication.

2. The designation of a depositary shall constitute authorization for it to perform the acts specified in the preceding paragraph.

# PART VIII. FINAL PROVISIONS

Article 81. Signature

The present Convention shall be open for signature by all States Members of the United Nations or of any of the specialized agencies or of the International Atomic Energy Agency or parties to the Statute of the International Court of Justice, and by any other State invited by the General Assembly of the United Nations to become a party to the Convention, as follows: until 30 November 1969, at the Federal Ministry for Foreign Affairs of the Republic of Austria, and subsequently, until 30 April 1970, at United Nations Headquarters, New York.

Article 82. Ratification

The present Convention is subject to ratification. The instruments of ratification shall be deposited with the Secretary-General of the United Nations.

Article 83. Accession

The present Convention shall remain open for accession by any State belonging to any of the categories mentioned in article 81. The instruments of accession shall be deposited with the Secretary-General of the United Nations.

Article 84. Entry into force

1. The present Convention shall enter into force on the thirtieth day following the date of deposit of the thirty-fifth instrument of ratification or accession.
2. For each State ratifying or acceding to the Convention after the deposit of the thirty-fifth instrument of ratification or accession, the Convention shall enter into force on the thirtieth day after deposit by such State of its instrument of ratification or accession.

Article 85. Authentic texts

The original of the present Convention, of which the Chinese, English, French,

Russian and Spanish texts are equally authentic, shall be deposited with the Secretary-General of the United Nations.

IN WITNESS WHEREOF the undersigned Plenipotentiaries, being duly authorized thereto by their respective Governments, have signed the present Convention.

DONE at Vienna, this twenty-third day of May, one thousand nine hundred and sixty-nine.

# ANNEX

1. A list of conciliators consisting of qualified jurists shall be drawn up and maintained by the Secretary-General of the United Nations. To this end, every State which is a Member of the United Nations or a party to the present Convention shall be invited to nominate two conciliators, and the names of the persons so nominated shall constitute the list. The term of a conciliator, including that of any conciliator nominated to fill a casual vacancy, shall be five years and may be renewed. A conciliator whose term expires shall continue to fulfil any function for which he shall have been chosen under the following paragraph.
2. When a request has been made to the Secretary-General under article 66, the Secretary-General shall bring the dispute before a conciliation commission constituted as follows:

The State or States constituting one of the parties to the dispute shall appoint:
(a) one conciliator of the nationality of that State or of one of those States, who may or may not be chosen from the list referred to in paragraph 1; and
(b) one conciliator not of the nationality of that State or of any of those States, who shall be chosen from the list.

The State or States constituting the other party to the dispute shall appoint two conciliators in the same way. The four conciliators chosen by the parties shall be appointed within sixty days following the date on which the Secretary-General receives the request.

The four conciliators shall, within sixty days following the date of the last of their own appointments, appoint a fifth conciliator chosen from the list, who shall be chairman.

If the appointment of the chairman or of any of the other conciliators has not been made within the period prescribed above for such appointment, it shall be made by the Secretary-General within sixty days following the expiry of that period. The appointment of the chairman may be made by the Secretary-General either from the list or from the membership of the International Law Commission. Any of the periods within which appointments must be made may be extended by agreement between the parties to the dispute.

Any vacancy shall be filled in the manner prescribed for the initial appointment.

3. The Conciliation Commission shall decide its own procedure. The Commission, with the consent of the parties to the dispute, may invite any party to the treaty to submit to it its views orally or in writing. Decisions and recommendations of the Commission shall be made by a majority vote of the five members.

4. The Commission may draw the attention of the parties to the dispute to any measures which might facilitate an amicable settlement.

5. The Commission shall hear the parties, examine the claims and objections, and make proposals to the parties with a view to reaching an amicable settlement of the dispute.

6. The Commission shall report within twelve months of its constitution. Its report shall be deposited with the Secretary-General and transmitted to the parties to the dispute. The report of the Commission, including any conclusions stated therein regarding the facts or questions of law, shall not be binding upon the parties and it shall have no other character than that of recommendations submitted for the consideration of the parties in order to facilitate an amicable settlement of the dispute.

7. The Secretary-General shall provide the Commission with such assistance and facilities as it may require. The expenses of the Commission shall be borne by the United Nations.

# 조약법에 관한 비엔나 협약

이 협약의 당사국은, 국제관계의 역사에 있어서 조약의 근본적 역할을 고려하고, 제국가의 헌법상 및 사회적 제도에 관계없이 국제법의 법원으로서 또한 제국가 간의 평화적 협력을 발전시키는 수단으로서의 조약의 점증하는 중요성을 인정하며, 자유로운 동의와 신의성실의 원칙 및 『약속은 준수하여야 한다』는 규칙이 보편적으로 인정되고 있음에 유의하며, 다른 국제분쟁과 같이 조약에 관한 분쟁은 평화적 수단에 의하여 또한 정의와 국제법의 원칙에 의거하여 해결되어야 함을 확인하며, 정의가 유지되며 또한 조약으로부터 발생하는 의무에 대한 존중이 유지될 수 있는 조건을 확립하고자 하는 국제연합의 제국민의 결의를 상기하며, 제국민의 평등권과 자결, 모든 국가의 주권 평등과 독립, 제국가의 국내문제에 대한 불간섭, 힘의 위협 또는 사용의 금지 및 모든 자의 인권과 기본적 자유에 대한 보편적 존중과 그 준수의 제 원칙 등 국제연합 헌장에 구현된 국제법의 제 원칙에 유념하며, 이 협약 속에 성취된 조약법의 법전화와 점진적 발전은 국제연합헌장에 규정된 국제연합의 제 목적, 즉 국제평화와 안전의 유지, 국가 간의 우호관계의 발전 및 협력의 달성을 촉진할 것임을 확신하며, 관습국제법의 제 규칙은 이 협약의 제 규정에 의하여 규제되지 아니하는 제 문제를 계속 규율할 것임을 확인하여 다음과 같이 합의하였다.

## 제1부 총강

제1조 (협약의 범위)
이 협약은 국가 간의 조약에 적용된다.

제2조 (용어의 사용)
① 이 협약의 목적상,
  (a) "조약"이라 함은 단일의 문서에 또는 2 또는 그 이상의 관련문서에 구현되고 있는가에 관계없이 또한 그 특정의 명칭에 관계없이, 서면형식으로

국가 간에 체결되며 또한 국제법에 의하여 규율되는 국제적 합의를 의미한다.

(b) "비준" "수락" "승인" 및 "가입"이라 함은, 국가가 국제적 측면에서 조약에 대한 국가의 기속적 동의를 확정하는 경우에, 각 경우마다 그렇게 불리는 국제적 행위를 의미한다.

(c) "전권위임장"이라 함은, 조약문을 교섭·채택 또는 정본인증하기 위한 목적으로 또는 조약에 대한 국가의 기속적 동의를 표시하기 위한 목적으로 또는 조약에 관한 기타의 행위를 달성하기 위한 목적으로, 국가를 대표하기 위하여 국가의 권한있는 당국이 1 또는 수명을 지정하는 문서를 의미한다.

(d) "유보"라 함은, 자구 또는 명칭에 관계없이, 조약의 서명·비준·수락·승인 또는 가입시에, 국가가 그 조약의 일부 규정을 자국에 적용함에 있어서 그 조약의 일부 규정의 법적효과를 배제하거나 또는 변경시키고자 의도하는 경우에, 그 국가가 행하는 일방적 성명을 의미한다.

(e) "교섭국"이라 함은 조약문의 작성 및 채택에 참가한 국가를 의미한다.

(f) "체약국"이라 함은, 조약이 효력을 발생하였는지의 여부에 관계없이, 그 조약에 대한 기속적 동의를 부여한 국가를 의미한다.

(g) "당사국"이라 함은 조약에 대한 기속적 동의를 부여하였으며 또한 그에 대하여 그 조약이 발효하고 있는 국가를 의미한다.

(h) "제3국"이라 함은 조약의 당사국이 아닌 국가를 의미한다.

(i) "국제기구"라 함은 정부간 기구를 의미한다.

② 이 협약에 있어서 용어의 사용에 관한 상기 1항의 규정은 어느 국가의 국내법상 그러한 용어의 사용 또는 그러한 용어에 부여될 수 있는 의미를 침해하지 아니한다.


제3조 (이 협약의 범위에 속하지 아니하는 국제적 합의)

국가와 국제법의 다른 주체 간 또는 국제법의 그러한 다른 주체 간에 체결되는 국제적 합의, 또는 서면형식에 의하지 아니한 국제적 합의에 대하여, 이 협약이 적용되지 아니한다는 사실은 다음의 것에 영향을 주지 아니한다.

(a) 그러한 합의의 법적 효력.

  (b) 이 협약과는 별도로 국제법에 따라 그러한 합의가 복종해야 하는 이 협
    약상의 규칙을 그러한 합의에 적용하는 것.
  (c) 다른 국제법 주체도 당사자인 국제적 합의에 따라 그러한 국가 간에서 그
    들의 관계에 이 협약을 적용하는 것.


제4조 (협약의 불소급)

이 협약과는 별도로 국제법에 따라 조약이 복종해야 하는 이 협약상의 규칙의
적용을 침해함이 없이, 이 협약은 그 발효 후에 국가에 의하여 체결되는 조약
에 대해서만 그 국가에 대하여 적용된다.


제5조 (국제기구를 성립시키는 조약 및 국제기구 내에서 채택되는 조약)

이 협약은, 국제기구의 관계규칙을 침해함이 없이, 국제기구의 성립 문서가 되
는 조약과 국제기구 내에서 채택되는 조약에 적용된다.


## 제2부 조약의 체결 및 발효

### 제1절 조약의 체결

제6조 (국가의 조약체결능력)

모든 국가는 조약을 체결하는 능력을 가진다.


제7조 (전권위임장)

① 누구나, 다음의 경우에는, 조약문의 채택 또는 정본인증을 위한 목적으로
  또는 조약에 대한 국가의 기속적 동의를 표시하기 위한 목적으로 국가를 대
  표하는 것으로 간주된다.
  (a) 적절한 전권위임장을 제시하는 경우, 또는
  (b) 관계 국가의 관행 또는 기타의 사정으로 보아, 상기의 목적을 위하여 그
    자가 그 국가를 대표하는 것으로 간주되었으며 또한 전권위임장을 필요
    로 하지 아니하였던 것이 관계 국가의 의사에서 나타나는 경우

② 다음의 자는, 그의 직무상 또한 전권 위임장을 제시하지 않아도, 자국을 대
  표하는 것으로 간주된다.
  (a) 조약의 체결에 관련된 모든 행위를 수행할 목적으로서는 국가원수 · 정부
      수반 및 외무부장관
  (b) 파견국과 접수국간의 조약문을 채택할 목적으로서는 외교공관장
  (c) 국제회의 · 국제기구 또는 그 국제기구의 어느 한 기관 내에서 조약문을
      채택할 목적으로서는, 국가에 의하여 그 국제회의 그 국제기구 또는 그
      기구의 그 기관에 파견된 대표

제8조 (권한없이 행한 행위의 추인)
제7조에 따라 조약체결의 목적으로 국가를 대표하기 위하여 권한을 부여받은
것으로 간주될 수 없는 자가 행한 조약체결에 관한 행위는, 그 국가에 의하여
추후 확인되지 아니하는 한, 법적 효과를 가지지 아니한다.

제9조 (조약문의 채택)
① 조약문의 채택은, 하기 2항에 규정된 경우를 제외하고, 그 작성에 참가한 모
  든 국가의 동의에 의하여 이루어진다.
② 국제회의에서의 조약문의 채택은, 출석하여 투표하는 국가의 3분의 2의 찬
  성에 의하여 그 국가들이 다른 규칙을 적용하기로 결정하지 아니하는 한, 3
  분의 2의 다수결에 의하여 이루어진다.

제10조 (조약문의 정본인증)
조약문은 다음의 것에 의하여 정본으로 또한 최종적으로 확정된다.
  (a) 조약문에 규정되어 있거나 또는 조약문의 작성에 참가한 국가가 합의하
      는 절차, 또는
  (b) 그러한 절차가 없는 경우에는, 조약문의 작성에 참가한 국가의 대표에 의
      한 조약문 또는 조약문을 포함하는 회의의 최종의정서에의 서명 ·『조건
      부서명』 또는 가서명

제11조 (조약에 대한 기속적 동의의 표시방법)
조약에 대한 국가의 기속적 동의는 서명, 조약을 구성하는 문서의 교환, 비준·
수락·승인 또는 가입에 의하여 또는, 기타의 방법에 관하여 합의하는 경우에,
그러한 기타의 방법으로 표시된다.

제12조 (서명에 의하여 표시되는 조약에 대한 기속적 동의)
① 조약에 대한 국가의 기속적 동의는, 다음의 경우에, 국가 대표에 의한 서명
   에 의하여 표시된다.
  (a) 서명의 그러한 효과를 가지는 것으로 그 조약이 규정하고 있는 경우
  (b) 서명이 그러한 효과를 가져야 하는 것으로 교섭국간에 합의되었음이 달
     리 확정되는 경우, 또는
  (c) 서명에 그러한 효과를 부여하고자 하는 국가의 의사가 그 대표의 전권위
     임장으로부터 나타나는 경우 또는 교섭중에 표시된 경우
② 상기 1항의 목적상
  (a) 조약문의 가서명이 그 조약의 서명을 구성하는 것으로 교섭국간에 합의
     되었음이 확정되는 경우에 그 가서명은 그 조약문의서명을 구성한다.
  (b) 대표에 의한 조약의 『조건부서명』은 대표의 본국에 의하여 확인되는 경
     우에 그 조약의 완전한 서명을 구성한다.

제13조 (조약을 구성하는 문서의 교환에 의하여 표시되는 조약에 대한 기속적
        동의)
국가 간에 교환된 문서에 의하여 구성되는 조약에 대한 국가의 기속적 동의는,
다음의 경우에 그 교환에 의하여 표시된다.
  (a) 그 교환이 그러한 효과를 가지는 것으로 그 문서가 규정하고 있는 경우
     또는
  (b) 문서의 그러한 교환이 그러한 효과를 가져야 하는 것으로 관계국 간에
     합의되었음이 달리 확정되는 경우

제14조 (비준·수락 또는 승인에 의하여 표시되는 조약에 대한 기속적동의)
① 조약에 대한 국가의 기속적 동의는 다음의 경우에 비준에 의하여 표시된다.

(a) 그러한 동의가 비준에 의하여 표시될 것을 그 조약이 규정하고 있는 경우
(b) 비준이 필요한 것으로 교섭국간에 합의되었음이 달리 확정되는 경우
(c) 그 국가의 대표가 비준되어야 할 것으로 하여, 그 조약에 서명한 경우, 또는
(d) 비준되어야 할 것으로 하여 그 조약에 서명하고자 하는 그 국가의 의사가
　그 대표의 전권위임장으로부터 나타나거나 또는 교섭 중에 표시된 경우
② 조약에 대한 국가의 기속적 동의는 비준에 적용되는 것과 유사한 조건으로
수락 또는 승인에 의하여 표시된다.

제15조 (가입에 의하여 표시되는 조약에 대한 기속적 동의)
조약에 대한 국가의 기속적 동의는 다음의 경우에 가입에 의하여 표시된다.
(a) 그러한 동의가 가입의 방법으로 그 국가에 의하여 표시될 수 있음을 그
　조약이 규정하고 있는 경우
(b) 그러한 동의가 가입의 방법으로 그 국가에 의하여 표시될 수 있음을 교
　섭국 간에 합의하였음이 달리 확정되는 경우
(c) 그러한 동의가 가입의 방법으로 그 국가에 의하여 표시될 수 있음을 모든
　당사국이 추후 동의한 경우

제16조 (비준서·수락서·승인서 또는 가입서의 교환 또는 기탁)
조약이 달리 규정하지 아니하는, 한 비준서·수락서·승인서 또는 가입서는,
다음의 경우에, 조약에 대한 국가의 기속적 동의를 확정한다.
(a) 체약국 간의 그 교환
(b) 수탁자에의 그 기탁, 또는
(c) 합의되는 경우 체약국 또는 수탁자에의 그 통고

제17조 (조약의 일부에 대한 기속적 동의 및 상이한 제 규정의 선택)
① 제19조 내지 제23조를 침해함이 없이, 조약의 일부에 대한 국가의 기속적
동의는 그 조약이 이를 인정하거나 또는 다른 체약국이 이에 동의하는 경우
에만 유효하다.
② 상이한 제 규정의 선택을 허용하는 조약에 대한 국가의 기속적 동의는 그 동
의가 어느 규정에 관련되는 것인가에 관하여 명백해지는 경우에만 유효하다.

제18조 (조약의 발효 전에 그 조약의 대상과 목적을 저해하지 아니한 의무)
국가는 다음의 경우에, 조약의 대상과 목적을 저해하게 되는 행위를 삼가해야
하는 의무를 진다.

  (a) 비준·수락 또는 승인되어야 하는 조약에 서명하였거나 또는 그 조약을
     구성하는 문서를 교환한 경우에는, 그 조약의 당사국이 되지 아니하고자
     하는 의사를 명백히 표시할 때까지, 또는

  (b) 그 조약에 대한 그 국가의 기속적 동의를 표시한 경우에는, 그 조약이
     발효 시까지 그리고 그 발효가 부당하게 지연되지 아니할 것을 조건으
     로 함.

## 제2절 유보

제19조 (유보의 형성)
국가는, 다음의 경우에 해당하지 아니하는 한, 조약에 서명·비준·수락승인
또는 가입할 때에 유보를 형성할 수 있다.

  (a) 그 조약에 의하여 유보가 금지된 경우

  (b) 문제의 유보를 포함하지 아니하는 특정의 유보만을 행할 수 있음을 그
     조약이 규정하는 경우, 또는

  (c) 상기 세항 (a) 및 (b)에 해당되지 아니하는 경우에는 그 유보가 그 조약의
     대상 및 목적과 양립하지 아니하는 경우

제20조 (유보의 수락 및 유보에 대한 이의)
① 조약에 의하여 명시적으로 인정된 유보는, 다른 체약국에 의한 추후의 수락
  이 필요한 것으로 그 조약이 규정하지 아니하는 한, 그러한 추후의 수락을
  필요로 하지 아니한다.
② 교섭국의 한정된 수와 또한 조약의 대상과 목적으로 보아, 그 조약의 전체
  를 모든 당사국 간에 적용하는 것이 조약에 대한 각 당사국의 기속적 동의
  의 필수적 조건으로 보이는 경우에, 유보는 모든 당사국에 의한 수락을 필요
  로 한다.
③ 조약이 국제기구의 성립문서인 경우로서 그 조약이 달리 규정하지 아니하

는 한, 유보는 그 기구의 권한있는 기관에 의한 수락을 필요로 한다.

④ 상기 제 조항에 해당되지 아니하는 경우로서 조약이 달리 규정하지 아니하는 한, 다음의 규칙이 적용된다.

(a) 다른 체약국에 의한 유보의 수락은, 그 조약이 유보국과 다른 유보 수락국에 대하여 유효한 경우에 또한 유효한 기간 동안, 유보국이 그 다른 유보 수락국과의 관계에 있어서 조약의 당사국이 되도록 한다.

(b) 유보에 다른 체약국의 이의는 이의 제기국이 확정적으로 반대의사를 표시하지 아니하는 한, 이의제기국과 유보국 간에 있어서의 조약의 발효를 배제하지 아니한다.

(c) 조약에 대한 국가의 기속적 동의를 표시하며 또한 유보를 포함하는 행위는 적어도 하나의 다른 체약국이 그 유보를 수락한 경우에 유효하다.

⑤ 상기 2항 및 4항의 목적상 또는 조약이 달리 규정하지 아니하는 한, 국가가 유보의 통고를 받은 후 12개월의 기간이 끝날 때까지나 또는 그 조약에 대한 그 국가의 기속적 동의를 표시한 일자까지 중 어느 것이든 나중의 시기까지 그 유보에 대하여 이의를 제기하지 아니한 경우에는, 유보가 그 국가에 의하여 수락된 것으로 간주된다.

제21조 (유보 및 유보에 대한 이의의 법적 효과)

① 제19조, 제20조 및 제23조에 따라 다른 당사국에 대하여 성립된 유보는 다음의 법적효과를 가진다.

(a) 유보국과 그 다른 당사국과의 관계에 있어서, 유보국에 대해서는, 그 유보에 관련되는 조약규정을 그 유보의 범위 내에서 변경한다.

(b) 다른 당사국과 유보국과의 관계에 있어서, 그 다른 당사국에 대해서는, 그러한 조약규정을 동일한 범위 내에서 변경한다.

② 유보는 『일정 국가간의』 조약에 대한 다른 당사국에 대하여 그 조약규정을 수정하지 아니한다.

③ 유보에 대하여 이의를 제기하는 국가가 동 이의제기국과 유보국 간의 조약의 발효에 반대하지 아니하는 경우에, 유보에 관련되는 규정은 그 유보의 범위 내에서 양국 간에 적용되지 아니한다.

제22조 (유보 및 유보에 대한 이의의 철회)

① 조약이 달리 규정하지 아니하는 한, 유보는 언제든지 철회될 수 있으며 또한 그 철회를 위해서는 동 유보를 수락한 국가의 동의가 필요하지 아니하다.

② 조약이 달리 규정하지 아니하는 한, 유보에 대한 이의는 언제든지 철회될 수 있다.

③ 조약이 달리 규정하지 아니하는 한 또는 달리 합의되지 아니하는 한, 다음의 규칙이 적용된다.

  (a) 유보의 철회는 다른 체약국이 그 통고를 접수한 때에만 그 체약국에 관하여 시행된다.

  (b) 유보에 대한 이의의 철회는 동 유보를 형성한 국가가 그 통고를 접수한 때에만 시행된다.

제23조 (유보에 관한 절차)

① 유보, 유보의 명시적 수락 및 유보에 대한 이의는 서면으로 형성되어야 하며 또한 체약국 및 조약의 당사국이 될 수 있는 권리를 가진 국가에 통고되어야 한다.

② 유보가, 비준·수락 또는 승인에 따를 것으로 하여 조약에 서명한 때에 형성된 경우에는, 유보국이 그 조약에 대한 기속적 동의를 표시하는 때에 유보국에 의하여 정식으로 확인되어야 한다. 그러한 경우에 유보는 그 확인일자에 형성된 것으로 간주된다.

③ 유보의 확인 이전에 형성된 유보의 명시적 수락 또는 유보에 대한 이의는 그 자체 확인을 필요로 하지 아니한다.

④ 유보 또는 유보에 대한 이의의 철회는 서면으로 형성되어야 한다.

## 제3절 조약의 발효 및 잠정적적용

제24조 (발효)

① 조약은 그 조약이 규정하거나 또는 교섭국이 협의하는 방법으로 또한 그 일자에 발효한다.

② 그러한 규정 또는 합의가 없는 경우에는, 조약에 대한 기속적 동의가 모든

교섭국에 대하여 확정되는 대로 그 조약이 발효한다.

③ 조약에 대한 국가의 기속적 동의가 그 조약이 발효한 후의 일자에 확정되는 경우에는, 그 조약이 달리 규정하지 아니하는 한, 그 동의가 확정되는 일자에 그 조약은 그 국가에 대하여 발효한다.

④ 조약문의 정본인증, 조약에 대한 국가의 기속적 동의의 확정, 조약의 발효 방법 또는 일자, 유보, 수탁자의 기능 및 조약의 발효 전에 필연적으로 발생하는 기타의 사항을 규율하는 조약규정은 조약문의 채택 시로부터 적용된다.

제25조 (잠정적 적용)

① 다음의 경우에 조약 또는 조약의 일부는 그 발효 시까지 잠정적으로 적용된다.
  (a) 조약자체가 그렇게 규정하는 경우, 또는
  (b) 교섭국이 다른 방법으로 그렇게 합의한 경우

② 조약이 달리 규정하지 아니하거나 또는 교섭국이 달리 합의하지 아니한 경우에는, 어느 국가가 조약이 잠정적으로 적용되고 있는 다른 국가에 대하여, 그 조약의 당사국이 되지 아니하고자 하는 의사를 통고한 경우에 그 국가에 대한 그 조약 또는 그 조약의 일부의 잠정적 적용이 종료된다.

# 제3부 조약의 준수·적용 및 해석

## 제1절 조약의 준수

### 제26조 (약속은 준수하여야 한다.)

유효한 모든 조약은 그 당사국을 구속하며 또한 당사국에 의하여 성실하게 이행되어야 한다.

### 제27조 (국내법과 조약의 준수)

어느 당사국도 조약의 불이행에 대한 정당화의 방법으로 그 국내법규정을 원용해서는 아니된다. 이 규칙은 제46조를 침해하지 아니한다.

## 제2절 조약의 적용

제28조 (조약의 불소급)
별도의 의사가 조약으로부터 나타나지 아니하거나 또는 달리 확정되지 아니하는 한, 그 조약 규정은 그 발효 이전에 당사국에 관련하여 발생한 행위나 사실 또는 없어진 사태에 관하여 그 당사국을 구속하지 아니한다.

제29조 (조약의 영토적 범위)
별도의 의사가 조약으로부터 나타나지 아니하거나 또는 달리 확정되지 아니하는 한, 조약은 각 당사국의 전체 영역에 관하여 각 당사국을 구속한다.

제30조 (동일한 주제에 관한 계승적 조약의 적용)
① 국제연합헌장 제103조에 따를 것으로 하여 동일한 주제에 관한 계승적 조약의 당사국의 권리와 의무는 아래의 조항에 의거하여 결정된다.
② 조약이전조약 또는 후조약에 따를 것을 명시하고 있거나, 또는 전조약 또는 후조약과 양립하지 아니하는 것으로 간주되지 아니함을 명시하고 있는 경우에는 그 다른 조약의 규정이 우선한다.
③ 전조약의 모든 당사국이 동시에 후조약의 당사국이나, 전조약이 제59조에 따라 종료되지 아니하거나 또는 시행 정지되지 아니하는 경우에, 전조약은 그 규정이 후조약의 규정과 양립하는 범위 내에서만 적용된다.
④ 후조약의 당사국이 전조약의 모든 당사국을 포함하지 아니하는 경우에는, 다음의 규칙이 적용된다.
  (a) 양 조약의 당사국간에는 상기 3항과 같은 동일한 규칙이 적용된다.
  (b) 양 조약의 당사국과 어느 한 조약의 당사국 간에는, 그 양국이 다 같이 당사국인 조약이 그들 상호 간의 권리와 의무를 규율한다.
⑤ 상기 4항은 제41조에 대하여, 또는 제60조의 규정에 따른 조약의 종료 또는 시행정지에 관한 문제에 대하여, 또는 다른 조약에 따른 다른 국가에 대한 어느 국가의 의무와 조약규정이 양립하지 아니하는 조약의 체결 또는 적용으로부터 그 어느 국가에 대하여 야기될 수 있는 책임문제를 침해하지 아니한다.

## 제3절 조약의 해석

제31조 (해석의 일반규칙)

① 조약은 조약문의 문맥 및 조약의 대상과 목적으로 보아, 그 조약의 문면에 부여되는 통상적 의미에 따라 성실하게 해석되어야 한다.

② 조약의 해석 목적상 문맥은 조약문에 추가하여 조약의 전문 및 부속서와 함께 다음의 것을 포함한다.

  (a) 조약의 체결에 관련하여 모든 당사국 간에 이루어진 그 조약에 관한 합의

  (b) 조약의 체결에 관련하여, 1 또는 그 이상의 당사국이 작성하고 또한 다른 당사국이 그 조약에 관련되는 문서로서 수락한 문서

③ 문맥과 함께 다음의 것이 참작되어야 한다.

  (a) 조약의 해석 또는 그 조약규정의 적용에 관한 당사국 간의 추후의 합의

  (b) 조약의 해석에 관한 당사국의 합의를 확정하는 그 조약 적용에 있어서의 추후의 관행

  (c) 당사국 간의 관계에 적용될 수 있는 국제법의 관계규칙

④ 당사국의 특별한 의미를 특정용어에 부여하기로 의도하였음이 확정되는 경우에는 그러한 의미가 부여된다.

제32조 (해석의 보충적 수단)

제31조의 적용으로부터 나오는 의미를 확인하기 위하여, 또는 제31조에 따라 해석하면 다음과 같이 되는 경우에 그 의미를 결정하기 위하여, 조약의 교섭 기록 및 그 체결시의 사정을 포함한 해석의 보충적 수단에 의존할 수 있다.

  (a) 의미가 모호해지거나 또는 애매하게 되는 경우, 또는

  (b) 명백히 불투명하거나 또는 불합리한 결과를 초래하는 경우

제33조 (2 또는 그 이상의언어가 정본인 조약의 해석)

① 조약이 2 또는 그 이상의 언어에 의하여 정본으로 확정된 때에는, 상위가 있을 경우에 특정의 조약문이 우선함을 그 조약이 규정하지 아니하거나 또는 당사국이 합의하지 아니하는 한, 각 언어로 작성된 조약문은 동등히 유효하다.

② 조약의 정본으로 사용된 언어중의 어느 하나 이외의 다른 언어로 작성된 조

약의 번역문은 이를 정본으로 간주함을 조약이 규정하거나 또는 당사국이
이에 합의하는 경우에만 정본으로 간주된다.
③ 조약의 용어는 각 정본상 동일한 의미를 가지는 것으로 추정된다.
④ 상기 1항에 의거하여 특정의 조약문이 우선하는 경우를 제외하고, 제31조
및 제32조의 적용으로 제거되지 아니하는 의미의 차이가 정본의 비교에서
노정되는 경우에는, 조약의 대상과 목적을 고려하여 최선으로 조약문과 조
화되는 의미를 채택한다.

## 제4절 조약과 제3국

제34조 (제3국에 관한 일반 규칙)
조약은 제3국에 대하여 그 동의 없이는 의무 또는 권리를 창설하지 아니한다.

제35조 (제3국에 대하여 의무를 규정하는 조약)
조약의 당사국이, 조약규정을 제3국에 대하여 의무를 설정하는 수단으로 의도
하며 또한 그 제3국이 서면으로 그 의무를 명시적으로 수락하는 경우에는, 그
조약의 규정으로부터 그 제3국에 대하여 의무가 발생한다.

제36조 (제3국에 대하여 권리를 규정하는 조약)
① 조약의 당사국이 제3국 또는 제3국이 속하는 국가의 그룹 또는 모든 국가에
대하여 권리를 부여하는 조약규정을 의도하며 또한 그 제3국이 이에 동의하
는 경우에는, 그 조약의 규정으로부터 그 제3국에 대하여 권리가 발생한다.
조약이 달리 규정하지 아니하는 한 제3국의 동의는 반대의 표시가 없는 동
안 있은 것으로 추정된다.
② 상기 1항에 의거하여 권리를 행사하는 국가는 조약에 규정되어 있거나 또는
조약에 의거하여 확정되는 그 권리행사의 조건에 따라야 한다.

제37조 (제3국의 의무 또는 권리의 취소 또는 변경)
① 제35조에 따라 제3국에 대하여 의무가 발생한 때에는 조약의 당사국과 제3
국이 달리 합의하였음이 확정되지 아니하는 한, 그 의무는 조약의 당사국과

제3국의 동의를 얻는 경우에만 취소 또는 변경될 수 있다.

② 제36조에 따라 제3국에 대하여 권리가 발생한 때에는, 그 권리가 제3국의 동의 없이 취소 또는 변경되어서는 아니되는 것으로 의도되었음이 확정되는 경우에 그 권리는 당사국에 의하여 취소 또는 변경될 수 없다.

제38조 (국제 관습을 통하여 제3국을 구속하게 되는 조약상의 규칙)
제34조 내지 제37조의 어느 규정도 조약에 규정된 규칙이 관습 국제법의 규칙으로 인정된 그러한 규칙으로서 제3국을 구속하게 되는 것을 배제하지 아니한다.

## 제4부 조약의 개정 및 변경

제39조 (조약의 개정에 관한 일반규칙)
조약은 당사국간의 합의에 의하여 개정될 수 있다. 제2부에 규정된 규칙은 조약이 달리 규정하는 경우를 제외하고 그러한 합의에 적용된다.

제40조 (다자조약의 개정)
① 조약이 달리 규정하지 아니하는 한, 다자조약의 개정은 아래의 조항에 의하여 규율된다.

② 모든 당사국 간에서 다자조약을 개정하기 위한 제의는 모든 체약국에 통고되어야 하며, 각 체약국은 다음의 것에 참여할 권리를 가진다.
  (a) 그러한 제의에 관하여 취하여질 조치에 관한 결정
  (b) 그 조약의 개정을 위한 합의의 교섭 및 성립

③ 조약의 당사국이 될 수 있는 권리를 가진 모든 국가는 개정되는 조약의 당사국이 될 수 있는 권리를 또한 가진다.

④ 개정하는 합의는 개정하는 합의의 당사국이 되지 아니하는 조약의 기존 당사국인 어느 국가도 구속하지 아니한다. 그러한 국가에 관해서는 제30조 4항 (b)가 적용된다.

⑤ 개정하는 합의의 발효 후에 조약의 당사국이 되는 국가는 그 국가에 의한

별도 의사의 표시가 없는 경우에 다음과 같이 간주된다.

(a) 개정되는 조약의 당사국으로 간주된다.

(b) 개정하는 합의에 의하여 구속되지 아니하는 조약의 당사국과의 관계에 있어서는 개정되지 아니한 조약의 당사국으로 간주된다.

제41조 (일부 당사국에서만 다자조약을 변경하는 합의)

① 다자조약의 2 또는 그 이상의 당사국은 다음의 경우에 그 당사국 간에서만 조약을 변경하는 합의를 성립시킬 수 있다.

(a) 그러한 변경의 가능성이 그 조약에 의하여 규정된 경우 또는

(b) 문제의 변경이 그 조약에 의하여 금지되지 아니하고 또한

(i) 다른 당사국이 그 조약에 따라 권리를 향유하며 또는 의무를 이행하는 것에 영향을 주지 아니하며

(ii) 전체로서의 그 조약의 대상과 목적의 효과적 수행과 일부 변경이 양립하지 아니하는 규정에 관련되지 아니하는 경우

② 상기 1항 (a)에 해당하는 경우에 조약이 달리 규정하지 아니하는 한 문제의 당사국은 그 합의를 성립시키고자 하는 의사와 그 합의가 규정하는 그 조약의 변경을 타방당사국에 통고하여야 한다.

## 제5부 조약의 부적법 · 종료 또는 시행정지

제1절 일반 규정

제42조 (조약의 적법성 및 효력의 계속)

① 조약의 적법성 또는 조약에 대한 국가의 기속적 동의의 적법성은 이 협약의 적용을 통해서만 부정될 수 있다.

② 조약의 종료, 그 폐기 또는 당사국의 탈퇴는 그 조약의 규정 또는 이 협약의 적용의 결과로서만 행하여질 수 있다. 동일한 규칙이 조약의 시행정지에 적용된다.

제43조 (조약과는 별도로 국제법에 의하여 부과되는 의무)
이 협약 또는 조약규정의 적용의 결과로서, 조약의 부적법·종료 또는 폐기, 조약으로부터의 당사국의 탈퇴 또는 그 시행정지는 그 조약과는 별도로 국제법에 따라 복종해야 하는 의무로서 그 조약에 구현된 것을 이행해야 하는 국가의 책무를 어떠한 방법으로도 경감시키지 아니한다.

제44조 (조약 규정의 가분성)
① 조약에 규정되어 있거나 또는 제56조에 따라 발생하는 조약의 폐기·탈퇴 또는 시행 정지시킬 수 있는 당사국의 권리는, 조약이 달리 규정하지 아니하거나 또는 당사국이 달리 합의하지 아니하는 한, 조약 전체에 관해서만 행사될 수 있다.
② 이 협약에서 인정되는 조약의 부적법화·종료·탈퇴 또는 시행정지의 사유는, 아래의 제 조항 또는 제60조에 규정되어 있는 것을 제외하고, 조약 전체에 관해서만 원용될 수 있다.
③ 그 사유가 특정의 조항에만 관련되는 경우에는, 다음의 경우에, 그러한 조항에 관해서만 원용될 수 있다.
  (a) 당해 조항이 그 적용에 관련하여 그 조약의 잔여 부분으로부터 분리될 수 있으며
  (b) 당해 조항의 수락이 전체로서의 조약에 대한 1 또는 그 이상의 다른 당사국의 기속적 동의의 필수적 기초가 아니었던 것이 그 조약으로부터 나타나거나 또는 달리 확정되며, 또한
  (c) 그 조약의 잔여부분의 계속적 이행이 부당하지 아니한 경우
④ 제49조 및 제50조에 해당하는 경우에 기만 또는 부정을 원용하는 권리를 가진 국가는, 조약 전체에 관하여 또는 상기 3항에 따를 것으로 하여, 특정의 조항에 관해서만 그렇게 원용할 수 있다.
⑤ 제50조, 제52조 및 제53조에 해당하는 경우에는 조약규정의 분리가 허용되지 아니한다.

제45조 (조약의 부적법화·종료·탈퇴 또는 그 시행정지의 사유를 원용하는 권리의 상실)

국가는, 다음의 경우에, 사실을 알게 된 후에는, 제46조 내지 제50조 또는 제60조 및 제62조에 따라 조약의 부적법화·종료·탈퇴 또는 시행정지의 사유를 원용할 수 없다.

   (a) 경우에 따라, 그 조약이 적법하다는 것 또는 계속 유효하다는 것 또는 계속 시행된다는 것에 그 국가가 명시적으로 동의한 경우, 또는

   (b) 그 국가의 행동으로 보아 조약의 적법성 또는 그 효력이나 시행의 존속을 묵인한 것으로 간주되어야 하는 경우

## 제2절 조약의 부적법

제46조 (조약 체결권에 관한 국내법 규정)

① 조약체결권에 관한 국내법 규정의 위반이 명백하며 또한 근본적으로 중요한 국내법 규칙에 관련되지 아니하는 한, 국가는 조약에 대한 그 기속적 동의를 부적법화하기 위한 것으로 그 동의가 그 국내법 규정에 위반하여 표시되었다는 사실을 원용할 수 없다.

② 통상의 관행에 의거하고 또한 성실하게 행동하는 어느 국가에 대해서도 위반이 객관적으로 분명한 경우에는 그 위반은 명백한 것이 된다.

제47조 (국가의 동의 표시 권한에 대한 특정의 제한)

어느 조약에 대한 국가의 기속적 동의를 표시하는 대표의 권한이 특정의 제한에 따를 것으로 하여 부여된 경우에, 그 대표가 그 제한을 준수하지 아니한 것은, 그러한 동의를 표시하기 전에 그 제한을 다른 교섭국에 통고하지 아니한 한, 그 대표가 표시한 동의를 부적법화하는 것으로 원용될 수 없다.

제48조 (착오)

① 조약상의 착오는, 그 조약이 체결된 당시에 존재한 것으로 국가가 추정한 사실 또는 사태로서, 그 조약에 대한 국가의 기속적 동의의 본질적 기초를 구성한 것에 관한 경우에, 국가는 그 조약에 대한 그 기속적 동의를 부적법화하는 것으로 그 착오를 원용할 수 있다.

② 문제의 국가가 자신의 행동에 의하여 착오를 유발하였거나 또는 그 국가가

있을 수 있는 착오를 감지할 수 있는 등의 사정하에 있는 μ 우에는 상기 1항이 적용되지 아니한다.

③ 조약문의 자구에만 관련되는 착오는 조약의 적법성에 영향을 주지 아니한다. 그 경우에는 제79조가 적용된다.

제49조 (기만)
국가가 다른 교섭국의 기만적 행위에 의하여 조약을 체결하도록 유인된 경우에 그 국가는 조약에 대한 자신의 기속적 동의를 부적법화하는 것으로 그 기만을 원용할 수 있다.

제50조 (국가 대표의 부정)
조약에 대한 국가의 기속적 동의의 표시가 직접적으로 또는 간접적으로 다른 교섭국에 의한 그 대표의 부정을 통하여 감행된 경우에, 그 국가는 조약에 대한 자신의 기속적 동의를 부적법화하는 것으로 그 부정을 원용할 수 있다.

제51조 (국가 대표의 강제)
국가 대표에게 정면으로 향한 행동 또는 위협을 통하여 그 대표에 대한 강제에 의하여 감행된 조약에 대한 국가의 기속적 동의 표시는 법적효력을 가지지 아니한다.

제52조 (힘의 위협 또는 사용에 의한 국가의 강제)
국제연합 헌장에 구현된 국제법의 제 원칙을 위반하여 힘의 위협 또는 사용에 의하여 조약의 체결이 감행된 경우에 그 조약은 무효이다.

제53조 (일반국제법의 절대규범(강행규범)과 충돌하는 조약)
조약은 그 체결당시에 일반국제법의 절대규범과 충돌하는 경우에 무효이다. 이 협약의 목적상 일반 국제법의 절대규범은, 그 이탈이 허용되지 아니하며 또한 동일한 성질을 가진 일반 국제법의 추후의 규범에 의해서만 변경될 수 있는 규범으로, 전체로서의 국제 공동사회가 수락하며 또한 인정하는 규범이다.

## 제3절 조약의 종료 및 시행정지

제54조 (조약규정 또는 당사국의 동의에 따른 조약의 종료 또는 조약으로부터
      의 탈퇴)
조약의 종료 또는 당사국의 탈퇴는 다음의 경우에 행하여 질 수 있다.
 (a) 그 조약의 규정에 의거하는 경우, 또는
 (b) 다른 체약국과 협의한 후에 언제든지 모든 당사국의 동의를 얻는 경우

제55조 (다자조약의 발효에 필요한 수 이하로의 그 당사국수의 감소)
조약이 달리 규정하지 아니하는 한, 다자조약은 그 당사국수가 그 발효에 필요
한 수 이하로 감소하는 사실만을 이유로 종료하지 아니한다.

제56조 (종료·폐기 또는 탈퇴에 관한 규정을 포함하지 아니하는 조약의 폐기
      또는 탈퇴)
① 종료에 관한 규정을 포함하지 아니하며 또한 폐기 또는 탈퇴를 규정하고 있
   지 아니하는 조약은, 다음의 경우에 해당되지 아니하는 한, 폐기 또는 탈퇴
   가 인정되지 아니한다.
 (a) 당사국이 폐기 또는 탈퇴의 가능성을 인정하고자 하였음이 확정되는 경
     우, 또는
 (b) 폐기 또는 탈퇴의 권리가 조약의 성질상 묵시되는 경우
② 당사국은 상기 1항에 따라 조약의 폐기 또는 탈퇴 의사를 적어도 12개월 전
   에 통고하여야 한다.

제57조 (조약 규정 또는 당사국의 동의에 의한 조약의 시행정지)
모든 당사국 또는 특정의 당사국에 대하여 조약의 시행이 다음의 경우에 정지
될 수 있다.
 (a) 그 조약의 규정에 의거하는 경우, 또는
 (b) 다른 체약국과 협의한 후에 언제든지 모든 당사국의 동의를 얻는 경우

제58조 (일부 당사국간만의 합의에 의한 다자조약의 시행정지)

① 다자조약의 2 또는 그 이상의 당사국은, 다음의 경우에, 일시적으로 또한 그 당사국간에서만 조약 규정의 시행을 정지시키기 위한 합의를 성립시킬 수 있다.

  (a) 그러한 정지의 가능성이 그 조약에 의하여 규정되어 있는 경우, 또는

  (b) 문제의 정지가 조약에 의하여 금지되지 아니하고 또한,

    (i) 다른 당사국에 의한 조약상의 권리 향유 또는 의무의 이행에 영향을 주지 아니하며,

    (ii) 그 조약의 대상 및 목적과 양립할 수 없는 것이 아닌 경우

② 상기 1항(a)에 해당하는 경우에 조약이 달리 규정하지 아니하는 한 문제의 당사국은 합의를 성립시키고자 하는 그 의사 및 시행을 정지시키고자 하는 조약규정을 타방 당사국에 통고하여야 한다.

제59조 (후조약의 체결에 의하여 묵시되는 조약의 종료 또는 시행정지)

① 조약의 모든 당사국이 동일한 사항에 관한 후조약을 체결하고, 또한 아래의 것에 해당하는 경우에, 그 조약은 종료한 것으로 간주된다.

  (a) 후조약에 의하여 그 사항이 규율되어야 함을 당사국이 의도하였음이 그 후조약으로부터 나타나거나 또는 달리 확정되는 경우, 또는

  (b) 후조약의 규정이 전조약의 규정과 근본적으로 양립하지 아니하여 양 조약이 동시에 적용될 수 없는 경우

② 전조약을 시행 정지시킨 것만이 당사국의 의사이었음이 후조약으로부터 나타나거나 또는 달리 확정되는 경우에, 전조약은 그 시행이 정지된 것만으로 간주된다.

제60조 (조약 위반의 결과로서의 조약의 종료 또는 시행정지)

① 양자조약의 일방당사국에 의한 실질적 위반은 그 조약의 종료 또는 그 시행의 전부 또는 일부의 정지를 위한 사유로서 그 위반을 원용하는 권리를 타방당사국에 부여한다.

② 다자조약의 어느 당사국에 의한 실질적 위반은 관계 당사국이 다음의 조치를 취할 수 있는 권리를 부여한다.

(a) 다른 당사국이 전원일치의 협의에 의하여,
  (i) 그 다른 당사국과 위반국간의 관계에서, 또는
  (ii) 모든 당사국간에서, 그 조약의 전부 또는 일부를 시행정지시키거나 또는 그 조약을 종료시키는 권리
(b) 위반에 의하여 특별히 영향을 받는 당사국이, 그 자신과 위반국 간의 관계에 있어서 그 조약의 전부 또는 일부의 시행을 정지시키기 위한 사유로서 그 위반을 원용하는 권리
(c) 어느 당사국에 의한 조약규정의 실질적 위반으로 그 조약상의 의무의 추후의 이행에 관한 모든 당사국의 입장을 근본적으로 변경시키는 성질의 조약인 경우에, 위반국 이외의 다른 당사국에 관하여 그 조약의 전부 또는 일부의 시행정지를 위한 사유로서 그 다른 당사국에 그 위반을 원용하는 권리
③ 본 조의 목적상, 조약의 실질적 위반은 다음의 경우에 해당한다.
(a) 이 협약에 의하여 용인되지 아니하는 조약의 이행 거부 또는
(b) 조약의 대상과 목적의 달성에 필수적인 규정의 위반
④ 상기의 제 규정은 위반의 경우에 적용할 수 있는 조약상의 규정을 침해하지 아니한다.
⑤ 상기 1항 내지 3항은 인도적 성질의 조약에 포함된 인신의 보호에 관한 규정 특히 그러한 조약에 의하여 보호를 받는 자에 대한 여하한 형태의 복구를 금지하는 규정에 적용되지 아니한다.

제61조 (후발적 이행불능)
① 조약의 이행불능이 그 조약의 시행에 불가결한 대상의 영구적 소멸 또는 파괴로 인한 경우에, 당사국은 그 조약을 종료시키거나 또는 탈퇴하기 위한 사유로서 그 이행불능을 원용할 수 있다. 그 이행불능이 일시적인 경우에는 조약의 시행정지를 위한 사유로서만 원용될 수 있다.
② 이행불능이 이를 원용하는 당사국에 의한 조약상의 의무나 또는 그 조약의 다른 당사국에 대하여 지고 있는 기타의 국제적 의무의 위반의 결과인 경우에 그 이행 불능은 그 조약을 종료시키거나 또는 탈퇴하거나 또는 그 시행을 정지시키기 위한 사유로서 그 당사국에 의하여 원용될 수 없다.

제62조 (사정의 근본적 변경)

① 조약의 체결 당시에 존재한 사정에 관하여 발생하였으며 또한 당사국에 의하여 예견되지 아니한 사정의 근본적 변경은, 다음 경우에 해당되지 아니하는 한, 조약을 종료시키거나 또는 탈퇴하기 위한 사유로서 원용될 수 없다.

  (a) 그러한 사정의 존재가 그 조약에 대한 당사국의 기속적 동의의 본질적 기초를 구성하였으며, 또한

  (b) 그 조약에 따라 계속 이행되어야 할 의무의 범위를 그 변경의 효과가 급격하게 변환시키는 경우

② 사정의 근본적 변경은, 다음의 경우에는, 조약을 종료시키거나 또는 탈퇴하는 사유로서 원용될 수 없다.

  (a) 그 조약이 경계선을 확정하는 경우, 또는

  (b) 근본적 변경이 이를 원용하는 당사국에 의한 조약상의 의무나 또는 그 조약의 다른 당사국에 대하여 지고 있는 기타의 국제적 의무의 위반의 결과인 경우

③ 상기의 제 조항에 따라 당사국이 조약을 종료시키거나 또는 탈퇴하기 위한 사유로서 사정의 근본적 변경을 원용할 수 있는 경우에, 그 당사국은 그 조약의 시행을 정지시키기 위한 사유로서 그 변경을 또한 원용할 수 있다.

제63조 (외교 또는 영사 관계의 단절)

조약 당사국 간의 외교 또는 영사 관계의 단절은, 외교 또는 영사관계의 존재가 그 조약의 적용에 불가결한 경우를 제외하고, 그 조약에 의하여 그 당사국 간에 확립된 법적 관계에 영향을 주지 아니한다.

제64조 (일반 국제법의 새 절대규범(강행규범)의 출현)

일반 국제법의 새 절대 규범이 출현하는 경우에, 그 규범과 충돌하는 현행 조약은 무효로 되어 종료한다.

## 제4절 절차

제65조 (조약의 부적법·종료·탈퇴 또는 시행정지에 관하여 취해지는 절차)

① 이 협약의 규정에 따라, 조약에 대한 국가의 기속적 동의상의 허가를 원용하거나 또는 조약의 적법성을 부정하거나 조약을 종료시키거나 조약으로부터 탈퇴하거나 또는 그 시행을 정지시키기 위한 사유를 원용하는 당사국은, 다른 당사국에 대하여 그 주장을 통고하여야 한다. 그 통고에는 그 조약에 관하여 취하고자 제의하는 조치 및 그 이유를 표시하여야 한다.

② 특별히 긴급한 경우를 제외하고, 그 통고의 접수 후 3개월 이상의 기간이 경과한 후에 어느 당사국도 이의를 제기하지 아니한 경우에는, 그 통고를 행한 당사국은 제67조에 규정된 방법으로 그 당사국이 제의한 조치를 실행할 수 있다.

③ 다만, 다른 당사국에 의하여 이의가 제기된 경우에, 당사국은 국제연합헌장 제33조에 열거되어 있는 수단을 통한 해결을 도모하여야 한다.

④ 상기 제 조항의 어느 규정도 분쟁의 해결에 관하여 당사국을 구속하는 유효한 규정에 따른 당사국의 권리 또는 의무에 영향을 주지 아니한다.

⑤ 제45조를 침해함이 없이, 어느 국가가 상기 1항에 규정된 통고를 사전에 행하지 아니한 사실은, 조약의 이행을 요구하거나 또는 조약의 위반을 주장하는 다른 당사국에 대한 회답으로서 그 국가가 그러한 통고를 행하는 것을 막지 아니한다.


제66조(사법적 해결·중재 재판 및 조정을 위한 절차)

이의가 제기된 일자로부터 12개월의 기간 내에 제65조 3항에 따라 해결에 도달하지 못한 경우에는, 다음의 절차를 진행하여야 한다.

(a) 제53조 또는 제64조의 적용 또는 해석에 관한 분쟁의 어느 한 당사국은, 제 당사국이 공동의 동의에 의하여 분쟁을 중재 재판에 부탁하기로 합의하지 아니하는 한, 분쟁을 국제사법재판소에, 결정을 위하여, 서면 신청으로써 부탁할 수 있다.

(b) 이 협약 제5부의 다른 제조항의 적용 또는 해석에 관한 분쟁의 어느 한 당사국은 협약의 부속서에 명시된 절차의 취지로 요구서를 국제연합 사

무총장에게 제출함으로써 그러한 절차를 개시할 수 있다.

제67조 (조약의 부적법선언·종료·탈퇴 또는 시행정지를 위한 문서)
① 제65조 1항에 따라 규정된 통고는 서면으로 행하여져야 한다.
② 조약의 규정 또는 제65조 2항 또는 3항의 규정에 따른 그 조약의 부적법선
   언·종료·탈퇴 또는 시행정지에 관한 행위는 다른 당사국에 전달되는 문서
   를 통하여 이행하여야 한다. 동 문서가 국가원수·정부수반 또는 외무부장
   관에 의하여 서명되지 아니한 경우에는 이를 전달하는 국가의 대표에게 전
   권위임장을 제시하도록 요구할 수 있다.

제68조 (제65조 및 제67조에 규정된 통고와 문서의 철회)
제65조 또는 제67조에 규정된 통고 또는 문서는 그 효력을 발생하기 전에 언제
든지 철회될 수 있다.

## 제5절 조약의 부적법·종료 또는 시행정지의 효과

제69조(조약의 부적법의 효과)
① 이 협약에 의거하여 그 부적법이 확정되는 조약은 무효이다. 무효인 조약의
   규정은 법적 효력을 가지지 아니한다.
② 다만, 그러한 조약에 의존하여 행위가 실행된 경우에는 다음의 규칙이 적용
   된다.
   (a) 각 당사국은, 그 행위가 실행되지 아니하였더라면 존재하였을 상태를, 당
       사국의 상호관계에 있어서, 가능한 한 확립하도록 다른 당사국에 요구할
       수 있다.
   (b) 부적법이 원용되기 전에 성실히 실행된 행위는 그 조약의 부적법만을 이
       유로 불법화되지 아니한다.
③ 제49조, 제50조, 제51조 또는 제52조에 해당하는 경우에는 기만·부정행위 또
   는 강제의 책임이 귀속되는 당사국에 관하여 상기 2항이 적용되지 아니한다.
④ 다자조약에 대한 특정 국가의 기속적 동의의 부적법의 경우에 상기의 제 규
   칙은 그 국가와 그 조약의 당사국 간의 관계에 있어서 적용된다.

제70조 (조약의 종료 효과)

① 조약이 달리 규정하지 아니하거나 또는 당사국이 달리 합의하지 아니하는 한, 조약의 규정에 따르거나 또는 이 협약에 의거한 그 조약의 종료는 다음의 효과를 가져온다.

　(a) 당사국에 대하여 추후 그 조약을 이행할 의무를 해제한다.

　(b) 조약의 종료 전에 그 조약의 시행을 통하여 생긴 당사국의 권리·의무 또는 법적 상태에 영향을 주지 아니한다.

② 국가가 다자조약을 폐기하거나 또는 탈퇴하는 경우에는 그 폐기 또는 탈퇴가 효력을 발생하는 일자로부터 그 국가와 그 조약의 다른 각 당사국 간의 관계에 있어서 상기 1항이 적용된다.

제71조 (일반국제법의 절대규범과 충돌하는 조약의 부적법의 효과)

① 제53조에 따라 무효인 조약의 경우에 당사국은 다음의 조치를 취한다.

　(a) 일반 국제법의 절대규범과 충돌하는 규정에 의존하여 행하여진 행위의 결과를 가능한한 제거하며, 또한

　(b) 당사국의 상호관계를 일반국제법의 절대규범과 일치시키도록 한다.

② 제64조에 따라 무효로 되어 종료하는 조약의 경우에 그 조약의 종료는 다음의 효과를 가져온다.

　(a) 당사국에 대하여 추후 그 조약을 이행할 의무를 해제한다.

　(b) 조약의 종료 전에 그 조약의 시행을 통하여 생긴 당사국의 권리·의무 또는 법적 상태에 영향을 주지 아니한다. 다만, 그러한 권리·의무 또는 상태는 그 유지 자체가 일반 국제법의 새 절대 규범과 충돌하지 아니하는 범위 내에서만 그 이후 유지될 수 있을 것을 조건으로 한다.

제72조 (조약의 시행정지 효과)

① 조약이 달리 규정하지 아니하거나 또는 당사국이 달리 합의하지 아니하는 한, 조약의 규정에 따르거나 또는 이 협약에 의거한 그 조약의 시행정지는 다음의 효과를 가져온다.

　(a) 조약의 시행이 정지되어 있는 당사국에 대해서는 동 정지기간 동안 그 상호관계에 있어서 그 조약을 이행할 의무를 해제한다.

 (b) 그 조약에 의하여 확립된 당사국간의 법적 관계에 달리 영향을 주지 아니한다.
② 시행정지기간 동안 당사국은 그 조약의 시행 재개를 방해하게 되는 행위를 삼가하여야 한다.


## 제6부 잡칙

제73조 (국가의 계승·국가 책임 및 적대행위 발발의 경우)
이 협약의 규정은 국가의 계승·국가의 국제 책임 또는 국가 간의 적대 행위의 발발로부터 조약에 관하여 발생될 수 있는 문제를 예단하지 아니한다.

제74조 (외교 및 영사관계와 조약의 체결)
2 또는 그 이상의 국가 간의 외교 또는 영사관계의 단절 또는 부재는 그러한 국가 간의 조약체결을 막지 아니한다. 조약의 체결은 그 자체 외교 또는 영사관계에 관련된 상태에 영향을 주지 아니한다.

제75조(침략국의 경우)
이 협약의 규정은 국제연합헌장에 의거하여 침략국의 침략에 관하여 취해진 조치의 결과로서 그 침략국에 대하여 발생될 수 있는 조약상의 의무를 침해하지 아니한다.


## 제7부 수탁자·통고·정정 및 등록

제76조 (조약의 수탁자)
① 조약의 수탁자는 조약 그 자체 속에 또는 기타의 방법으로 교섭국에 의하여 지정될 수 있다. 수탁자는 1 또는 그 이상의 국가·국제기구 또는 국제기구의 수석 행정관이 될 수 있다.
② 조약의 수탁자의 기능은 성질상 국제적이며 또한 수탁자는 그 기능을 수행

함에 있어서 공평하게 행동할 의무를 진다. 특히, 조약이 일부 당사국간에 발효하지 아니하였거나 또는 수탁자의 기능의 수행에 관하여 국가와 수탁자 간에 의견의 차이가 발생한 사실은 그러한 의무에 영향을 주지 아니한다.

제77조 (수탁자의 기능)
① 달리 조약에 규정되어 있지 아니하거나 또는 체약국이 합의하지 아니하는 한, 수탁자의 기능은 특히 다음의 것을 포함한다.
  (a) 수탁자에 송달된 조약 및 전권위임장의 원본 보관
  (b) 원본의 인증등본 작성, 조약에 의하여 요구될 수 있는 추가의 언어에 의한 조약문 작성 및 조약의 당사국과 당사국이 될 수 있는 권리를 가진 국가에의 그 전달
  (c) 조약에 대한 서명의 접수 및 조약에 관련된 문서·통고 및 통첩의 접수와 보관
  (d) 서명 또는 조약에 관련된 문서·통고 또는 통첩이 정당하고 또한 적절한 형식으로 된 것인가의 검토 및 필요한 경우에 문제점에 대하여 당해 국가의 주의 환기
  (e) 조약의 당사국 및 당사국이 될 수 있는 권리를 가진 국가에 대한 그 조약에 관련된 행위의 통고 및 통첩의 통보
  (f) 조약의 발효에 필요한 수의 서명, 또는 비준서·수락서·승인서 또는 가입서가 접수되거나 또는 기탁되는 경우에 조약의 당사국이 될 수 있는 권리를 가진 국가에의 통보
  (g) 국제연합 사무국에의 조약의 등록
  (h) 이 협약의 다른 규정에 명시된 기능의 수행
② 수탁자의 기능의 수행에 관하여 국가와 수탁자 간에 발생하는 의견의 차이의 경우에, 수탁자는 그 문제에 대하여 서명국과 체약국 또는, 적절한 경우에는 관계 국제기구의 권한있는 기관의 주의를 환기시킨다.

제78조 (통고 및 통첩)
조약 또는 이 협약이 달리 규정하는 경우를 제외하고, 이 협약에 따라 국가가 행하는 통고 또는 통첩은 다음과 같이 취급된다.

(a) 수탁자가 없는 경우에는 통고 또는 통첩을 받을 국가에 직접 전달되며 수탁자가 있는 경우에는 수탁자에게 전달된다.

(b) 전달 대상 국가가 통고 또는 통첩을 접수한 때에만 또는 경우에 따라 수탁자가 접수한 때에만 문제의 국가가 그 통고 또는 통첩을 행한 것으로 간주된다.

(c) 수탁자에게 전달된 경우에는, 전달 대상국가가 제77조 1항 (e)에 의거하여 수탁자로부터 통보받은 경우에만 그 국가가 접수한 것으로 간주된다.

제79조 (조약문 또는 인증등본상의 착오 정정)

① 조약문의정본인증후 그 속에 착오가 있다는 것에 서명국 및 체약국이 합의하는 경우에는, 그들이 다른 정정방법에 관하여 결정하지 아니하는 한, 그 착오는 다음과 같이 정정된다.

(a) 착오문에 적당한 정정을 가하고, 정당히 권한을 위임받은 대표가 그 정정에 가서명하는 것

(b) 합의된 정정을 기재한 1 또는 그 이상의 문서에 효력을 부여하거나 또는 이를 교환하는 것

(c) 원본의 경우와 동일한 절차에 의하여 조약 전체의 정정본을 작성하는 것

② 수탁자가 있는 조약의 경우에, 수탁자는 서명국 및 체약국에 대하여 착오와 그 정정 제안을 통보하며 또한 제안된 정정에 대하여 이의를 제기할 수 있는 적절한 기한을 명시한다. 그 기한이 만료되면 다음의 조치가 취하여 진다.

(a) 이의가 제기되지 아니한 경우에, 수탁자는 착오문에 정정을 가하고 이에 가서명하며 또한 착오문의 정정 「경위서」를 작성하여 그 사본을 조약의 당사국 및 조약의 당사국이 될 수 있는 권리를 가진 국가에 송부한다.

(b) 이의가 제기된 경우에 수탁자는 그 이의를 서명국 및 체약국에 송부한다.

③ 조약문이 2 또는 그 이상의 언어로 정본인증되고 또한 서명국 및 체약국간의 합의로써 정정되어야 할 합치의 결여가 있다고 보이는 경우에는 상기 1항 및 2항의 규칙이 또한 적용된다.

④ 정정본은 서명국 및 체약국이 달리 결정하지 아니하는 한,『처음부터』흠결본을 대치한다.

⑤ 등록된 조약문의 정정은 국제연합 사무국에 통고된다.

⑥ 조약의 인증등본에서 착오가 발견되는 경우에, 수탁자는 정정을 명시하는 「경위서」를 작성하며 또한 그 사본을 서명국 및 체약국에 송부한다.

제80조 (조약의 등록 및 발간)

① 조약은 그 발효 후에, 경우에 따라, 등록 또는 편철과 기록을 위하여 또한 발간을 위하여 국제연합사무국에 송부된다.

② 수탁자의 지정은 상기 전항에 명시된 행위를 수탁자가 수행할 수 있는 권한 을 부여하게 된다.

## 제8부 최종조항

제81조 (서명)

이 협약은 국제연합 또는 전문기구 중의 어느 하나 또는 국제원자력기구의 모 든 회원국 또는 국제사법재판소 규정의 당사국 및 국제연합총회에 의하여 이 협약의 당사국이 되도록 초청된 기타의 국가에 의한 서명을 위하여 다음과 같 이 개방된다. 즉 1969년 11월 30일까지는 오스트리아 공화국의 연방외무부에서 개방되며 또한 그 이후 1970년 4월 30일까지는 뉴욕의 국제연합 본부에서 개방 된다.

제82조 (비준)

이 협약은 비준되어야 한다. 비준서는 국제연합 사무총장에게 기탁된다.

제83조 (가입)

이 협약은 제81조에 언급된 카테고리의 어느 하나에 속하는 국가에 의한 가입 을 위하여 계속 개방된다. 가입서는 국제연합 사무총장에게 기탁된다.

제84조 (발효)

① 이 협약은 35번째의 비준서 또는 가입서가 기탁된 날로부터 30일 후에 발효 한다.

② 35번째의 비준서 또는 가입서가 기탁된 후 이 협약에 비준하거나 또는 가입하는 각 국가에 대하여, 이 협약은 그 국가에 의한 비준서 또는 가입서의 기탁으로부터 30일 후에 발효한다.

제85조 (정본)
중국어 · 영어 · 불어 · 노어 및 서반아어본이 동등히 정본인 이 협약의 원본은 국제연합 사무총장에게 기탁된다.

이상의 증거로, 하기 전권대표는 각자의 정부에 의하여 정당히 권한을 위임받아 이 협약에 서명하였다.

일천구백육십구년 오월 이십삼일 비엔나에서 작성되었다.


## 부속서

1. 국제연합 사무총장은 자격있는 법률가로 구성되는 조정관의 명부를 작성하여 유지한다. 이러한 목적으로 국제연합의 회원국 또는 이 협약의 당사국인 모든 국가가 2명의 조정관을 지명하도록 요청되며 또한 이렇게 지명된 자의 명단은 상기명부에 포함된다. 불시의 공석을 보충하기 위하여 지명된 조정관의 임기를 포함하여, 조정관의 임기는 5년이며 또한 연임될 수 있다. 임기가 만료되는 조정관은 하기 2항에 따라 그가 선임된 목적상의 직무를 계속 수행하여야 한다.
2. 제66조에 따라 국제연합 사무총장에게 요청이 제기된 경우에, 사무총장은 다음과 같이 구성되는 조정위원회에 분쟁을 부탁한다.
   분쟁당사국의 일방을 구성하는 1 또는 그 이상의 국가는 다음과 같이 조정관을 임명한다.
   (a) 상기 1항에 언급된 명부 또는 동 명부외에서 선임될 수 있는 자로서 당해 국의 또는 당해 2이상의 국가 중 어느 하나의 국가의 국적을 가진 1명의

조정관을 임명하며, 또한

(b) 상기 명부에서 선임되는 자로서 당해국 또는 당해 2이상의 국가중 어느 하나의 국가의 국적을 가지지 아니한 1명의 조정관을 임명한다.

분쟁 당사국의 타방을 구성하는 1 또는 그 이상의 국가는 동일한 방법으로 2명의 조정관을 임명한다. 분쟁당사국에 의하여 선임되는 4명의 조정관은 사무총장이 요청을 받는 날로부터 60일 이내에 임명되어야 한다. 4명의 조정관은 그들 중 최후에 임명을 받는 자의 임명일자로부터 60일 이내에, 상기 명부로부터 선임되는 자로서 조정위원장이 될 제5조의 조정관을 임명한다. 위원장 또는 다른 조정관의 임명을 위하여 상기에 지정한 기간 내에 그러한 임명이 행하여 지지 아니한 경우에는 동 기간이 만료한 후 60일 이내에 사무총장이 임명을 행한다. 위원장의 임명은 명부 중에서 또는 국제법위원회의 위원 중에서 사무총장이 행할 수 있다. 임명이 행하여져야 하는 기간은 분쟁당사국의 합의에 의하여 연장될 수 있다. 공석은 처음의 임명에 관하여 지정된 방법으로 보충된다.

3. 조정위원회는 자체의 절차를 결정한다. 위원회는, 분쟁당사국의 동의를 얻어, 조약의 어느 당사국에 대하여 그 견해를 구두 또는 서면으로 동 위원회에 제출하도록 요청할 수 있다. 위원회의 결정 및 권고는 5명의 구성원의 다수결에 의한다.

4. 위원회는 우호적 해결을 촉진할 수 있는 조치에 대하여 분쟁당사국의 주의를 환기할 수 있다.

5. 위원회는 분쟁당사국의 의견을 청취하고, 청구와 이의를 심사하며 또한 분쟁의 우호적 해결에 도달할 목적으로 당사국에 대한 제안을 작성한다.

6. 위원회는 그 구성 후 12개월 이내에 보고하여야 한다. 그 보고서는 사무총장에게 기탁되며 또한 분쟁당사국에 송부된다. 사실 또는 법적문제에 관하여 위원회의 보고서에 기술된 결론을 포함한 위원회의 보고서는 분쟁당사국을 구속하지 아니하며, 또한 분쟁의 우호적 해결을 촉진하기 위하여, 분쟁당사국에 의한 고려의 목적으로 제출된 권고 이외의 다른 성질을 가지지 아니한다.

7. 사무총장은 위원회가 필요로 하는 협조와 편의를 위원회에 제공한다. 위원회의 경비는 국제연합이 부담한다.

# 찾아보기

## 판 례

## 저자 ▌김 명 기

배재고등학교 졸업
서울대학교 법과대학 졸업
육군보병학교 졸업(갑종간부 제149기)
단국대학교 대학원 졸업(법학박사)
영국 옥스퍼드대학교 연구교수
미국 캘리포니아대학교 객원교수
중국 길림대학교 객원교수
대한국제법학회 회상
세계국제법협회 한국본부 회장
화랑교수회 회장
행정고시·외무고시·사법시험 위원
외무부·국방부·통일원 정책자문위원
주월한국군사령부 대외정책관
명지대학교 법정대학장·대학원장
육군사관학교 교수(육군대령)
강원대학교 교수
천안대학교 석좌교수
대한적십자사 인도법 자문위원장
현) 독도조사연구학회 명예회장
　　명지대학교 명예교수
　　상사중재위원
　　영남대학교 독도연구소 공동연구원